企业信息安全管理

从 0 → 到 1

邹庆 段阳阳 刘洪旺 著

人民邮电出版社

北京

图书在版编目（CIP）数据

企业信息安全管理：从0到1 / 邹庆，段阳阳，刘洪旺著. -- 北京：人民邮电出版社，2021.5（2023.3重印）
（图灵原创）
ISBN 978-7-115-56185-5

Ⅰ. ①企… Ⅱ. ①邹… ②段… ③刘… Ⅲ. ①企业管理—信息安全 Ⅳ. ①F272.7

中国版本图书馆CIP数据核字（2021）第050803号

内 容 提 要

随着信息安全方面的风险态势日益严峻、全球监管稳步趋严，越来越多的企业开始重视和增加企业安全建设方面的投入。因此，近年来有大量企业开放或者增加了信息安全相关岗位的招聘，其中不乏从零开始组建的安全团队。得益于行业红利，越来越多优秀、年轻的工程师快速成长并承担起了高级工程师甚至信息安全负责人的重任，但是难免在管理、沟通、规划和实施等各个环节反复碰壁。

本书展现了信息安全团队从 0 到 1 的初创过程。我们创建了一个刚刚成为某企业"第一个信息安全工程师"的虚拟人物马小陌，为他在每一个阶段设置了最常见的困难和问题，讲述他如何思考和解决这些问题，最终成长为该企业的信息安全负责人。

本书用词简单，描述通俗易懂，适合所有新晋信息安全负责人，以及希望提升信息安全管理水平的读者。

◆ 著　　邹　庆　段阳阳　刘洪旺
　　责任编辑　王军花
　　责任印制　周昇亮

◆ 人民邮电出版社出版发行　北京市丰台区成寿寺路11号
　　邮编　100164　电子邮件　315@ptpress.com.cn
　　网址　https://www.ptpress.com.cn
　　固安县铭成印刷有限公司印刷

◆ 开本：800×1000　1/16
　　印张：15.25　　　　　　　　　　　2021年5月第1版
　　字数：340千字　　　　　　　　　2023年3月河北第6次印刷

定价：79.80元

读者服务热线：(010)84084456-6009　印装质量热线：(010)81055316
反盗版热线：(010)81055315
广告经营许可证：京东市监广登字 20170147 号

序 一

随着大数据、云计算、物联网、工业互联网、移动互联、人工智能等新兴技术的快速发展，数字经济、数字社会、数字政府的建设和普及，在日趋激烈的网络空间战及数字化时代进程中，国家关键基础设施及重要信息系统面临着严峻威胁和风险。要应对严峻的信息安全形势，消极被动的"封杀堵查"已经过时，必须要走创新自强之路，采用积极主动的防御技术路线，建立新的计算模型、构建安全可信的系统框架才能彻底扭转网络安全的被动局面。

面对数字化转型过程中的信息安全问题，国家"十四五"规划提出了新方向、新指示：加强网络安全基础设施建设，强化跨领域网络安全信息共享和工作协同，提升网络安全威胁发现、监测预警、应急指挥、攻击溯源能力；推进网络空间国际交流与合作，推动建立多边、民主、透明的全球互联网治理体系，推动全球网络安全保障合作机制建设，构建网络空间命运共同体。

企业有维护国家利益，承担相应社会责任的义务，应遵守网络安全领域法律法规，加强涉及国家利益、商业秘密、个人隐私的数据保护，技术与管理并重，具备建设全面可信的网络安全保障体系和能力。更进一步，企业可以依据等保 2.0 规划部署网络安全工作，也可以用可信计算 3.0 为网络安全筑牢免疫系统。

建立一支专业能力强、素质优秀的网络安全队伍是保障网络安全的核心，然而当前我国网络安全人才需求剧增，供求关系失衡，人才的培养非常重要和紧迫。

这本书从企业信息安全管理的角度，清晰地说明了做什么、怎么做，是一份值得借鉴的参考指南。

沈昌祥

中国工程院院士

序 二

随着计算机的普及,"信息安全"这个话题不再局限于之前的圈子,成为全社会关注的热点。很多人开始了解信息安全是出于好奇,觉得那些"别人家的病毒"和各种黑客故事听起来很好玩。后来大家发现自己也是受害者:隐私泄露、钱财被偷、遭到诈骗等。如今,信息安全甚至成了令整个世界感到恐慌的事情。在我参加的很多访谈或者公开演讲的最后,经常会被问到一个问题:"能否告诉我们,普通人该怎么保护自己的信息安全?"每当这个时候,我都会说,其实我们每个人面对网络空间安全威胁的时候都是很无助的。我们能够做的就是提高安全意识,避免犯低级错误,但是要真正解决问题,营造更加安全的网络空间,需要政府、企业、机构等社会力量的共同努力。这一点,和这本书的出发点是一致的:企业有义务、有责任做好自己的信息安全。

信息安全是个非常复杂的问题,极具挑战性。企业的信息安全部门经常陷入两难:不出事的时候要不到资源来做好工作,出事的时候老板会觉得是安全部门的工作没做好。所以,业内有时候会戏称公司的首席信息安全官为"背锅侠":出了事情先把你开掉,以平息外界压力。

然而,各行业对信息安全的需求不断增加,信息安全工作变得日益重要。如今,全世界正在进入以信息化、网络化、智能化为基本特点的新时代,每个企业都在积极抓住这次机会做数字化转型,每个领域都在面临天翻地覆的变化。在这个过程中,信息安全挑战将变得更加突出和复杂,企业也日渐理解:信息安全不仅是做给别人看的,更是企业生存的基石。安全工作做不好,企业不但可能遭受处罚,还可能成为网络犯罪产业的牺牲品,甚至丧失消费者与合作伙伴的信任,一夜之间破产。

这本书为如何做好企业信息安全工作提供了一个逻辑比较完整的介绍,都是围绕实际工作中会遇到的现实问题展开的,具有很好的可读性。对于企业信息安全工作人员来说,这本书是一个不错的参考。

不过,信息安全的本质是人和人的对抗,这也是安全工作充满挑战的根本原因之一。在这个世界里,只靠"牛顿定律"是无法完成任务的,《孙子兵法》经常更加重要。因此,从事信息安全工作的人需要不断调整自己,不能机械地学习。

信息安全是一门交叉学科，相对其他领域也很不成熟，甚至很多概念都不统一。例如本书用的"信息安全"这个概念，大家就为其争论了很多年，我建议读者不用在概念上较真为什么不是"网络安全"或者"数据安全"等。针对"黑客"这个概念，大家也有不同理解，对很多人来说，"黑客"是个中性词，指的是在技术上不断探索，发现信息产品技术上的安全漏洞的人。发现别人的安全问题，有的人会用其帮助改进产品，避免漏洞被坏人利用实施破坏，有的人则可能将其用于网络攻击。安全工作离不开前面这种"黑客"，现实中也有大量这样的研究人员（或者叫"白帽子"），他们每天都在为保护网络空间安全做贡献。

　　所以，这个充满挑战、不断变化、不可或缺的领域，是否吸引到你了呢？

杜跃进

360 集团首席安全官

大数据协同安全技术国家工程实验室常务副主任

序 三

这是一本手把手教你从一个网络安全工程师成长为 CISO 的书！

随着企业业务的数字化、网络化，与网络安全、信息安全相关的法律法规相继出台，网络安全成为企业运营必须做好的工作之一。但安全行业的人才缺口巨大，优秀的 CISO 更是难以寻找，懂网络安全技术的工程师就经常临危受命，承担起企业网络安全防护任务。但企业级的网络安全防护靠的是"三分技术，七分管理"，制定安全策略、与管理层沟通、与业务部门协作、与政府管理部门互动、完成招投标等工作都不是纯粹的技术问题，这些往往是新任网络安全负责人所面临的难题。

本书以第一人称视角，循序渐进地讲述了刚被挖到 M 公司负责信息安全工作的马小陌，如何从一名信息安全工程师，成长为一名能完成企业安全预算、组建安全团队、组建 SRC、负责安全研发与采购、建立安全管理体系、组织安全意识培训、应对安全合规监管、保障业务安全与风控、组建数据安全团队等一系列工作的合格 CISO。书中包含了大量实用性强的表格、文档，可直接参考使用。书中还包含了作者与企业高层沟通的智慧，如何汇报工作，如何争取到上级的支持，甚至话术的设计，都极具参考性。

谭晓生
正奇学院院长

序　四

信息技术推动了这个时代的快速发展，企业经营因它变得更加精准高效，衣食住行也因它变得更加丰富便捷。但是，信息技术也给企业和用户带来了前所未有的风险和挑战。隐私、金钱和其他资产越来越多地转化成数字标签暴露在互联网上，作恶成本越来越低，作恶手段越来越隐蔽，关于网络攻击和数据泄露的新闻报道层见叠出。

如何在数字化时代有效地保护用户和企业的合法权益，满足监管单位的合规要求，构建全面可靠的信息安全保障体系，已经成为企业必须重点关注的核心问题之一。有意思的是，信息安全是一项综合程度很高的工作，既需要合理的制度流程进行规范和约束，又需要可靠的技术措施进行控制和监控。因此，在规划上，必须将管理与技术高度融合；在实施过程中，必须沟通协调大量干系方，比如企业内部的技术、产品、法务、内审、公关和政府关系等部门，企业外部的监管机构、行业协会、安全组织和白帽子等；在投入上，必须充分平衡安全和业务之间的冲突，用合理的成本保证业务的正常发展，在保证各方合法权益的前提下，尽可能多地兼顾效率需求。

这就对企业信息安全负责人提出了很高的要求。他必须既具备管理、技术方面的硬技能，又具备沟通、协调方面的软技能，最重要的是能够站在更高的视角上调控安全和业务的平衡点。

这本书通篇都在讲具体的信息安全管理和执行实务，而不是泛泛地谈论理论。作者用简单易懂的语言，清晰地给出了企业信息安全负责人在什么阶段、做什么事情、怎么做。本书凝聚了作者的工作经验和感悟。无论老练还是新晋的信息安全负责人，或是需要独立承担部分信息安全工作的工程师，都能从中有所收获。

刘子正

微博副总裁

序　　五

当今社会，对企业经营而言，安全早就成为一个绕不过去的概念。

在 2000 年前后，网络安全这个概念才随着互联网进入大家的视野，当时人们对安全的认知更多是病毒、盗号以及各种魔幻的黑客故事。在那时，安全对我来说是一篇篇故事，很难想到，它与我以后的工作产生某种关联。

后来，互联网市场爆发式增长，在经济生活中起到了举足轻重的作用，监管与治理也一并跟了上来，在宏观上对互联网环境做了彻底的净化。但与此同时，通过安全缺陷可以获取的利益也变得巨大起来，导致恶意分子二十四小时全年无休地四处嗅探，寻找各种获利机会。

企业面临的敌人更强大了，且他们更会隐藏自己。他们像互联网宇宙中的魔鬼与幽灵，且已经发展成完整的利益链条，随时准备窃取、绞杀各类企业的利益。从活动羊毛到交易欺诈，从拒绝服务攻击到数据加密勒索，像"二道贩子"一样，窃取各类数据然后在暗网转卖，只要有利可图，哪里都有他们的身影。

他们的肆行暴虐，是被正义之师所不齿的。为了守护大家的合法权益，一股强大、正义的安全力量也在不断壮大，在这个无形的战场上，成为企业强大的盾牌。

在战场上，盾的尺寸、重量以及军队对它的使用方法，直接决定了它的最终效果。安全也一样，你要投入多少成本，你要如何打造结构，你要如何融入自身业务，都直接关乎安全的最终效果，否则很可能"竹篮打水一场空"，收效甚微。

这本书则很好地解答了上述问题，它完整却不教条，在市面的安全类书籍里独树一帜。我认为所有老板与负责安全团队的人，都应该人手一本。老板们可以快速翻阅，通过此书建立对安全工作的总体框架。而从业者则应该细细品读，从中学习系统的实施技能。

最后，祝大家都建立起自己强大的安全防护体系。

王春来

前陌陌 CTO

前　　言

十多年前，如果有人说自己从事信息安全工作，大概率是不会被人理解的。毕竟在那时候，大多数人刚刚接触计算机和网络，连"冲浪"都是个罕见的概念，自然也就很难把"信息"和"安全"关联在一起。即使到了 2012 年，我的很多家人朋友对信息安全工作的理解，还依然游离在攒电脑、修手机和牵着狼狗巡逻的安防工作之间。

随后的这些年里，我们先后经历了传统互联网和移动互联网的大爆发，网络几乎已经成为紧接在空气、水和食物之后的"重要生存要素"。我们迎来了信息大爆炸的时代，甚至到了不少概念快速生成又快速消失的程度，比如"冲浪"又一次变得罕见了。互联网的迅猛发展，很大程度上归功于资本介入和技术进步，托它们的福，与概念一起快速生成和消失的还有各类互联网公司及其推出的产品。随着各种软件、网站和移动 App 的逐渐专业与完善，用户的生活、工作和娱乐也变得更加便捷与丰富，最终形成一种看似良性的循环——信息产品越来越强大，用户对其越来越依赖。

然而，信息技术并非只有美好的一面，它同时也使得破坏行为更加简单和隐蔽。"恶意黑客"的概念现在已经被大部分人理解，他们就是信息世界的破坏者，也正是因为他们的存在，我们之前提到的良性循环也可以变成一个恶性循环——信息产品与用户隐私、资产、健康的关联越来越紧密，与之相对应的盗窃、偷窥、破坏越来越容易，却难以发现和跟踪。现在，有一部分用户已经关注到了信息安全问题，他们会小心地选择信息产品和功能，但是他们能做的极其有限，也很难有实力与黑客抗衡。真正应该对信息产品安全属性负责并且有能力与黑客去抗衡的，是企业。企业应该建立自己的安全团队或者直接采购安全产品和服务，保证其产品以及运营环境的安全可靠。

讽刺的是，在很长一段时间里，除了一些涉及电力、金融、电商等生产安全、资金安全与信息安全强相关的公司，很少有公司愿意在信息安全这个与业务收益"毫不相关"的偏门领域投入成本。但是，随着信息安全风险势态日益严峻，越来越多的公司在这方面吃到了实实在在的苦头——严重的资金损失、大规模的数据泄露、恶劣的敲诈勒索、潜在的商业间谍等。企业遭遇这些问题后，大多是"哑巴吃黄连"，因为披露事件会打击用户信心，报案又难以定损举证。这些负面事件最终形成了事件驱动，逼迫越来越多的企业在信息安全方面投入成本。对信息安全的关注，也从企业延伸到了方方面面，越来越多的严格制度相继发布，比如欧盟的《通用数据保护条例》（下称 GDPR）、美国的《加利福尼亚州消费者隐私法案》（下称 CCPA），而对中国信息安全保护具有标志性意义的，就是我们非常熟悉的《中华人民共和国网络安全法》和之后发布的《信息安全技术 个人信息安全规范》等一系列标准，这使得建立可靠的信息安全能力正式成为企业和管理层的义务。截至编写本书时，《中华人民共和国数据安全法（草案）》《中华人民共和国个人信息保护法（草案）》等新法案已经开始征求意见。

对于信息安全从业者来说，这些都是绝对的利好消息，其中我们最直观的感受就是，近年来有大量企业开放或者增加了信息安全相关岗位的招聘，而且薪酬一路直线上扬。而纵观各类职位的招聘需求，在薪酬范围相似的情况下，与信息安全相关的岗位在整体上对工作经验和教育水平的要求会相对宽泛。出现这种现象的一部分原因确实源于在某些具体的信息安全执行工作上，个人天赋和兴趣发挥了比经验和学历更重要的作用，而更多的原因还是行业人才的供需失衡——很多岗位一个萝卜一个坑，信息安全却是刨了一地坑找不到萝卜，那么萝卜自然贵。得益于行业红利，越来越多有能力、有潜质、有拼劲的年轻工程师快速地坐上信息安全负责人的位置。欣喜之余，不少问题也很快浮出水面。

- 企业视角的信息安全并不是纯粹的挖漏洞打补丁，我该怎么照顾到方方面面？
- 产品之前完全没考虑信息安全，四处起火，我该怎么救？先救哪儿？
- 老板认为安全是个成本部门，不给资源还要求绝不能出事故，我该怎么办？
- 不出事的时候业务部门说安全团队没事找事，出事了就往安全团队甩锅，这锅背不背？
- 好事轮不到我开口，我开口必是坏事，我该怎么汇报才能体现价值？

对于一个新的信息安全团队管理者来说，以上这些问题只是冰山一角。毕竟更多的时候，信息安全是一种预防性工作，它需要我们在看似平静的湖面周围修建堤坝，为了防范"坏人"去约束所有人，而所有人里大部分是"好人"。这片湖面一直平静，从没出现过什么风浪，你为什么要我去修建堤坝？不要生气，虽然我知道你肯定觉得对方不可理喻，但是正常人的思维就是这样的。尤其是那些"好人"，他们很难理解"坏人"的思维模式，自然也就很难理解你的预防性措施。所以，信息安全工作不被理解是天生的，如果你想被你的同事们众星捧月，就不该选择这个行业。

那么，怎样开展信息安全工作，才能让一切更顺利呢？

这就是我们写这本书的目的！

本书展现了信息安全团队从 0 到 1 的初创过程。我们创建了一个刚刚成为某企业"第一个信息安全工程师"的虚拟人物马小陌，为他在每一个阶段设置了最常见的困难和问题，并讲述他如何思考和解决这些问题，最终成长为该企业的信息安全负责人。换个角度说，我们希望这种以时间为轴的叙述形式，能够帮助那些在信息安全领域缺乏实践经验的企业和管理者完成最基础的初创过程，哪怕只是按部就班、按图索骥。

在本书出版之前，市面上已经出版了很多关于企业信息安全建设的优秀参考书和资料，它们从技术、管理等方面对安全问题进行了详细的介绍和剖析，我们也从中受益颇多。因此，我们在编写此书时，会尽可能跳过一些老生常谈的技术细节与操作问题，避免让其成为一本大而全的说教书，而是更多以初创团队视角，讲述每一个阶段该做什么事情，帮助企业建立自己的信息安全团队，指导一名优秀的工程师成长为一名合格的管理者。

如果你或者你的企业正在筹划建立信息安全团队，或者你的团队成立不足 3 年且团队成员不足 30 人，又或者你所管理的是一支被边缘化的信息安全团队，那么请继续往后翻阅吧，也许会从这本书中找到答案。

致　　谢

这是我的第一本书，致谢名单难免会长一些。

感谢我的女儿，妮小怪。

在她出生的那天，我发了一条朋友圈："此刻的世界不过多了一个小小的你，而你却注定成了我往后的整个世界。"

她每一天都在长大，推着我一起重新成长。我逐渐明白她不需要成为我的世界，但是我需要为了她成为更好的自己——写这本书也是其中的一部分。

感谢我的妻子，李彦泽。

相识、相知、相依、相守。

在不短的年月里，她始终维护着驻在我心中那个小男孩的任性与自由。她不曾索要，我从未承诺，就在这不失惊喜的小平淡里，我写完了这本书，并在这一页再次带上了"小惊喜"。

感谢我的父母和岳父母，生而为人，今生有幸。

我一直不知道怎么向他们表述我们的感激，质朴太淡，润饰过稠，直到我自己成为父亲，我才明白这一切根本不用也不能用言语去感谢。

感谢本书的另外两位合著者，段阳阳、刘洪旺。

在出书这件事情上，我们一拍即合。有限的业余时间迫使他们经常需要赶稿到凌晨两三点，这期间还需要忍受我的吹毛求疵和再三催促。

感谢对我撰写本书产生过影响的历任老师和老板：夏国球、孙福贤、段桂华、马慧平、李正华、张健、郭添森、李政、门洪涛、王春来、张明强、殷铭等。

他们在学习、工作和处世中给予了我太多的帮助、支持和信任，才使得今天的我有足够的自信和空间，去尝试、去验证、去总结、去分享。本书主人公"马小陌"的名字，姓取自我工作后的第一位 Leader 马慧平，名取自我编写此书时任职的公司陌陌。

感谢一起奋斗过的同事：王天、罗代宏、周祺、安亚龙、祥爷、张亮、王泽鹏等，名单太长实在无法详列，非常抱歉。

他们中的每一个人都很优秀，本书中的很多内容都是根据他们的思考和实践总结而来。有的人还坐在身边，有的人已经扬帆远航，无论未来如何，请许他们一个美好前程。

最后，感谢欧阳菁菁女士、吴霞女士为本书非安全领域提供的专业指导，感谢人民邮电出版社图灵公司王军花女士、武芮欣女士在本书出版过程中的热情对接和耐心指导。

邹庆

2020 年 8 月 5 日

首先，感谢长期以来在工作上给予我指导和支持的领导、与我并肩作战的同事，与你们一起共事的工作经历是知识的沉淀、是经验的积累，更是人生的历练，是你们与我一起编写了这本书。

再者，感谢在本书编写过程中给予帮助和指导意见的专业人士。感谢安永咨询服务总监周旸老师在 GDPR 章节提出的专业、实质性的修改意见；感谢同事高明、杨晓红、沈力克在整个编写过程中的支持和帮助；感谢合著者邹庆、刘洪旺对本书的付出，是你们的执着、坚持、孜孜不倦成就了这本书。

最后，感谢陪在我身边的家人，是你们的关爱、理解、包容让我可以全身心地投入本书的编写工作中，你们永远是我前进的动力。

段阳阳

2020 年 8 月 5 日

感谢在本书成书过程中，公司内外的同事、朋友的支持与帮助。

感谢本书的两位合著者邹庆和段阳阳，他们在学习和工作中给予了我大量的指引和帮助，尤其是他们精益求精的追求和力求完美的态度让我受益颇多，于我而言他们是良师益友般的存在。

感谢一直以来与我并肩作战的唐飞、邓海辉、王凯等同事，高效协作、经验共享，让整个团队共同进步，也让我能够去沉淀和分享我们的实践经验。

感谢我的父母和妹妹刘苏雅在写书过程中对我的支持和鼓励，正因为此，我才能够探索更大的世界。

刘洪旺
2020 年 8 月 5 日

目 录

- 第 1 章 一个人的"救火队" ········ 1
  - 1.1 第一版安全规划 ········ 2
  - 1.2 制定基础制度 ········ 4
  - 1.3 执行全面评估 ········ 11
  - 1.4 建立监控审计 ········ 15
- 第 2 章 制定安全预算 ········ 20
  - 2.1 准备前提信息 ········ 21
  - 2.2 人员编制预算 ········ 23
  - 2.3 安全财务预算 ········ 27
  - 2.4 预算沟通技巧 ········ 30
- 第 3 章 安全团队建设 ········ 33
  - 3.1 团队目标与职能 ········ 34
  - 3.2 人员招聘与面试 ········ 38
  - 3.3 绩效目标与评价 ········ 43
  - 3.4 团队文化与氛围 ········ 48
- 第 4 章 SRC 与"白帽子" ········ 52
  - 4.1 SRC 定位与构成 ········ 53
  - 4.2 SRC 平台及功能 ········ 55
  - 4.3 SRC 管理与运营 ········ 57
  - 4.4 SRC 财税法知识 ········ 61
- 第 5 章 安全研发与采购 ········ 66
  - 5.1 总体成本分析 ········ 67
  - 5.2 研发技术选型 ········ 68
  - 5.3 阶段性发展规划 ········ 70
  - 5.4 安全采购注意事项 ········ 72
- 第 6 章 安全管理体系 ········ 75
  - 6.1 安全技术的局限性 ········ 76
  - 6.2 安全管理体系架构 ········ 77
  - 6.3 信息安全风险评估 ········ 82
  - 6.4 体系文档结构与编制 ········ 88
- 第 7 章 安全培训与意识宣贯 ········ 96
  - 7.1 安全意识培训与宣贯 ········ 97
  - 7.2 安全技术基础性培训 ········ 101
  - 7.3 安全开发与编码培训 ········ 105
  - 7.4 安全培训有效性评估 ········ 106
- 第 8 章 基础安全与权限 ········ 109
  - 8.1 SDL ········ 110
  - 8.2 网络安全 ········ 117
  - 8.3 系统安全 ········ 125
  - 8.4 员工权限 ········ 132
- 第 9 章 监管合规与应对 ········ 137
  - 9.1 网络安全法与个人信息保护 ········ 139
  - 9.2 SOX404 ········ 146
  - 9.3 GDPR 与 CCPA ········ 154
  - 9.4 合规检查表与自动化 ········ 158

第 10 章　业务安全与风控 163
- 10.1　账号安全防护 164
- 10.2　恶意订单与羊毛党对抗 172
- 10.3　资金数据异常监控 174
- 10.4　风控系统基础设计 179

第 11 章　数据安全管理 186
- 11.1　数据安全整体框架 187
- 11.2　数据安全管理流程 191
- 11.3　数据安全技术措施 198
- 11.4　数据安全平台建设 208

第 12 章　安全工作汇报 216
- 12.1　正确看待工作汇报 216
- 12.2　汇报的对象和内容 218
- 12.3　客观呈现工作不足 222
- 12.4　合理制定后续规划 223

第 1 章

一个人的"救火队"

我叫马小陌,毕业 3 年了,之前在一家大厂从事渗透测试工作,活跃在各大 SRC(security response center,安全应急响应中心),是圈内小有名气的"白帽子"。

一个月前,有个猎头给我推荐了 M 公司信息安全工程师的岗位。这是一家刚刚拿完 C 轮融资的互联网创业公司,产品很受年轻人欢迎,月活用户已经达到 2000 多万,我也是它的忠实用户。因为是自己喜欢的产品,加上在之前的岗位上也待腻了,所以我欣然接受了面试邀约。

面试的过程很轻松,面试官好像对安全也没有太多的了解,问了我如何发现安全漏洞、如何降低安全损失等基本问题。毕竟在大厂工作了这么多年,没吃过猪肉也见过猪跑,所以我们聊得很愉快,自然也很快拿到了薪酬感人的 offer。

> **小贴士**
>
> 刚起步的时候,公司各个管理层级往往对安全缺乏认知,他们也不知道应该规划什么、执行什么,这个阶段的面试也是他们的学习过程。因此,对于这个阶段的面试,大厂经历和行业知名度会给应聘者带来极大的优势。

入职后,我才发现事情并没有我想象得那么简单。M 公司此前从未关注过信息安全问题,之所以招聘安全专家,是因为近期接连发生了几起严重的安全事故,导致公司收入受到严重影响。管理层慎重考虑后决定报案,但是又发现要么没记日志,要么日志被黑客清除,破案根本无从入手。

于是他们临时决定在运维团队下面增设安全专家岗位,希望我能承担起门神的角色,把所有黑客拒之门外。

可是,现在连门都没有啊!

1.1 第一版安全规划

因为最近接二连三地发生严重安全事故，公司对安全也重视起来，安全工作由 CTO 王总直接负责。在入职 M 公司的第一天，CTO 把我叫到了他的办公室，说："小陌，现在公司不断遭到网络攻击，业务收入已经受到了影响，投资人和越来越多的客户开始质疑我们，我们的时间很紧迫。你能不能在这周给我讲讲你的安全规划？"

在入职后一周内完成安全规划是一件极其困难的事情，因为制定完善的安全规划之前需要详细地了解公司安全的整体情况，针对不同层面、不同方向、不同阶段的安全风险建立全面周详的防护机制，最终形成覆盖管理、技术和人员的安全体系。显然，短期内我不具备这样的条件，甚至可能连全面摸清现状都无法完成。

但是我也理解，在当前 M 公司安全事故频发的状态下，根本不可能容许我用几周甚至几个月的时间去慢慢摸清现状，再制定出一份看似完善却难以在短期落地的大而全的安全规划。所以，我现在要制定的是适合短期内快速执行的初步安全方案，它应该具备以下几个特点。

- 简单：干系人可以快速理解并接受，减少沟通成本。
- 能"救火"：对业务影响最大的风险应该被覆盖，尽快降低损失。
- 可执行：相关措施必须可以实施落地，避免假大空的概念设计。
- 有限资源：充分考虑执行环节的资源需求和实际情况，杜绝狮子大开口。

考虑好这些后，我回答道："好的，王总。您看这样是否可以，我先尽快制定一个比较通用、实施时间大概在两个季度以内的短期规划，虽然做不到面面俱到，但是能基本覆盖主要风险，而且越重大的风险，我们越早越快地解决。"

"好的！"王总道。

> **小贴士**
>
> 有相对通用的安全规划吗？当然有！虽然每家企业开展的业务不同，发展的阶段不同，但是它们所面临的风险类型和解决措施是高度相似的，只不过是哪一块投入更多、钻研更深的问题。所以，在安全的架构设计上，是可以产生适配大部分同类企业的通用方案的。基于相对通用的安全方案，在某一特定阶段，自然也可以衍生出相对通用的安全规划来。

在接下来的 3 天里，我快速地了解公司的组织架构，梳理以往发生过的安全事件，分析当前技术架构的安全隐患，结识短期内可能需要对接的每一位同事并向他们了解之前的工作内容和协作模式。

3天后,我大概有了如下结论。

- 目前可见的造成实质影响的攻击,几乎全部来自外网。
- 公司各层级均对安全缺乏认知,后续工作推动必然困难。
- 缺少基本的检测和审计措施,看似安全的地方未必真安全。
- 公司各个层面存在大量安全隐患,中短期内必须做出防护取舍。

作为一个初来乍到的新员工,我知道最明智的选择是先展现自己的能力,在获取更多的信任之后再申请更多的资源。所以我决定把短期规划目标设定为优先解决对外暴露的重大安全风险,并把最基础的安全监控与审计能力建立起来。

我先制定了短期规划中需要建立起来的安全框架,如表1.1所示。

表 1.1　短期安全框架

	事前预防	事中处置	事后审计
管理制度	安全评估管理规范	安全应急响应流程	安全事件定级标准
技术措施	渗透测试与漏洞扫描 对外访问控制规则	基础入侵检测能力	基础日志审计能力

于是,我交出了"救火"阶段的第一版安全规划,结构如下。

(一)目标

短期内优先解决对外网暴露的重大安全风险,实施基本的安全监控与审计措施,初步建立同时覆盖管理和技术的安全事件事前预防、事中处置和事后审计能力。

(二)现状分析

简要描述当前主要风险和可能造成的影响。描述必须客观准确,切记不能夸大其词,也不能对历史遗留问题过分贬低。试想,如果你的工作被当面说成一文不值,你是否还能正常和对方开展工作?之前安全问题很多,不是因为别人无能,而是因为"隔行如隔山",对方不了解安全,这也是安全从业者存在的根本原因和意义。

(三)安全职责定义

明确各个相关团队的职责和义务,这是确保将来工作能够稳步推进的上层基础。职责定义需要考虑各个团队的工作任务和资源情况,最好提前进行初步沟通,避免"拍脑门儿"胡乱下达任务。安全工作很大一部分依赖其他团队的支持与配合,如果初期就因为缺少沟通而引发矛盾,那么后面的工作会很难开展。

（四）安全框架设计

根据表1.1进行优化完善，但"救火"阶段应尽可能规避大而全，因为时间紧迫，且资源极其有限。

（五）安全管理要求

1. 安全评估管理规范
2. 安全应急响应流程
3. 安全事件定级标准

（六）安全技术建设

1. 渗透测试与漏洞扫描
2. 访问控制规则（ACL，优先处理外网边界）
3. 入侵检测
4. 日志管理与审计

（七）实施计划

根据实际资源情况确定。能看见的、更严重的问题尽早尽快解决，影响小、复杂度高的问题可以适当置后。一定要区分工作优先级和实施可行性，尽量先用20%的资源解决80%的问题。

这是一份很简单且覆盖范围极其有限的安全规划。因为对于M公司来说，当务之急是"扑灭明火"，所以这时候没有条件追求完美，也千万不要咬文嚼字，效率才是第一目标。提前说清楚取舍和原因，大部分老板都是能接受的。

1.2　制定基础制度

安全从来都不是一项可以自下而上单纯依靠员工自觉就能做好的工作。安全绝大部分时候是反人性的，它会给产品增加更多的限制、给技术增加更多的工作量、给各个方向各个层级的员工增加更多需要遵守的"条条框框"，这些都不太可能让人自愿积极配合。所以，那些好的安全管控，几乎全部都是自上而下的。

所谓自上而下，并不是要求CEO、CTO亲力亲为，也不是要求高管们在会议上喊口号或者反复强调。事实上，安全负责人不可能也不敢要求他们的老板这么做。

那么怎么实现自上而下的安全管理呢？答案很简单，就是通过发布制度，让高级管理层为自己授权，把那些你希望其他团队关注、执行和配合的工作，变成他们必须遵循的公司制度。

很多人都认为，制定制度是一件很简单的事情，无非就是从网上搜索一些相关模板甚至是现成的文档，把里面的内容拼拼凑凑稍微修改一下，发出来让大家执行就可以了。

这种观点大错特错！

一般情况下，可以从网络上直接获得的制度模板和原文，大多来自成熟的大型企业或咨询机构，这些制度在经过很长时间的磨合修订后，要么极其全面细致，要么高度耦合业务特征，生搬硬套，很难在一家内控合规、工作处于起步阶段的公司落地执行。具体的困难同时来自签批人和执行人。

- 对身为签批人的企业高层管理者来说，他们往往非常介意新发布的制度对现有业务流程造成负面影响，毕竟业务发展才是企业运营的根本，而安全管控越是全面细致，对业务的干涉程度也就越严重。除了业务影响本身，大部分高层管理者还需要考虑各个团队之间的职能约束与权力平衡，因此比较排斥对某个团队或个人一次性授予过多过大的权限。所以，作为安全负责人，需要多给高管们一些时间，让他们逐步感知安全的重要性，增加对安全人员的信任，并随之落地每个阶段必要的安全管理要求。
- 对身为执行人的各级部门和同事来说，一定对用于约束他们的制度带有一些抵触情绪。这是一种正常的心理状态，千万不要把这种情绪"上纲上线"到工作态度甚至个人品德问题，毕竟现在安全不是他们的 KPI，把过多的时间花在安全上就会影响他们的业务产出。就像如果业务目标不是安全的 KPI，你在推动安全工作的时候就可能不会顾及业务是否能准时上线。正是因为这种抵触情绪的存在，如果发布的是一份通篇大论、咬文嚼字的冗长文档，他们可能连看都不会看，更别说后面的执行了。

> **小贴士**
>
> 很多安全工程师认为：一个优秀的员工，应该排除万难，坚持做正确的事情，哪怕不被任何人理解。这句话其实只对了一半，正确的说法应该是：一个优秀的员工，应该排除万难，做成正确的事情。在任何一个需要多人协同完成的工作中，每个人都有自己的目标，努力的目的是为了结果而非过程。为了达成结果，就需要及时换位思考，充分考虑各方心理与诉求，尽可能找到各方都能接受的共赢方案，这样才能更快、更好地把事做成。

考虑到 M 公司正处在"救火"阶段，并且大部分员工对安全缺少初始认知，我认为当前阶段需要制定的制度应该具备以下特点。

- 适度约束：只覆盖当前阶段必须管控的内容，避免引发群体抵触。
- 简明清晰：制度内容一目了然，避免空话套话太多导致重点内容被忽略。

- 平衡业务影响：对业务和风险划分优先级，允许业务部门适当调整资源排期。
- 明确职责和惩戒：约定协作义务，制定可衡量的判断标准，减少将来出现问题后互相"踢皮球"的可能性。

在经过充分调研和考虑后，我紧急制定了3个制度：《安全评估管理规范》《安全事件定级标准》《安全应急响应流程》。

安全评估管理规范 v1.0

（一）目标

为提升公司安全防控能力，及时发现安全风险，规范安全评估管理，明确安全提测、风险定级、问题整改等要求，特发布此规范。

（二）适用范围

本流程适用于公司开发及采购的各项产品与服务。

（三）安全评估要求

1. 安全负责人具有公司内任何信息系统项目的知情权，即有权获取任何系统项目的相关信息，对于认定有风险的，可根据实际情况要求相关团队进行整改。由于特殊原因不适宜告知安全负责人的，应以邮件说明具体原因并由安全团队备案。

2. 涉及账号、个人信息、资金以及具有现金价值的其他资产或其他涉及公司敏感信息的系统，必须经过安全评审和安全测试，确认无高危风险后才可上线。不涉及前述内容的其他系统默认执行原定的开发、上线流程，但应将相关信息同步提交安全负责人，由安全负责人判断是否必须经过安全评审和安全测试。

3. 项目开发进度须为安全测试预留2天测试时间，预留时间低于2天的，需与安全负责人具体沟通排期；提交安全测试的版本应基本排除导致业务流程无法正常运行的功能类BUG。

4. 各团队完成安全风险的整改后，须反馈安全工程师，以安全工程师最终验收通过结果为准。

（四）风险评级

现阶段由安全工程师和业务方根据安全风险可能造成的实际影响确认风险等级。当双方无法达成一致时，暂以安全工程师判断为准。

（五）整改要求

在满足正常业务的前提下，业务方须执行安全要求，尽可能保证把安全风险降到最低。具体安全风险整改应该满足表1.2中的时限要求，当无法满足相关要求或业务方单方面接受风险时，必须由对应层级负责人书面审批确认。

表 1.2 安全风险整改要求

风险等级	整改或补偿控制措施时限	例外审批层级
严重	6 小时	业务部门副总裁
高危	24 小时	业务部门总监
中危	30 个自然日	业务部门总监
低危或无影响	90 个自然日	业务团队主管

（六）归纳总结要求

1. 安全团队每月对新增和存量安全风险进行归纳总结，相关结果向相关人员披露，并根据相关数据，调整后续安全工作和培训。

2. 安全团队梳理各个团队安全风险产生、整改情况，相关数据向 CTO 汇报。

安全事件定级标准 v1.0

（一）目标

为了加强公司信息安全管理，明确安全事件定级依据及安全责任惩罚措施，特制定本标准。

（二）适用范围

本标准适用于公司所有部门。

（三）术语定义

资金损失：特指公司已持有的资金因安全事件减少或丢失的情况，不包括实际收入不及预期、运营活动福利派发分布不符合预期、不可提现的虚拟资产不受控扩散等情况。

网络入侵：特指公司系统权限被非法获取、数据被非法篡改等情况。

生态影响：指安全事件未对公司造成资金、机密性、可用性等方面的实质损失，但对业务生态造成负面影响的情况。例如，利用安全漏洞发布非法内容，破坏游戏平衡，触发虚拟货币通货膨胀或虚拟商品比例失衡，引发用户强烈不满情绪等。

（四）定级标准

当损失为多种类型时，以受影响最严重的类型判定等级，具体如表 1.3 所示。

表 1.3　信息安全事件定级表

定级	定义	资金损失 x（单位：万元）	网络入侵	数据泄露	可用性	生态影响
P1	对公司运营或声誉造成重大影响的安全事件	$x \geq 100$	核心生产系统被入侵，并造成严重影响	可导致公司严重损失的机密数据泄露；用户支付密码超过 1000 条；用户实名信息数据超过 10 000 条；其他可与用户账号对应的非公开用户资料超过 5 000 000 条	同运维可用性定级	由业务方与安全综合评估影响定级
P2	对公司运营或声誉造成较大影响的安全事件	$10 \leq x < 100$	核心生产系统被入侵，但未造成严重影响	可导致公司较大损失的机密泄露；用户支付密码超过 500 条；用户实名信息数据超过 3000 条；其他可与用户账号对应的非公开用户资料超过 1 000 000 条	同运维可用性定级	由业务方与安全综合评估影响定级
P3	对公司运营或声誉造成一般影响的安全事件	$1 \leq x < 10$	一般生产系统被入侵，并造成严重影响	可导致公司一般损失的数据泄露；用户支付密码超过 300 条；用户实名信息数据超过 1000 条；其他可与用户账号对应的非公开用户资料超过 500 000 条	同运维可用性定级	由业务方与安全综合评估影响定级
P4	对公司运营或声誉造成轻微影响的安全事件	$x < 1$	一般生产系统被入侵，但未造成严重影响	可导致公司轻微损失的数据泄露；用户支付密码超过 100 条；用户实名信息数据超过 500 条；其他可与用户账号对应的非公开用户资料超过 10 000 条	同运维可用性定级	由业务方与安全综合评估影响定级
P5	对公司运营或声誉造成极低影响的安全事件	资金事故不设 P5	边缘生产系统或非生产系统被入侵	不会导致公司损失的内部数据批量泄露；用户支付密码不超过 100 条；用户实名信息数据不超过 500 条；其他可与用户账号对应的非公开用户资料不超过 10 000 条	同运维可用性定级	由业务方与安全综合评估影响定级

（五）责任判定

1. 安全团队对公司范围内的任何安全事件承担责任。

2. 对于符合《安全评估管理规范》，经安全团队评审、测试通过的系统发生安全事故，由安全团队承担主要责任，由安全负责人决定业务方是否需要承担次要责任。

3. 对于不符合《安全评估管理规范》，包括但不限于不遵从安全团队要求执行开发或上线或在强制评估范围内的业务，如未告知安全团队或未经过安全团队评审测试，发生安全事故由业务方承担主要责任，安全团队承担次要责任。

4. 由历史原因引发，已找不到责任方的，责任归属到目前负责此业务的团队。

5. 由安全负责人对安全事件定级。如对 P3 及以上级别事件的责任判定结果有争议，由安全负责人临时组织建立安全事件评审委员会进行仲裁，安全事件评审委员会可能由 CTO、业务部门总监及以上管理层、责任部门总监及以上管理层组成。

（六）惩戒

当发生安全事件时，惩戒标准如表 1.4 所示。

表 1.4 信息安全事件定责表

定级	主要责任	主要管理责任	次要责任	次要管理责任
P1	绩效为末等,一年内不得晋升涨薪	绩效为末等	绩效为末等	绩效为末等
P2	绩效为末等,一年内不得晋升	绩效为末等	绩效为末等	绩效最高为中等
P3	绩效为末等	绩效最高为中等	绩效最高为中等	绩效降档
P4	绩效最高为中等	绩效降档	绩效降档	无
P5	绩效降档	无	无	无

安全应急响应流程 v1.0

（一）目标

为减小公司安全事故损失，及时发现、准确应对安全威胁，明确安全事故上报、处置、复盘和后续整改过程，特发布此流程。

（二）适用范围

本流程适用于公司所有部门。

（三）职责定义

安全团队：对安全应急响应整体负责，执行包括但不限于安全事件的监控、记录、通知、分析、制定处置措施、复盘和上报工作。

运维部门：根据安全要求，执行其职责范围内的网络、操作系统、数据库、中间件、应用程序、应用数据等相关系统和组件的恢复、调整、隔离、下线等操作。

研发部门：根据安全要求，执行其职责范围内应用程序代码和脚本的风险整改操作。

产品及运营部门：根据安全要求，执行其职责范围内的产品问题功能整改和安全属性调整相关的工作，负责因相关调整产生的客服问题，包括问题解答和用户安抚等。

公关及政府关系部门：接收安全事故通知并了解跟踪相关动态，判断是否需要启动公关工作。对符合条件的安全事故，由政府关系部门根据相关法律和监管要求向主管部门上报，并协助完成报警立案工作。

法务部门：接收安全事故通知并了解跟踪相关动态，对符合条件的安全事故，协助完成报警立案、法律诉讼和取证指导工作。

人力部门：接收安全事故定责结果，根据公司相关制度对责任员工实施惩罚。

（四）应急响应流程

1. 公司内任何员工通过任何途径知晓任何安全事件或疑似安全事件后，须第一时间通报安全团队。

2. 安全团队对安全事件进行初步分析，对于可能或已经造成实际影响的安全事件，应立即上报安全负责人，并立即启动应急响应流程。安全负责人对安全事件预判定级达到P3及以上时，应立即上报更高一级负责人。

3. 安全团队根据安全事件的实际情况，优先制定快速止损措施，根据团队职责指定运维或研发团队执行。当止损方案涉及业务暂停或下线时，安全负责人必须先征得业务部门副总裁以上管理层或CTO同意；当安全事故可能导致20%以上用户信息泄露，或1000万元以上经济损失，且因特殊原因无法联系高级管理层审批时，由安全负责人行使应急响应临场决策权，先行指定处置措施并指定相关团队执行，后续再向高级管理层和业务团队报备和详细解释。

4. 执行快速止损措施并验证有效后，由安全团队制定更为完善、彻底的整改措施，根据团队职责指定运维、研发或产品运营团队执行。同时针对相关风险开展大排查工作，避免同类事故再次发生。

5. 由安全负责人梳理事故情况，同步公关部门、政府关系部门、法务部门，并由各部门判断是否需要在其职责范围内开展下一步工作。

（五）安全事故报告和复盘

1. 由安全团队汇总事故影响、定级、原因和责任人，上报CTO。安全负责人根据内容敏感程度确定是否公示安全事件。

2. 相关责任人通报人力部门，由人力部门根据公司相关制度进行惩罚。

3. 由安全团队组织应急响应过程及结果复盘，为后续工作提供优化指导。

虽然现在我的直接汇报对象是运维总监，但是这3个制度是全公司执行的，因此，制度签批必须由CTO完成。在征得运维总监同意后，我将制度文档发给了CTO进行邮件签批。

Q 王总：小陌，你为什么要发布这3个制度？

A 马小陌：王总，我之前了解了一下公司的情况。现在公司的安全事故比较多，最主要的原因就是没做安全评估，导致很多隐患暴露在线上。所以我们得赶紧把安全评估机制建立起来，尽量在恶意用户对我们造成破坏之前，自己先发现并解决掉这些隐患。但全面的安全评估需要一些时间，这个间隙我们可能还是会遭受攻击，所以我想通过做好应急响应，把可能的损失降到最低。但是我刚刚来到公司，和各个团队的协作也是刚开始，如果自由磨合的话，需要很长一段时间，因此希望先通过制度规范起来，然后再慢慢优化。

Q 王总：我看你的制度里提到了大量的惩罚,而且整体比较严格,你有考虑过这可能让其他团队产生抵触情绪,导致合作更复杂吗?

A 马小陌：我在制定惩罚措施的时候考虑了两点。第一,我虽然对安全负责,但是具体的风险整改和应急响应操作大部分是由其他团队来操作的,如果安全不和他们的奖惩挂钩,那么可能很难改变现在这种经常发生安全事故的现状;第二点就是您说的其他团队有抵触情绪的问题,我也很担心大家认为安全团队把责任甩给他们,所以我在《安全事件定级标准》中给出了明确的说明,如果业务团队遵守了安全规范和流程,那么发生安全事故后由安全团队来承担主要责任,业务团队是否需要承担次要责任由安全负责人来确定。

Q 王总：既然他们已经遵守了流程,为什么还是有可能要承担次要责任呢?

A 马小陌：这点主要是为了保持各个团队对安全问题的持续重视,避免产生把所有安全责任直接甩给安全团队自己不管不顾的情况。比如研发人员自己知道一些安全开发的方法,但是很麻烦,如果他只需要遵守《安全评估管理规范》,那么他有可能采用最简单的方式快速完成功能开发任务,这时如果安全团队恰好没检查出来,那么等于他的效率提高了,但实际上这对公司整体来说是利益受损的。所以如果研发人员承担相关责任,那么他就更可能继续采用安全的开发方法。因此,我在《安全事件定级标准》中明确了业务方在遵守安全制度的情况下,是否需要承担次要责任由安全负责人来确定。当然,这个规定也更有利于推动其他团队对安全工作的配合与支持。

Q 王总：没问题。

1.3 执行全面评估

好的制度可以让协作变得更规范、更高效,但并不能直接解决安全问题。要快速减少安全事故,就必须尽快把安全隐患找出来,赶在其引发事故前完成整改工作,这个过程就是安全评估。

因为 M 公司在此之前几乎没有任何安全基础,所以我需要执行一次全面的安全评估工作,尽可能把各个方向、各个层面和各个环节的安全隐患排查清楚。全面评估虽然听起来很简单,但是执行起来存在很多现实问题。

公司业务那么复杂,我能在短期内梳理清楚有哪些资产吗?

安全资源极其有限,我能在各个方面达标完成评估任务吗?

当前安全事故频发,公司能坚持到我做完这轮全面评估吗?

我对以上 3 个问题的答案是:不能! 不能! 不能!

既然都是不能，我该如何努力达成我的工作目标，同时快速提升公司的安全水平呢？

首先，我决定按业务划分优先级。某业务发生安全事故后对公司运营的影响越大，它的优先级就越高，我就越早启动深入的安全评估工作。影响优先级的很可能不是单一因素，比如还包括营收层面、信誉层面、法律层面、监管层面等。这个优先级可以根据安全专家个人经验做一些划分，但更重要的是和高级管理层沟通确认，因为不同公司的商业模式和运营理念可能存在很大区别。

经过初步沟通，我得到了一张大概的业务安全优先级划分表，如表 1.5 所示。

表 1.5 业务安全优先级划分表

优 先 级	业 务 线
高	支付、提现、变现的虚拟资产等与资金相关的业务和接口
	用户隐私、联系方式、地理位置等与个人信息相关的业务和接口
	可能涉及色情、反动等内容的与运营相关的业务和接口
	公司财务、人力等包含大量机密信息的内部系统
中	涉及业务运营重要功能的业务系统
	影响支撑业务运营可用性的基础组件与设施
	公司产品文档、代码管理等包含大量敏感信息的内部系统
低	不会对公司运营造成较大影响的业务附属功能和内部系统

虽然业务安全优先级高的业务线同时包含了外网服务和内网系统，但是根据短期规划，在当前阶段我需要优先解决的是暴露在外网的重大安全风险，因此我决定暂时搁置财务、人力、产品文档、代码管理等这些内部系统的安全评估。我理解这些系统上存在的安全风险同样可能造成"灾难级"的影响，但是在当前安全资源极其有限的情况下，我必须暂时接受一部分风险。而且这些内部系统在做好基本的网络隔离后，风险可以很大程度地降低。

> **小贴士**
>
> 马小陌遇到的是一个对外服务安全事故频发但内部安全事件较少的公司，所以在资源有限的情况下把会对外暴露风险的业务作为优先处理对象。业务安全优先级如何设定，以及先对外还是先防内，主要取决于公司的商业模式、业务特点和安全现状，并没有一个绝对正确的定论。比如互联网公司可能更关注对外服务被攻击的风险，高端制造业可能更关注内部泄密的风险，在线教育行业需要同时关注对外服务被攻击和内部员工盗窃贩卖学生资料的风险。虽然当前安全行业推崇零信任网络安全架构，但是在一个初创安全团队的公司来说根本不具备可行性。因此，读者需要根据所处公司及其行业的实际情况灵活划分优先级。

另一个问题是，在相同优先级的情况下，有的业务是新增，有的业务要变更，有的业务已经在线上运营，我们先评估哪个呢？

我的决定是，优先评估新增业务或功能，这样能把风险遏制在萌芽阶段，并且各方整改影响最小；其次是即将变更的业务或功能，这样可以减少变更操作，业务方的配合成本相对较低；最后才是已在线上运营并且短期内没有变更计划的业务和功能，对它们进行整改需要业务方专门排期。

对于新增和变更的业务，安全评估比较容易开展，因为根据之前已经发布的《安全评估管理规范》，优先级高的业务必须经过安全评审和安全测试才可以上线，对于那些遵守规范的业务线，我只需要等着他们联系我就可以了。但是对于那些已经上线和没遵守规范的业务线，我应该怎么发现呢？一般方法有3种。

- 大部分运维成熟的企业会建立 CMDB（configuration management database，配置管理数据库），所以可以直接从 CMDB 中盘点资产信息。
- 通过扫描器或资产探测工具检查线上的存活系统和设备。
- 给各个团队或负责人发邮件，收集他们分管的资产信息。

以上3种方法都具有一定的局限性，仅仅使用某一方法很可能会出现无法全面收集信息的问题，因此建议大家根据企业实际情况混合使用，从多个渠道收集信息，并对结果进行交叉验证，最大程度确保数据的准确性。

梳理完资产后，马上就可以启动安全评估工作了！

都需要评估哪些问题呢？

我之前的主要工作是渗透测试，所以发现安全漏洞对我来说轻车熟路，但是我知道，安全评估的范围远远不止这些。为了避免自己有所遗漏，我先拟定了一张"救火"阶段必须关注的检查表（不包含物理层），如表1.6所示。

表 1.6　全面安全评估检查清单

所在分层	检 查 点
数据	是否已经对敏感数据进行适当加密
数据	是否按最小授权原则开放了敏感数据的查询和使用
数据	是否对敏感数据相关的备份文件执行了相同等级的保护
应用程序	是否存在可以远程利用的高危漏洞
应用程序	是否按最小授权原则仅开放了必需的账号和权限
应用程序	是否存在后门账户或弱口令

（续）

所在分层	检查点
应用程序	是否已经被植入 webshell 等恶意程序
	是否存在可能引发业务安全风险的业务逻辑设计缺陷（如撞库、羊毛党等）
	是否在日志中输出了用户口令、地理位置、支付卡等敏感信息
数据库和中间件	是否存在可以远程利用的高危漏洞
	是否按最小授权原则仅开放了必需的账号和权限
	是否存在后门账户或弱口令
	是否存在可能引发安全攻击的不当配置（如数据库运行在 root 权限下、tomcat 对外网发布 manager，等等）
操作系统（含网络设备 OS）	是否存在可以远程利用的高危漏洞
	是否按最小授权原则仅开放了必需的账号和权限
	是否存在后门账户或弱口令
	是否已经被植入 rookit、木马或病毒
网络	是否合理划分了子网或 VLAN
	是否按最小授权原则仅开放了必需的 IP 和端口
	是否具备应对 DDoS 攻击的能力或应急方案

这份检查清单并不能覆盖所有的风险点，但是它能解决大部分常见问题。安全工作确实需要全面的思考和布局，但是当后院正在"起火"的时候，你要的不是一纸完美的"消防方案"，而是赶紧"救火"，用最短的时间能救多少救多少。

即使我已经尽可能精简了检查清单，但是因为只有我一个安全专家，要全部执行完毕，依然需要很长时间。评估方法无外乎人工评审、自动化扫描和外部采购安全评估能力 3 种方法，其中人工评审的成本最高（主要指时间），风险挖掘最彻底；自动化的扫描成本最低，但结果很难保证，而外部采购安全评估能力则可以在两者之间灵活调配，但成本相对内部执行更高（主要指金钱）。于是，我从发生事故后对业务的影响程度和当前发生事故概率的紧迫程度两个维度出发，确定了"救火"阶段各个系统安全评估的执行方法，如表 1.7 所示。

表 1.7 全面安全评估执行方法

	紧迫度较高	紧迫度一般	紧迫度较小
影响较大	人工评审	人工评审+外部采购安全评估能力	人工评审
影响一般	人工评审+外部采购安全评估能力	自动化扫描	自动化扫描
影响较小	自动化扫描	自动化扫描	自动化扫描

我制定表 1.7 的基本思路如下。

- 对于可能发生的、对业务影响程度大的事故，尽可能自己人工评审，毕竟自己执行的工作自己最有把握；实在来不及的话，外部采购安全评估能力。
- 对于可能发生的、紧迫度高的事故，如果影响一般，尽量外部采购安全能力，把自己的时间留给影响大的业务。
- 对于影响不大、紧迫度也不高的业务，可以交给自动化扫描，即使存在一定的误报和漏报，也可以接受，把时间留给安全团队，做更有价值和意义的工作。

1.4 建立监控审计

全面安全评估发现存在大量高危安全风险。因为过去吃够了安全的苦头，而且根据现在的《安全事件定级标准》，业务方也必须承担安全责任，所以各个团队都在整改过程中给予了良好的支持与配合，大量高危风险得以快速消除，M 公司的安全事故发生频率明显降低。随之而来的，就是公司各个层面对我的信任程度越来越高，这是我第一次在 M 公司体会到了安全的存在感！

但是我却越来越忐忑不安，因为我知道，当前消除的大部分是那些看得见的安全事故，至于那些看不见的事故，它们现在有没有发生、在哪儿发生、造成了什么影响，依然一无所知。它们就像悬在头顶的达摩克利斯之剑，随时可能掉下来，让用户和公司承受无法衡量的损失。

要发现这些看不见的风险，就必须建立安全监控审计体系。

安全的监控是一套很复杂的体系，造成这种"复杂"的原因主要有 3 点。一是新型的攻击往往不具备已知的特征，这会导致监控审计系统难以识别，比如有大量的 0day 攻击可以成功绕过监控；二是即使成功识别了攻击，监控审计系统也难以判断这次攻击是否造成了影响，需要干涉处理，比如传统的 IDS 每天会产生海量的信息，但实际需要处理的极少；三是即使某条信息可以被判定为绝对正常，但是把各个环节的信息进行关联分析，依然可以定性为攻击行为，比如一次精密的 APT 攻击就可能在单个环节上极其隐蔽。这种复杂性在短期内可能无法被彻底解决——尽管市面上已经存在很多优秀的安全产品，它们在这方面取得了很多进步，但是在安全监控召回率和准确率（或者说漏报率、误报率）的平衡上依然还有很长的路要走。

面对这样的复杂性，公司在建立安全监控审计体系的时候，应该注意什么呢？

首先，要尽可能全面地收集各类数据，为后续关联分析做好准备。

其次，要尽可能避免盲目设置告警，减少在无效告警排查工作上浪费的时间和精力。

再次，要尽可能保证日志不可篡改，防止外部攻击者或者内部恶意员工清除作恶证据。

最后,要尽可能利用安全评估的过程和结果验证监控审计体系的有效性,并持续优化和完善监控能力。

一套基本合格的安全监控审计体系,我认为至少应该覆盖如表 1.8 所示的监测点。

表 1.8 监控审计监测点

所在分层	监 测 点
数据	是否有人偷窥、窃取了敏感数据
	是否有人未经授权新增、修改、删除了数据
	是否不合理地记录了敏感数据(如在日志中记录用户密码)
应用程序	是否产生了账户、权限方面的变更
	是否产生了未经授权的代码或文件变更
	是否存在涉及色情、反动和低俗信息的非法内容
	是否存在恶意的网络请求
	是否存在已知的安全漏洞
数据库和中间件	是否产生了账户、权限方面的变更
	是否产生了未经授权的重要配置变更
	是否存在恶意的 SQL 语句或通信请求
	是否存在已知的安全漏洞
操作系统 (含网络设备 OS)	是否产生了账户、权限方面的变更
	是否产生了未经授权的重要配置变更
	是否存在恶意的代码、进程和网络请求
	是否存在已知的安全漏洞
网络	是否存在网络攻击
	是否存在网络流量异常
	是否存在未经授权的访问权限
	是否执行了 ACL、VLAN 等导致网络变更的操作

确定了监控审计体系的第一步,接下来需要考虑谁来做、怎么做的问题。一个如此庞大的工程不可能由安全工程师独立完成。为了方便与各个团队沟通具体的协作内容,我先梳理了一下当前阶段需要协作的具体工作,如表 1.9 所示。

表 1.9　监控审计协作分工表

协作团队	协作内容	对口安全工作
运维团队	提供 CMDB、发布系统等与资产相关的监控信息	维护资产清单、部署扫描器等主动检测工具
	镜像网络流量	部署 IDS、WAF、异常流量监控等工具
	提供网络流量监控数据	部署异常流量监控工具
	按要求配置并实时提供业务系统、数据库、操作系统、网络设备等系统的系统日志	部署日志分析工具
	按要求配置并实时提供通信请求和响应日志，以及操作系统、网络设备等系统的操作日志。如果可行，提供数据库操作日志	部署日志分析、操作审计等工具
研发团队	提供代码仓库位置和相关权限	部署代码审计工具
	按要求记录并尽可能实时提供业务请求和响应日志、操作日志和其他日志	部署日志分析、操作审计等工具
	按要求接入与安全监控、内容检测相关的 SDK、API 或代码	部署内容安全等其他监控审计工具
产品团队	开通必要权限的监控专用账号	部署扫描器等主动检测工具
	提供产品文档位置和相关权限	部署扫描器等主动检测工具
	协助接入与安全监控、内容检测相关的 SDK、API 或与代码相关的排期等产品相关工作	部署内容安全等其他监控审计工具

在梳理基础监控审计体系建设协同工作的时候，我放弃了两种类型的工作。

一种是需要在服务器安装部署本地 Agent 的工作。因为在大多数情况下，出于对系统稳定性的考虑，运维人员会比较排斥在生产服务端安装非业务、非运维功能的 Agent，即使勉强同意，也难免要经历极其漫长的选型、测试、灰度和上线过程。这对"救火"阶段的帮助不大，而且极易在各种运维故障中引发猜疑和冲突。

另一种是类似 IPS、WAF 的串联部署（无论是物理串联还是逻辑串联）。这类设备的上线需要执行网络割接操作。在一个复杂的网络环境下，这类设备可能需要分布式部署在多个位置，而多次的割接操作可能会带来更大的故障风险。与此同时，这类设备通常存在大量的误报情况，因此在上线后依然需要经历很长的观测期才可以启动阻断策略，那时候"救火"阶段已经过去了。当然，如果网络攻击对企业的影响已经达到了极其严重的程度，并且企业暂时不具备快速评估整改的能力，那么这时候可以考虑和接受一定的误报，上线 IPS 和 WAF 等阻断式入侵防护系统，快速提升整体安全。

> **小贴士**
>
> 与业务方沟通安全协同工作时，需要尽可能划分阶段并清晰、全面地向业务方阐述需求，这样更有利于对方进行资源协调和任务排期。想到什么就告诉业务方需要做什么，已经达成一致的内容反复变来变去，所有任务不分轻重缓急一概催着要结果，这些都是极其影响合作但又特别常见的现象。所以，建议先自己打一张表，想清楚这个阶段到底要做什么、谁来做。
>
> 对于工作而言，不同的分工有不同的业务目标，所以跨团队协作中的一些分歧并没有对错之分，优秀的负责人应该清楚地认识到这点，避免分歧扩大成冲突，影响后续合作。所以，对于一些阻力大但是见效时间长的工作，可以适当往后缓一缓。

接下来，我正式启动了第一阶段的工作。

- 在互联网、办公网部署网络扫描工具，监控生产网边界的访问控制规则的有效性，确保没有未经授权的 IP、端口和服务对外开放。
- 在生产网部署漏洞扫描工具，监控操作系统、数据库、中间件和应用程序的已知漏洞。为了避免过度扫描引发故障，我严格限制了扫描速度，只启用可以远程利用的高危漏洞插件，并且关闭了其中的破坏性扫描插件。
- 在生产网边界部署 IDS 和仅开启旁路监听的 WAF，监控针对生产网的攻击事件。因为无效报警太多且当前没有值班人员，所以 IDS 只开启新近 0day 的攻击报警，WAF 只开启请求响应匹配后大概率确定入侵成功（机制类似于漏洞扫描器）的报警。至于全部记录信息，采用定期集中分析的形式统一检查。
- 在生产网和办公网内部部署异常流程分析工具，监控恶意网络通信和异常流量波动，及时发现木马病毒、挖矿脚本、APT 攻击和大规模数据外传等异常情况。
- 部署白盒代码审计工具，联动代码仓库和发布系统，监控支付、用户信息等重点业务的代码变化情况及安全隐患。
- 在生产网和办公网边界部署堡垒机，要求所有生产操作必须经过堡垒机执行，监控、记录全部的生产操作行为。
- 部署日志分析工具，并在第一期实现以下分析能力。
  - 重点接口访问量异常监控，比如支付、提现、订单、个人信息等，这类接口如果出现访问量激增，大概率是出现了安全漏洞或被"薅羊毛"。
  - 与工单流程不匹配的敏感操作监控，比较容易实现的包括但不限于账号变更、数据库导出、网络变化、重启关机操作。

- 特定敏感数据的异常查询监控，比如 DBA 执行的 SQL 语句中特定包含了某个用户的密码、地址信息，或者技术员工通过应用后台查询了某个用户的详细资料等，这种情况极少出现在正常工作中。
- 在与对外服务和内部重要系统相关的用户登录、申诉、找回密码等接口处部署基本的撞库、暴力破解和异常登录行为监控，这是一个水涨船高的业务安全对抗过程。

☐ 部署内容安全检测与过滤系统，严格防范色情、反动和低俗信息。
☐ 在办公终端部署防病毒程序，降低与病毒、木马、间谍程序和勒索软件相关的风险。
☐ 如果条件允许，部署一套 SIEM（security information and event management，安全信息和事件管理）工具进行关联分析和事件挖掘。

基本上我们可以找到与以上各项工作相关的开源项目或商业解决方案，当然也可以自研，至于具体采用哪种方式，需要根据安全的预算情况、业务的发展规模和团队的实际能力综合决定。

一般在时间紧迫、团队能力不足的情况下，大部分企业会优先选择商业解决方案来支撑前期需求。但是归根到底，选择开源方案、商业方案还是自己开发方案，取决于企业对此项安全需求的评估，选择可以承担成本的方案中最优的，才是最重要的。

第 2 章

制定安全预算

等到线上的业务基本被评估完一轮，基础的安全监控和审计体系运转起来的时候，大半年已经过去了。随着 M 公司安全事件的稳步减少，我知道，"救火"阶段熬过去了！

我不再需要每天为了处理各种安全事故焦头烂额，自然也就有了更多的时间去发掘那些更深层、更隐蔽的安全风险，同时有了更多的精力去思考如何建设更全面、更体系化的安全防控机制。

有一天，CTO 把我叫到了他的办公室。

Q 王总：小陌，经过你的努力，公司已经有一段时间没有出现过重大安全事故了，我和公司各个层面对安全方向的工作非常认可，也希望你能再接再厉，把我们公司的安全体系做得更加坚固和完善。年底就要上报明年的团队预算了，这两周你认真考虑一下，把与安全相关的预算做出来，然后我们一起过一下。

A 马小陌：谢谢王总的认可。对于安全这块，明年您有什么期望吗？

Q 王总：我希望通过明年的工作，安全这块不要再出事故。

A 马小陌：王总，完全实现这个目标需要投入巨大的资源，尤其是在一些影响比较小的问题上，ROI（return on investment，投资回报率）会特别低。要不我尽快草拟一版风险、成本和收益比较平衡的预算，您先看看是否合适，我再根据您的要求调整？

Q 王总：可以，就这么办吧。

> **小贴士**
>
> 如果安全负责人向更高级的管理层了解他们对安全工作的期望,那么"不出问题"是一个非常普遍的回答。从他们的角度来说,既然在安全上投入了资源,"不出问题"就是一种合理的诉求。面对这种期望,有相当一部分安全负责人会给出类似"没有绝对的安全"这样的回答。这类回答在道理上是对的,但对方不一定听得进去,很容易引发后续的低效沟通甚至心理上的冲突。
>
> 实际上,层级越高的管理者,越关心业务整体 ROI,简单地说,就是付出尽可能少的成本,获取尽可能多的收益。所以,安全负责人应该尝试换一种他们听得懂、听得进去的表达方式去沟通——为了支持业务的正常发展,至少需要做哪些安全工作,做到这些在各方面需要多少投入。

2.1 准备前提信息

既然要平衡风险、成本和收益,那么就一定得清楚地知道必须关注的风险是什么?要把这些风险消除、下降到什么程度?处理到这个程度需要投入什么资源?

第一个问题的答案主要来自企业内部。

我必须访谈各个业务方,深入了解各个业务在公司的整体权重,同时梳理各个业务涉及的功能以及与这些功能相关的数据采集、传输和存储情况。然后根据我自己的经验,判断各种风险的发生概率和可能对每个业务造成的最大影响,最后结合业务方对风险的接纳程度,确定必须关注的风险清单。

在这个确认过程中,很容易犯两种错误。

- 第一种常见错误是混淆风险定级和漏洞评分。是否必须关注某个风险,取决于其可能造成的最大影响,而不是其具体漏洞或脆弱性的评分是多少。当前大部分漏洞扫描器的漏洞评分标准都参考了 CVSS(common vulnerability scoring system,通用漏洞评分系统),这是一种脱离了具体业务的独立漏洞评分机制,所以它对漏洞的等级判断无法等同于风险定级。举个例子,同是 XSS(cross-site scripting,跨站脚本)漏洞,一个出现在数亿用户使用的微博上可以造成蠕虫传播,另一个出现在十几个员工使用的团队 Wiki 上还被浏览器自动过滤,这两种影响是天壤之别的,做风险定级的时候绝不能把这两个漏洞一概而论。

- 第二种常见错误是过度追求风险量化。大部分管理者都认同数据驱动决策是一种更明智的管理方法，因此会尽可能通过各种指标对工作进行量化管理，这个方向本身是没错的，但是安全风险量化在执行上存在很大的困难。一个比较常见的安全风险量化公式是：年度期望损失=资产价值×暴露因素×年度发生率，其中暴露因素是指特定威胁对特定资产造成的损失百分比。不难发现，这个公式右边的 3 个要素没有一个可以通过客观标准量化成数字！最后往往发现，风险定级过程因为过度追求量化变得复杂而又漫长，然而依然不可避免最终的结果掺杂了大量业务方和安全工程师的主观判断。

> **小贴士**
>
> 虽然定量分析在整体的安全风险定级上很难落地，但是在一些特殊的业务场景下，定量分析可能比定性分析更适宜执行。比如对于接入第三方资金结算渠道的业务来说，会有关于"在第三方账户上保留的资金数"的设置，因此如果第三方携款私逃或因为法律纠纷银行账户被冻结，该业务的最大损失是可以明确量化预估的。同时，推进账户共管、分批打款或者缴纳押金这些资金安全管控措施，由此降低的风险也是可以明确到具体金额的。另外，如果安全能力可以产品化，那么可以通过横向对比其他同类产品的采购部署成本来进行量化。

这部分工作做完后，我得到了一张重点风险清单，如表 2.1 所示。

表 2.1　重点风险清单

业务系统	地　　址	接　口　人	重点保护数据	重点关注风险

需要关注的风险确定以后，接下来必须考虑把它们处理到什么程度。

无论是团队负责人还是项目负责人，都必须清楚时间、成本和质量是在工作过程中互相约束的，对三者中的任何一项提高要求，其他两项中至少有一项需要随之做出相应妥协。我现在准备制定的预算，包括人力编制预算和财务预算，都是与"成本"对应的，所以必须提前考虑好"时间"和"质量"的问题，也就是什么时候做完、做多全、做多精。考虑后的结果其实就是新一年的安全规划。

设定时间目标和质量目标的时候，没有一个绝对正确的衡量标准，它们完全取决于当时的实际情况，但是必须注意避免两种问题。

- 第一种是主观提升风险等级导致大量工作需要在短时间内必须完成，或者盲目追求工作进度导致前期在非紧迫需求上投入过多资源。如果出现这种问题，要么可能因为资源有限导致真正紧迫的安全需求被延迟甚至搁置，要么可能因为前期不合理的人员招聘导致后期出现部分员工工作不饱和的情况。安全负责人必须明白团队管理工作是一个持续的过程，既需要对公司的投入负责，也需要对员工的成长负责，当出现工作不饱和的情况时，就谈不上对两边负责了。
- 第二种是忽视业务的真实需求，过度夸大安全重要性，或者脱离业务发展目标盲目追求技术的先进性。大部分的安全工程师会或多或少地出现这种情况，但是作为安全负责人，必须深刻理解安全是为业务提供支撑的，一切工作目标应该建立在支持业务安全稳定发展的同时尽可能追求更高 ROI 的基础上，在这个问题上绝不能本末倒置。当然，这个过程不能通过打压工程师的技术钻研积极性来实现，而是应该尽可能引导工程师朝着对公司整体更有利的方向努力。

最后一个问题就是评估投入多少资源了，最终的评估结果就是下一年的预算。预算评估不能拍脑门，需要对公司内部和行业领域的实际情况有清晰的认知。

对于计划通过扩充团队自主执行的工作，需要根据计划目标预估下一年的工作量，然后实事求是地推算出大概需要增加多少编制。以渗透测试为例，可以结合资产扫描结果、代码管理系统日志、发布系统日志、访问日志推算出大概的接口量级和变更频率，然后根据经验判断渗透测试工程师的平均工作效率，就可以推算出一个相对合理的渗透工程师编制需求了。虽然难免有一些误差，但是在向高级管理层汇报时，我们的需求更容易被理解，同时也能帮助高级管理层理解，实现完全"不出问题"的目标需要投入大量的资源，这样的目标在实际上并不可行。

对于计划通过采购借托外部资源执行的工作，需要充分了解行业的发展情况，尽可能选用技术成熟可靠的商业产品和服务。在制定预算前，应该邀约几家备选的主流供应商进行初步的需求沟通和技术交流，并请对方进行初步报价。在一般情况下，这个报价会比最后的成交价高出不少，但是没关系，这个初始报价仅用于填报预算。在采购商业产品和服务的时候，还需要关注行业监管要求，是否对采购的商业产品和服务有指定的范围或资质上的要求。

准备好了这些前提信息，就该正式制定预算了！

2.2 人员编制预算

为了制定的人员编制预算更加合理，我先找 HR 了解了一下公司的员工类型。和大多数企业一样，M 公司的员工分 3 种：正式员工、派遣制员工和实习生。

正式员工是指直接跟 M 公司签订劳动合同的全职员工。这些员工一般承担相对固定、重要的工作，享受 M 公司所有福利政策，用工成本最高。

派遣制员工是指与其他劳务公司签订劳动合同，但分配到 M 公司工作并服从 M 公司管理的员工。这些员工一般承担临时性或简易重复的基础性工作，不享受或部分享受 M 公司的福利政策，用工成本适中。派遣制本质上是一种公司之间关于员工的租赁关系，某些项目雇用派遣制员工可能是出于编制和能力等方面的原因，而非成本的原因，在这种情况下，派遣制员工在技能、经验和薪资方面可能不低于正式员工。

实习生是指尚未毕业来 M 公司增加工作实践经验的高校学生。这些学生通常在技能、经验方面相对欠缺，而且时间不太稳定，因此主要承担一些对时间、质量要求不高的日常基础型工作，不享受或部分享受 M 公司的福利政策。实习生薪资按到岗天数计算，也不需要为其缴纳社会保险和公积金，用工成本最低。当然，不排除有个别极具天赋的实习生在能力和产出上全面胜过全职员工。

为了更合理地设定人力编制，我决定根据项目的持续时间和质量要求来确定 3 种类型员工的编制数量，如表 2.2 所示。

表 2.2 正式员工、派遣制员工、实习生分配表

	质量要求较高	质量要求适中	质量要求较低
持续时间较长	正式员工	正式员工	派遣制员工
持续时间适中	正式员工	派遣制/正式员工	派遣制员工
持续时间较短	正式/派遣制员工	实习生	实习生

这个分配的主要思路如下。

- 对于质量要求较高的工作，尽可能由正式员工来执行，他们相对能力更好，稳定性更高，公司对他们的约束性也更强；但是如果某些任务紧迫并且可以在短期内快速执行完成，为了避免完成这些工作后人员冗余，可以聘用派遣制员工，在任务完成结束派遣。
- 对于持续时间和质量要求综合衡量适中的工作，考虑优先雇用派遣制员工，一方面可以在项目结束后结束派遣不再持续消耗人力资源，另一方面是可以把更多的时间留给正式员工钻研更有价值的工作。
- 对于质量要求不高、持续时间比较短的工作，考虑雇用优秀的实习生来执行，这类工作往往又多又杂，需要消耗大量时间和精力，但是对实习生来说是一个既能参与工作实践、又可力所能及的共赢过程。

除了员工类型，还需要考虑职能方向。安全涉及的方向很多，比如渗透、系统、网络、开发、合规、运营等，虽然同属安全，但是对技能的要求完全不在一条线上，而且很少能遇到通吃的"全

栈工程师"。在团队建立初期,不宜把职能划分得太细,因为那样很可能引发盲目扩张,最后发现早期某些具体方向上其实没那么多工作需要处理。

仔细考虑后,我把人员编制划分成了4个岗位:

- 安全攻防工程师
- 安全研发工程师
- 安全合规经理
- 安全运营经理

在安全团队建立初期,各项职能、流程还未完全清晰和成熟,在这个阶段安全负责人应该尽量将团队维持在一个相对精简的规模,正式员工大概控制在5~7人左右。这样做的好处是前期管理成本比较低,负责人有精力兼顾到每一个人和绝大部分重点项目,从而更容易营造团队氛围和控制项目质量。等到团队氛围基本确立、团队信誉基本形成、工作流程基本稳定后,再逐步扩张职能和团队。

很多安全负责人在制定人员编制预算的时候,喜欢去了解其他同行业公司的安全团队人员编制情况,然后想着找几个人数比较多、资源比较足的案例去说服自己的老板在安全上增加投入,这种做法在我看来并不可取。作为一名合格的负责人,应该准确评估当前团队的发展阶段、工作目标、工作量和持续时间,然后结合公司的实际情况,以相对较低的成本交付质量有保障的团队产出结果,相对合理地规划人员编制,这才是管理者该干的事情。其他公司,即使是相同行业,在业务需求、发展阶段、财务状况、人员技能和管理水平等各个方面依然可能存在很大的差距,因此他们团队编制配给的参考意义极其有限。当然,这并不是说应该闭门造车,完全不去了解其他公司的发展情况,一些业务规模更大、结构更复杂、安全能力更强的公司如果配备了一个人员规模或比例更小、总投入更少的安全团队,反而说明了他们的团队实力和管理水平更高,应该把他们设定为首选的交流、借鉴和学习对象。

小贴士

很多基层管理者有个认知误区,认为自己所管辖的员工越多,团队就越强大,自己就越有话语权,因此在制定人员编制预算的时候总是尝试争取尽可能多的名额。实际上,团队是否强大,管理者是否有话语权,与团队人数没有任何关联,它取决于高层管理者和其他团队的认知和评价。要获得他们的认可,需要让高层管理者相信你会站在公司的立场思考和解决问题,也需要让其他团队相信你的团队能力和产出质量。简单地说,靠谱值越高,话语权越高。但是靠谱值很难挣,靠谱一次加一分,不靠谱一次减十分。

综合以上的各项考虑，我制定出一张简要的人员编制申请表，如表 2.3 所示。

表 2.3 人员编制申请表

岗位名称	员工类型	人数	增编原因
安全攻防工程师	正式	2	• 须覆盖重点业务的安全评估和渗透测试等工作，前一年每月新增或变更业务功能产生的待评估需求约 m 个，涉及待测试接口约 n 个； • 须制定整体安全加固方案和具体系统或组件的安全基线，并推动相应落地工作，当前待加固系统涉及 x 个方向，总计覆盖 y 个实例； • 须执行安全事件应急响应工作，前一年发生频率为 z 次/月，下一年预计稳步降低； • 验收派遣制员工、实习生工作结果
	派遣制	2	• 执行安全告警接收、记录、分析、初步处置和升级工作，当前每日平均产生安全告警约 m 条； • 执行例行性常规日志分析与汇报工作，预计该工作需消耗 n 人时/天； • 配合执行安全加固方案落地执行工作； • 其他例行性的团队日常工作
	实习	4	• 依照 checklist 完成覆盖非重点业务及敏感接口的测试工作； • 配合执行安全加固方案落地执行工作； • 其他临时性的团队日常工作
安全研发工程师	正式	2	• 开发安全日志分析与监控系统，须持续更新与对抗； • 开发业务安全与风控系统，须持续更新与对抗； • 其他安全功能脚本开发
	派遣	2	• 开发安全管理平台整体框架，运行正常后更新、维护工作较少； • 开发 SRC 平台，须快速完成，运行正常后更新、维护工作较少； • 其他不需持续更新的安全功能脚本开发
安全合规经理	正式	1	• 跟进、分析安全方面的监管政策和要求，确保监管合规； • 制定与信息安全管理体系相关策略、制度、规范、标准和流程
安全运营经理	正式	1	• 负责 SRC 运营工作，确保外部资源与内部安全工作形成有效互补； • 推进安全培训与意识宣贯工作，提高员工整体安全认知； • 跟进安全事件和整改情况

不同企业的人员编制申请表的内容和格式可能不同，比如一些企业的人力部门会要求明确各个岗位需求的职级范围和入职时间，这可以帮助人力部门更好地选定招聘目标，也可以帮助企业更好地控制成本。如果人员编制申请表要求指定期望的入职时间，就需要安全负责人尽可能考虑好项目的启动时间，避免出现人员提前到岗但无法开展工作，或项目已经启动但人员没有到位的情况。同时还要考虑到，年底大部分员工在等着发年终奖，这个时段是招聘比较困难的跳槽淡季，应该避免要求在这个时间段大量入职。

2.3 安全财务预算

制定财务预算的第一步是,确定好下一年必须买什么。

很多安全负责人认为只要制定好了下一年的安全规划,那么需要采购什么就很明确了,只要跟着规划中的工作内容填写就行。但是等真正开展工作的时候,却发现遗漏了很多细节,导致预算不足。比如预算中提交了 IDS 设备采购费用,却遗漏了部署 IDS 管理系统的服务器;或者预算中为了搭建 Windows 审计跳板机提交了录屏软件和服务器采购费用,却遗漏了 Windows 远程桌面多用户并发的授权费用。

为了避免这类问题,我先把预算进行了分类,然后逐一列出每个分类下的产品、服务或内容,再分别注明了它们在实施过程中所需要的其他资源,如表 2.4 所示。

表 2.4 预算梳理样例表

预算类型	产品、服务或内容	依赖资源
硬件	防火墙	机柜、网络
	IDS	机柜、服务器、网络
	堡垒机	机柜、网络
	App 混淆和加固设备	机柜、网络
	服务器	机柜、网络
	测试设备(如手机等)	
软件	安全测试工具	测试设备
	代码审计工具	服务器、网络
	双因素认证工具	服务器、网络
	防病毒软件	服务器、网络
	操作系统	服务器
服务	抗 DDoS 服务	
	第三方安全评估服务	测试设备
	滑动验证码服务	
	威胁情报服务	
	等保测评服务	测评设备
	非法信息识别服务	服务器、网络
运营	SRC 劳务报酬	
	SRC 推广经费	
	内部宣贯材料及礼品	

(续)

预算类型	产品、服务或内容	依赖资源
其他	会议购票	
	差旅费	
	培训费	
	招待费	
	安全攻防杂费	
	其他费用	

表 2.4 是从分类来梳理所需预算的,另一种方法是通过项目来发散具体的资源,如表 2.5 所示。

表 2.5 项目资源需求样例表

项目名称	直接资源	依赖资源
入侵检测项目	IDS 设备	机柜、网络
	服务器	机柜、网络
	操作系统	
监管合规项目	等保测评服务	测评设备
	非法信息识别服务	服务器、网络
	培训费	

两种梳理方法各有优劣,基于分类的梳理方法容易遗漏项目中的细节资源预算,基于项目的梳理方法容易遗漏会议购票和差旅这种不与项目直接关联的预算。在初次制定预算缺乏经验的时候,可以同时采用两种方法交叉验证。

有的企业还会设置安全损失专项预算,简单地说,就是预计明年企业会因为安全事故损失多少钱,提前做进预算里。这个理念在绝大部分企业中还没有被接受,而且实际上也无法准确预估损失。所以,除非高级管理层明确要求,否则不要去提这种预算。

另外一个相似的问题是,有些费用只有在发生安全事故时才会产生,比如高防 IP 被攻击时产生的带宽费用、重大安全事故引入的第三方应急和取证费用等,这些是否应该做进预算?答案是:看情况。如果某类安全事件过去在企业频繁发生,比如经常性甚至规律性地遭受 DDoS(distributed denial of service,分布式拒绝服务)攻击,那么相关预算(比如高防 IP 的带宽费用)就应该根据以往经验做进预算;反之如果此类安全事件过去在企业极少发生,比如已经连续 2 年没有发生重大安全事故,那么相关预算(比如第三方应急和取证费用)就不需要做进预算,否则会导致预算金额与实际支出产生巨大差异,失去了预算的意义。即使低概率的事故真的发生了,

2.3 安全财务预算

也可以走预算外申请,这种必要性的紧急支出一般不会被拒绝。

确定了买什么后,就该预估花多少钱了。

在制定预算阶段并不需要掌握精确的成交价格,实际上不到投标或成交阶段,供应商也不可能亮出底价,所以有一个基本的估算即可。为了完成估算,有两种获取价格的方法。

- ❑ 第一种是直接邀约供应商进行初步报价。供应商也知道年底邀约报价是为了制定来年预算,所以他们在这个阶段一般会给出一个偏高的清单价,并告知还有协商余地。如果希望在预算中再挤掉一些水分,可以多邀约几家供应商一起报价,并让他们知道他们不是唯一的候选厂商,但不透露任何与竞争对手相关的信息,这样可以让供应商互相忌惮,不至于给出太离谱的报价。
- ❑ 第二种是通过行业内企业或者个人的关系,向已采购相同产品或服务的相关企业了解他们的成交价格。这样了解到的价格比较准确,但是可能会因为保密协议的原因,对方无法透露详细的价格信息。另外,如果对方企业是相关供应商的标杆用户或种子用户,那么他们的采购价格可能远低于其他企业可以实际成交的市场价。

> **小贴士**
>
> 在预算的询价阶段,依然有可能对预算的内容进行调整。最典型的情况就是,计划采购的产品或服务价格过高,超出了项目或被保护对象本身的价值,这种情况就应该及时停止立项,或者缩小相关项目的范围。以高防 IP 为例,其带宽资源极其昂贵,对一些营收规模较小的业务来说,防护费用可能高出利润甚至营收本身,这时候就需要考虑是否放弃高防 IP,或者仅采购基础的防护带宽,等真正发生攻击事件时再酌情切换或者购买额外的防护能力。

有了上面这些信息就可以正式填报预算了,表 2.6 是一张典型的预算填报表。

表 2.6 预算填报表

费用名称	用途描述	1月	…	12月	合 计
合 计					

在一般情况下,费用在哪个月产生,就将具体金额录入在对应的月份,这样有利于财务部门整体推算和准备企业每个月的资金需求。对于一次性付费但持续使用周期较长的预算(比如防病

毒软件的采购），部分企业的财务可能会要求在预算中将费用分摊到每月或每季度，预算填报时应该以企业的具体财务要求为准。

2.4 预算沟通技巧

在通常情况下，企业的各级负责人、人力部门和财务部门都会对人力编制和财务预算进行严格审查，这样做既是为了把整体支出控制在可接受的预期范围内，也可以尽可能减少不必要的支出，降低运营成本。因为安全预算不直接同业务发展和营收挂钩，并且人力、财务一般对安全的职能和重要性缺少感知，因此在安全发展处于初期的企业很容易被视作缩减预算的首选目标。

在提交人员编制申请表和预算填报表后没多久，CTO果然把我叫到了他的办公室。

Q 王总：小陌，我看你申请增编6个正式员工，加上派遣和实习生，总共得有十来个。我听说很多公司也就两三个安全工程师，咱们安全这块真的需要这么多人吗？

A 马小陌：王总，在申请编制前我大概了解一下公司的情况。公司现在总共有约 x 个接口，其中大概有 y 个接口跟金钱或用户位置、联系方式这类用户隐私信息相关，平均每个月大概有 z 个接口发生变更。在一般情况下，一个熟练的安全工程师每天大约能完成 m 个接口的测试和评估，所以这块工作预计每个月要投入 n 人/天。所以我这边打算增加 2 个正式员工来覆盖重点风险，通过派遣和实习来覆盖那些没那么重要的风险。

另外，因为公司的安全工作刚起步，有不少安全系统需要建设，比如基本的日志分析、风控、安全管理等，根据其他公司的建设经验，完成这些开发总共需要约 k 人/天。其中一些需要长期维护和对抗的项目，我打算招聘两个正式员工来做，一些前期赶进度后期维护比较少的项目，打算雇用 2 个派遣员工来开发，等项目完成后就不用继续占用人力资源了。

Q 王总：安全测试占据了很大一部分工作量，这块可以给测试工程师做一下培训，让他们来分担一部分吗？

A 马小陌：安全测试除了一些固定的方法和过程，还需要根据实际场景运用一些不同的攻击思维和技巧，后面这部分很难通过培训覆盖，或者需要通过极其漫长的培训才能覆盖，这会浪费很多时间，还无法保证效果。另外，如果由测试工程师执行部分安全测试，我比较担心两个团队在设定绩效目标方面会存在一些困难，尤其是在出现安全事故以后，责任不好区分，很可能导致前期相互推脱工作、后期相互推脱责任的情况。

Q 王总：如果购买安全测试服务呢？我看很多乙方安全公司都有提供这样的服务，而且也不是太贵。

A 马小陌：第三方的安全测试服务有几个问题。一个是这种服务一般是按次计费的，每次测试只能对当时的版本结果负责，但是咱们的接口在不停地变更，随时可能产生新的漏洞；另一个是外部安全工程师很难在短时间内深入了解咱们的业务逻辑和实际情况，所以更可能在测试过程中产生疏漏，也难以跟进整改过程。所以，重要的业务最好还是自己的工程师执行测试，第三方安全测试服务可以作为内部安全工作的校验和互补。

Q 王总：好的，听起来这个编制数量是合理的，你也已经综合考虑了各方面的问题。但是为什么合规和运营都只招一个人，你要申请经理的 title，是后面还要继续招人吗？

A 马小陌：王总，这两个方向刚刚起步，需要先趟一下水再确定后面是否需要继续招人。申请经理 title 是因为这两个方向的工作比较特殊，和技术工程师不同，他们的工作更加侧重管理和沟通。安全合规经理对内需要制定制度和实施惩罚，对外需要对接各种监管机构和审计公司；安全运营经理对内需要组织培训和推进整改，对外需要对接各种安全团队和行业媒体。所以经理这个 title 更匹配他们的管理工作性质，同时也更有利于和内外部更高级别的人沟通交流。

Q 王总：是的，我同意你这个观点。再说一下财务预算。这里面有的东西看着挺简单，比如验证码，业务团队有这么多开发，安全自己也招了开发，为什么不自己做？

A 马小陌：验证码是业务安全中一个比较重要的环节，像暴力破解、撞库、羊毛党和另外一些需要做人机识别的风险防范都高度依赖验证码的可靠性。但是传统的验证码现在基本已经没用了，需要一些对抗能力更强的方案和技术。如果自己做，实现这样的强度需要投入一个小团队来持续跟进和提升，这样算下来成本要比采购商业产品高出很多。其他几个采购的产品也是出于这样的考虑，如果有了成熟的商业产品，而且长线来说自己开发更贵，就走采购了。

Q 王总：那日志分析这种也有成熟的商业产品，为什么你要自己做？

A 马小陌：其实日志分析这块我确实想采购商业产品来着，这个自己开发成本也很高，而且可能需要很长时间才能达到商业产品相似的能力。但是咱们的业务流量太大，相应的日志量也非常巨大，如果采购商业产品的话，要花很大一笔钱，后面的扩容和维保费用也很夸张。所以我觉得，从长线来说，还是自己一步一步来总体成本和收益更合适。

Q 王总：预算里有很大一部分是 SRC，这是什么东西？

A 马小陌：SRC 是我们建立的一个面向外部安全组织和个人的平台，通过付费的方式，搜集他们发现的跟咱们有关的安全漏洞和情报。

Q 王总：这些钱够招几个工程师了，为什么不自己招几个人专门做测试，你不是说自己的人对业务了解更深，更容易把握测试质量吗？

A 马小陌：这也是从成本和收益来考虑的。SRC 是按结果付费，只有他们提交了有效的漏洞，我们才会向他们支付劳务报酬，而且他们提交的都是内部安全工程师疏漏或者没有能力检测的漏洞，这样算下来，SRC 在单个漏洞上的成本是要远远低于自己招聘全职工程师的。另外，每个安全工程师都有自己的思维和能力上的局限性，无论招多少个工程师，这种局限性都是不可避免的。但是通过 SRC，可以汇聚成百上千个安全专家（不要说"白帽子"这类行业惯用语，汇报对象如果不了解这些词汇，就会产生沟通障碍）的知识和能力，就能够有效地消除内部局限性。

Q 王总：那多给一些劳务报酬就可以了，为什么需要这么多推广经费呢？

A 马小陌：这是因为市面上已经有了很多其他公司的 SRC，各个 SRC 的运营本质都是通过各种方法来争夺这些安全组织和个人的时间。毕竟他们总时间有限，测了这家就没时间测那家。虽然提高劳务报酬是吸引他们的方式之一，但是也有很多安全专家对钱没那么敏感，所以需要有一些其他层面的东西来争取他们的关注。

Q 王总：安全攻防杂费又是用来干吗的？

A 马小陌：我们在安全攻防过程中可能产生一些预期以外的费用，比如有可能需要购买一些黑产数据来验证真实性，或者测试某些支付类业务时需要进行充值，等等。

Q 王总：好的，整体来看，我没什么意见。不过这些全加起来，公司在安全这块的投入一年也有好几千万了。你能告诉我，投完这笔钱，你能给出什么样的结果吗？

A 马小陌：王总，谢谢您的信任。和之前与您沟通的一样，我是考虑了风险、成本和收益的平衡来制定的预算，我的预期收益是这些工作落地后，公司整体不发生 P3 及以上级别的安全事故，在与资金和用户隐私信息相关功能和接口上不发生事故。您看这个目标是否可行？

Q 王总：没问题，好好干。

小贴士

在制定预算的时候，不要自作聪明地认为，反正预算要被砍，不如提前多报点，到时候砍了也就砍了。合格的管理者应该站在公司的立场来考虑问题，维护公司利益，什么钱该花，什么钱不该花，取决于投入多少成本、获得多少收益，不能为了虚荣心甚至一己私利盲目追求预算金额。而且，千万不要低估高级管理层的智商，他们非常清楚，那些总是被砍预算的预算制定者，要么藏着故意往高申报等着被砍的小心思，要么不经深思熟虑就随意要钱做项目，在一个正常的企业，无论哪种在长线收益上都不会有什么好结果。

# 第 3 章

安全团队建设

两周后，CTO 又一次把我叫到了他的办公室。

Q 王总：小陌，编制和预算已经审批通过了。现在不论是从安全的重要性上看，还是从整体的人员规模和资金投入上考虑，都应该组建一个独立的安全团队了。这段时间公司的安全水平稳步提升，离不开你的努力和贡献，而且通过这段时间我们之间的交流，我发现你是一个考虑问题比较全面，并且能够站在更高视角思考问题的人，这点我很欣赏，所以后面就由你来担任安全团队的负责人，带领大家一起把安全工作做得更好吧。

A 马小陌：谢谢王总，我一定会更加努力的。

我的心中一阵窃喜，毕竟从工程师到负责人，是职业发展中一次质的转换，更重要的是，成立独立的团队有助于安全工作的推进。为什么这么说呢？

首先，在应对风险的过程中，单纯的安全技术存在非常明显的局限性，需要发布一系列管理措施来完善整体防控能力，这些管理措施又需要覆盖企业的各个业务流程和职能部门。如果安全负责人在组织架构中的层级过低，甚至仅仅是某个技术执行部门的工程师，那么相关的管理诉求就很难甚至无法传达到高级管理层，这些自下而上的管理措施在实际执行过程中根本无法对各个部门尤其是在组织架构中层级更高的部门形成有效的约束。

其次，在不以安全能力作为盈利手段的公司中，安全工作更多的是一种预防性的保障工作。这意味着需要为了当前不可见的风险投入可见的时间和资源确保安全，而最终的工作结果却难以量化体现。因此，如果安全职能隶属业务团队、开发团队或运维团队时，那么团队负责人无论从整体 ROI 还是个人利益的角度考虑，都会更倾向于将时间和资源投入那些看得见收益的工作方向，因此在可见风险基本消除后，团队负责人难免在发现业务和安全的冲突时，舍弃安全立场。

最后，安全团队需要承担审计、定责、惩戒和应急决策等工作，这时很可能与其他团队和员工产生利益冲突，因此需要保持足够的中立性来确保相关操作过程符合企业的整体利益。尽管大部分安全工程师会恪守职业道德，但是很难确保当安全负责人所处部门或上级的利益受到威胁时，相关信息和惩罚还能够被继续上报和执行，这已经超出了他们的能力范围。

显然，成立独立的安全团队、任命专职的安全负责人可以有效地减少和避免上面三方面的问题，安全工作自然也可以更坚定、更顺利地开展。

但是，欣喜之余，我又隐隐有些担心。做技术有理论指引、有行业实践，即使自己没做过的事情，也能照葫芦画瓢，只要舍得花功夫总能给出个结果，但是管理呢？

> **小贴士**
>
> 在安全领域，大部分负责人都是走"技而优则仕"的路线，这是对优秀人才的合理激励与回报，但是管理者自己一定要清楚，技术好并不等同于管理好。合格的管理者应该尽力实现团队效能的最大化，而不是过分强调个人能力，因此初晋管理者有必要掌握一些技术之外的管理技能。尽管已经具备很多成熟的管理理论和模型，也建议初晋管理者多去学习和了解它们，但是每家企业、每个团队、每个人都有自己的独特之处，所以一定要活学活用，千万不要完全照搬执行。

摸着石头过河，先行动起来吧！

3.1 团队目标与职能

既然已经成立了独立的安全团队，那么应该最先思考的问题就是：团队的整体目标是什么？因为只有明确了团队目标，我们才能更清晰地描述团队职能，更准确地制定工作规划，更坚定地朝着确定的方向努力工作。

很多安全团队会把团队目标设定为：维护企业安全生产。

我觉得这在大道理上是对的，但是这样的团队目标对安全工作几乎没有任何指导意义。所以，我希望设定一个既能告诉高级管理层安全团队是一个什么样的团队、又能告诉团队员工应该以什么样的思路开展工作的团队目标。

我认为，根据团队的工作风格，安全团队可以分为以下 4 种类型。

第一种是执行指令型。这种团队一般出现在企业安全发展的初级阶段，团队能力和话语权都处于弱势状态，不能自己挖掘需求和设定目标，只能完全遵照上级甚至其他业务部门的指令和要求开展工作。执行指令型的安全团队经常出现外行指导内行的情况，很难真正实现体系化的安全防护，团队成员则毫无成就感可言。有很多没有成立独立团队而是挂靠在运维或开发团队的安全工程师，基本是处于这样一种状态。

第二种是明哲保身型。这种团队通常在企业安全发展的中期形成，团队已经具备一定的风险识别和流程管控能力，但是在风险整改推进过程中屡屡碰壁，于是自作聪明地利用例外审批和定责机制，处心积虑地推卸本该属于自己的安全责任。最常见的情况就是，对于一个明明可能引发重大事故的安全漏洞，只要业务方不愿意整改，不是想尽办法说服和推进，而是立刻要求对方书面接受风险，这样不出事故的时候不用得罪同事，出了事故可以翻邮件摆脱责任。这种团队风气的形成一定跟一个毫无主人翁意识、考虑做人比做事更多的团队管理者有直接关系。

第三种是断臂求生型。这种团队要么处于安全影响到存亡的企业，要么经过长期的发展和贡献后被授予了类似于"一票否决权"之类的生杀大权。断臂求生型的安全团队往往存在一个性格强势但格局眼界不足的团队管理者，他们为了安全的绝对指标完全不考虑业务发展诉求，在产品需求和运营流程中处处设限，为了1分的风险不惜给用户和员工带来100分的不便，最终直接影响了业务的正常发展。这种描述看似很夸张，但是现实中有很多安全团队和工程师在提交安全需求的时候是不会考虑业务发展的，只不过他们还没发展到这个阶段，还没有能力给业务"断臂"罢了。

第四种是驱动业务型。这种团队与企业安全发展所处的阶段没有必然的关联，主要取决于团队目标是否脱离了纯粹的安全指标，转而把安全视作业务的一种属性，最终以安全团队的能力保障甚至推动业务发展。建立驱动业务型的安全团队需要对安全负责人提出极高的要求，比如是否能够站在业务发展的整体视角看待问题，是否愿意为了业务和安全的平衡使自己承担更多的职能风险，是否善于引导工程师走出单纯的技术思维从而更多地关注全局发展需求，等等。

> **小贴士**
>
> 一个成熟的安全团队应该在企业内部具备3种基本权限：知情权、否决权和应急决策权，他们分别作用于发现风险、减少风险和事故止损，其中知情权和应急决策权我们已经在《安全评估管理规范》和《安全应急响应流程》中提到。很多安全负责人对否决权尤其是一票否决权抱有一种执念，他们认为很多安全工作无法推动完全是因为授权的问题，如果有了一票否决权，那么就什么都好办了。其实这把因果倒置了。企业不敢授予安全团队否决权，很大一部分原因是担心安全阻碍业务发展，事实上也有很多安全负责人脱离业务发展过度追求安全防控强度，不愿意接受任何风险，以免自己承担低概率事故带来的责任。如果盲目授予否决权，这类负责人很可能演化出断臂求生型的安全团队。
>
> 只有坚持以保障和促进业务发展为第一目标，安全团队才有可能、有资格被授予一票否决权。

我希望建立的，当然是一个驱动业务型的安全团队！所以，我写下了安全团队的团队目标："以支撑和促进业务发展为核心，建立必要的安全管理体系和技术防控能力，保证合法合规，维护公司和用户的合法权益。"

接下来，我需要根据团队目标整理出团队职能提交公司管理层。团队职能千万不能潦草了事，它并不只是做个描述那么简单。第一，通过公司管理层认同的团队职能实际是一种授权，它规定了你有什么权力，可以做什么事情；第二，描述清晰的团队职能，是跨团队责任认定的重要依据，它描述了你负责哪部分工作，就应该承担哪部分责任。所以，一个简要清晰、不易产生歧义的团队职能描述是非常重要的。

我需要制定的团队职能有两部分：安全团队的整体职能和每个子团队的细分职能。

根据团队目标，我先制定了整体的团队职能。

团队职能

1. 建立信息安全管理体系，制定、发布和维护信息安全策略、制度、规范、标准和流程，并对相关执行情况进行监督与审计。

2. 建立信息安全技术防控体系，及时发现和处置信息安全风险，制定和维护信息安全技术架构设计，组织和推动信息安全技术措施落地。

3. 确保信息安全监管合规，跟进和梳理与信息安全相关的法律规定和监管要求，检查和记录不符合情况，推动和监督相关整改。

4. 执行项目信息安全评审，对公司范围内开发、实施、引进和采购的项目进行安全性评估，采取必要措施及时发现、通报、降低和消除风险。

5. 执行信息安全事件应急响应，组织和指导与安全事件相关的记录、分析、止损、清查、整改、取证、复盘、总结和定责工作。

6. 执行信息安全审计和惩戒，监控、检视、调查和处置违反信息安全管理要求的操作和行为，根据相关制度施行惩罚，在必要的情况下配合司法取证和诉讼。

7. 执行信息安全培训和意识宣贯，提高公司全员信息意识和防护能力。

作为一个安全从业人员不难发现，这个职能描述稍显重复，其实前面两条信息安全管理体系和技术防控体系已经包含了后面的5条内容。但我这么编写并不是为了凑字数！首先，职能描述应该通过简单几句语言概括清楚安全团队计划要覆盖的面，也就是前两点提到的管理体系和技术体系，这可以让大部分人有个大概理解的概念。其次，我需要通过职能定义获得公司对安全团队的整体授权，所以你会发现，后面的五项都是一些职能比较模糊或者授权不够充分的工作内容。

因为每个管理者的时间和精力有限，每个管理者直接对接的下属建议控制在5~7人。所以当团队规模发展到 10 个人左右的时候，维持管理效率的有效方法之一就是进一步划分子团队并细分各个子团队的职能——这种划分不一定必须在组织结构上设立新的团队，也可以是项目组或者虚拟团队的形式。

团队职能的划分方式也应该随人员规模的变化而调整。团队规模整体在 20 人以内时，建议按照安全攻防、安全研发、安全合规和安全运营这样的职能目标来划分子团队。这种组织架构的优势在于，企业安全发展前期一般安全工程师较少，因此工作需要同时在多个面上铺开，很难通过业务目标来划分职能，但是通过攻防、研发、合规和运营却基本可以清晰地反映出每个人的工作内容，同时又可以降低每个条线上的员工对其他条线相关知识的依赖。在团队规模较小的时候，这种组织架构不仅简明清晰地界定了职能边界，而且各个子团队也可以维持相近的人员规模。但是随着安全团队不断扩大，这种组织架构很快就会出现问题，最明显的就是安全攻防团队的扩充速度远超其他子团队，最后形成需要给安全攻防团队设置多层次级子团队来维持管理效率的局面。

要解决这些问题，比较有效的方式是在团队规模发展到一定阶段后调整成以具体业务目标为导向的组织架构。一种建议的组织架构如表 3.1 所示。

表 3.1　业务目标导向安全团队划分

子团队名称	子团队职能
安全管理团队	• 负责建立信息安全管理体系，制定、发布和维护信息安全策略、制度、规范、标准和流程，并对相关执行情况进行监督与审计； • 负责确保信息安全监管合规，跟进和梳理与信息安全相关的法律规定和监管要求，检查和记录不符合情况，推动和监督相关的整改； • 负责执行信息安全审计和惩戒，监控、检视、调查和处置违反信息安全管理要求的操作和行为，根据相关制度施行惩罚，在必要的情况下配合司法取证和诉讼； • 负责执行信息安全培训和意识宣贯，提高公司全员信息意识和防护能力
基础安全团队	• 负责建立覆盖物理、网络、系统、数据库、中间件的纵深防御体系； • 负责执行覆盖物理、网络、系统、数据库和中间件的漏洞扫描和渗透测试等安全评估工作； • 负责推进覆盖物理、网络、系统、数据库和中间件的风险收集和整改工作； • 负责组织覆盖物理、网络、系统、数据库和中间件的安全事件应急响应工作； • 负责完善覆盖物理、网络、系统、数据库和中间件的安全监控和告警能力
业务安全团队	• 负责执行业务流程和应用系统需求安全评审，提前发现和减少应用系统在需求设计和业务逻辑上的安全隐患； • 负责执行业务流程和应用系统的漏洞扫描、渗透测试和业务逻辑缺陷排查等安全评估工作； • 负责执行数据爬取、虚假注册、活动作弊等恶意用户行为的识别、标记和拦截等对抗工作； • 负责执行色情、反动、欺诈和低俗等非法信息的识别、拦截和清除工作； • 负责推进业务流程和应用系统的风险收集和整改工作； • 负责组织业务流程和应用系统的安全事件应急响应工作； • 负责完善业务流程和应用系统的安全监控和告警能力

（续）

子团队名称	子团队职能
数据安全团队	• 负责建立和维护数据安全技术体系，对数据进行分类定级，制定不同类别、不同等级的数据安全防控标准； • 负责实施数据访问控制措施和加解密流程，降低敏感数据被非法访问和篡改的风险； • 负责监督数据备份执行工作，降低重要数据被恶意删除或误删除的风险； • 负责监督敏感数据销毁工作，降低已删除敏感数据被恶意恢复的风险； • 负责推进数据安全风险收集和整改工作； • 负责组织数据安全事件应急响应工作； • 负责数据安全监控和告警能力

根据人员技能和风险偏好的不同，有的公司会把应用系统的漏洞扫描和渗透测试等安全评估工作放在基础安全团队，也有的公司会为了非法信息的识别和拦截工作成立独立的内容安全团队，还有的公司会把业务安全团队等同于风控团队，这些职能划分形式并不存在绝对的优劣，在整体有利于提升管理效率的前提下，哪个更容易被公司和员工接受，就采用哪种组织架构形式。

当然，如果像我一样只有 6 个正式员工，那就根本没有必要划分子团队了，这时候细分的职能越多，管理效率反而越低！

3.2　人员招聘与面试

确定了团队目标、团队职能和组织架构后，就可以通知人力部门启动招聘流程了。招聘岗位和数量通常在人员编制预算审批通过之后就已经确定，但是不同的企业有不同的管理风格，而且企业运营发展过程中随时可能发生预期之外的突发事件或干扰因素，因此招聘岗位和数量也可能随时调整。

在提交或变更招聘需求时，需要向人力部门提供岗位描述、招聘数量、任职要求、期望到岗时间等，部分企业的人力部门可能还会要求人才需求部门提供招聘渠道、目标职级、薪酬范围、目标企业和是否启动猎头等信息。

个别不称职的安全负责人在拟定岗位描述和任职要求的时候，不能准确梳理和描述自己团队的实际需求，于是上网搜索一些其他企业发布的相似岗位的招聘信息，东拼西凑甚至直接抄袭。这么做不仅会导致人力部门不能准确筛选出合适的候选人，而且可能发生一些张冠李戴的问题，间接影响企业和团队声誉。要拟定准确、合理的岗位描述和任职要求，安全负责人就必须深刻理解团队的发展阶段和对应的招聘需求。

在企业安全发展的早期，安全团队规模一般较小，但是需要处理的安全风险很多。这个阶段需要快速消除重大风险，用尽可能少的资源实现尽可能高的效率、覆盖尽可能多的面。因此，这个阶段的招聘，应该侧重那些知识面相对较广、执行力相对较强的候选人，岗位描述中的内容应该覆盖多个方面但是淡化结果要求，任职要求中应该包含大量"熟悉""理解""或"和"优先"这样的关键字。M 公司当前就处于这个阶段，所以我拟定的安全攻防工程师岗位描述和任职要求如下。

岗位名称

安全攻防工程师

岗位描述

1. 负责 M 公司安全技术防控体系的整体设计，推进相关工作的落地实施；
2. 负责安全评估工作，包括需求安全评审、漏洞扫描、渗透测试等；
3. 负责安全加固工作，包括制定系统安全基线、推进和监督加固方案落实等；
4. 组织应急响应工作，及时识别和发现安全事件，紧急止损并推进风险排查整改；
5. 建立安全监控机制，实施安全审计和取证工作。

任职要求

1. 熟悉 Web、移动 App、操作系统、数据库或网络中至少两个领域的常见安全风险及原理，能够熟练使用主流方法或工具独立进行评估和检测；
2. 熟悉相关领域的安全技术防控措施，能输出体系化安全解决方案者优先；
3. 至少了解 Python、Perl 或其他任一开发语言，能独立开发安全工具者优先；
4. 具备良好的逻辑分析和沟通协调能力，有项目管理经验者优先；
5. 具备相同行业安全技术防控体系建设经验者优先；
6. 具备代码白盒审计能力者优先。

随着安全团队规模的逐步扩张以及整体能力的不断提升，安全工作的目标自然会由对覆盖面的拓展转移到对风险点的深耕，这个阶段可能投入大量资源和时间来尝试消除某个具体的脆弱点，或者针对某一类威胁展开"魔高一尺，道高一丈"的持久对抗。这时候的招聘，就应该转向侧重那些专业领域知识更深、团队协作意识更强的候选人，岗位描述中的内容应该强调专业领域并说明目标期望，任职要求中应该包含大量与"精通""经验"和领域术语相关的关键字。比如招聘一个 Android 方向的高级移动端安全工程师可以这样拟定岗位描述和任职要求。

岗位名称

高级移动端安全工程师（Android 方向）

岗位描述

1. 负责 M 公司 Android 平台产品的安全风险评估，提供修复方案并推进整改工作；
2. 负责 Android 平台产品的安全加固工作，降低相关产品的破解、注入、反编译和二次打包等风险；
3. 负责制定《Android 应用安全开发规范》，针对研发人员开展安全修复指导和安全开发培训工作；
4. 跟踪业界技术动态，推动移动安全工作的持续改进与完善。

任职要求

1. 精通常见的 Android 应用安全风险及原理，能够独立提供修复方案并推动整改；
2. 精通 Android 应用逆向和调试，能够熟练使用逆向工具如 APKtools、Dex2jar、IDA 等；
3. 熟悉 Android 安全机制和常见的主流加密算法，能够结合业务需求制定合适的安全解决方案；
4. 熟练掌握一门编程语言如 Python、Java 等，有良好的编程习惯；
5. 具备良好的逻辑分析和沟通协调能力，以及良好的团队合作意识；
6. 3 年以上 Android 客户端安全经验，能力突出者不受此限制。

除了根据不同发展阶段的招聘需求来制定岗位描述和任职要求外，还需要考虑任职要求中相关技能的招聘难度。比如说安全研发工程师这样的岗位，在理想状态下，候选人最好既对常见的安全风险和检测机制有一定的了解，又在代码质量和工程能力方面媲美专业开发，但是这样的安全研发工程师在整个行业凤毛麟角，发展初期的安全团队往往很难提供这类候选人所期望的发展空间和薪资待遇。所以我们不妨把岗位职能做一下拆分，拟定一份通用的研发工程师岗位描述和任职要求，在安全研发工程师岗位上直接招聘专业的研发工程师，入职后再根据安全项目需求进行常规开发即可实现安全研发的整体目标。

> **小贴士**
>
> 通过招聘常规研发工程师实现安全研发需求在整个行业非常常见，团队规模较小时可以由安全攻防工程师制定安全需求提交研发，发展到一定规模后可以招聘专职的安全产品经理。但是这种招聘方式也存在一些问题，尤其是在一些复杂度较低、开发工时较少的细节需求上，安全攻防工程师可能需要花费比开发更多的时间来描述和验证需求，或者研发工程师因为对某个安全技术细节的理解存在偏差导致实现与预期不符，这些都会拉低整体工作效率，严重时甚至引发攻防和研发工程师之间的冲突。面对这样的问题，安全负责人需要及时调和两个子团队之间的矛盾，也可以考虑把一些对开发质量要求不高的脚本类开发需求分配给安全攻防团队执行。

在正式员工的招聘方面，要考虑社会招聘和校园招聘两种渠道。在通常情况下，社会招聘的候选人在技能、经验和工作方法上相对更有优势，在团队规模较小、需要处理的问题比较多的情况下，应该尽可能采用社会招聘。当然，现实中存在刚毕业的职场新人在各个方面都比年长员工优秀的情况，但是作为负责人必须明白这不是普遍现象，招聘所花费的时间和精力也是一种成本，所以这个时候放弃那些低概率的可能性，把更多的时间花在更有可能的事情上也是提高管理效率的一种方式。

但是，随着团队的不断发展，无论规模是否扩大，后期都应该考虑启动校园招聘，这里有三方面的原因。第一，通过招聘适当的应届毕业生，在平衡团队人员流动的同时，也有利于实现团队的梯队建设，对整个公司来说则可以优化用人成本；第二，通过校园招聘入职的职场新人，大多有积极向上但又谦虚踏实的工作态度，这样能给团队的老员工带来正面影响，甚至是触发鲶鱼效应；第三，部分地方政府为了提高高校毕业生就业率或其他目标，可能对符合标准的校招企业提供税收、社保或补助等方面的政策优惠。

除此之外，个别企业的人力部门可能要求招聘需求方提供参考的薪酬范围。薪酬数据的确定不能拍脑门，而是需要根据市场行情来确定。获取薪酬市场行情主要有两种途径，一种是搜集相同岗位在各个招聘网站公布的薪酬信息，另一种是向主流的人力咨询公司购买薪酬报告，后者会更加全面和精确。在了解市场行情之后，还需要根据当前所处企业的实际情况来进一步确认薪酬范围。如果当前所处企业属于行业龙头，对候选人极具吸引力，那么薪酬设定范围与同梯队企业持平即可；如果企业相对薄弱，对候选人缺乏学习成长环境之类的吸引力，那么应该考虑在企业财务条件允许的情况下适当提高薪酬待遇，否则很难招聘到合适的团队员工。有些官本位思想过重的负责人不能接受下级薪资高于上级，这是一种愚蠢的观念。在薪酬市场行情持续上扬的情况下，压制下级薪酬的做法只会导致团队实力越来越差，回报也因此越来越低，形成恶性循环。

针对某些特定的岗位，人力部门还可能要求招聘需求部门提供几家目标企业，以便负责招聘的人力同事或猎头定向寻找更合适的候选人。在提供目标企业清单的时候，应该尽可能选择那些行业相似、但安全水平或发展阶段略微领先于自己的企业，这样的候选人不仅能够快速了解业务减少学习成本，而且还可能带来一些可以快速落地的经验。但如果领先得太多，很多听起来很美好的经验，很可能因为缺少其他前提条件无法落地，使得面试时的预期难以实现。

在提交完所有招聘所需的材料之后，就可以正式启动面试了。面试最终决定了安全团队会进来什么样的人、以及我和他们的合作以什么样的形式开始，实际上，面试既是面试官筛选候选人的过程，也是候选人筛选目标公司的过程，所以需要非常认真和谨慎地对待面试。我把面试分成两个部分：面试的礼仪和面试的问题。

面试的礼仪决定候选人是否感觉到自己被尊重,是否愿意和眼前这个潜在的老板共事,是否喜欢这家企业或是团队的氛围和风格。虽然面试礼仪能够影响的很多,但是能做或者说需要做的却很少,而且做到它们也很简单,它们包括以下各项。

- 着装、举止得体。
- 不迟到,万一迟到了,真诚道歉。
- 只问有意义的问题,不要刻意刁难候选人。
- 尊重候选人,认真听候选人说话,期间不要干别的事情。
- 真诚回答候选人的问题,可以告知候选人不方便回答,但不能隐瞒和欺骗。
- 面试总时间控制在 15~30 分钟,除非候选人自己要求,否则不要安排在太早或太晚的时间。
- 送候选人出门,感谢候选人的时间。

面试的问题决定面试官能否在短暂的面试过程中充分了解候选人,包括但不限于真实的技术功底、沟通能力、工作态度、性格特点甚至发展潜力。这听起来似乎不可能,但是实际上并没有那么复杂,我们完全可以提前设计自己的问题,通过几个简单问题来覆盖我们的大部分考察点。

我要准备一些问题,如表 3.2 所示。

表 3.2 面试的问题及考察点

序号	问 题	考 察 点
1	请候选人简短地做自我介绍	表达能力、重点工作经历和经验、沟通能力、性格特点
2	就候选人执行过的某些具体项目,请候选人详细阐述一下目标、思路、方法和收益	全局观念、体系化思维、知识广度、工作能力、简历真实性
3	就前述项目中的部分内容,追问候选人具体的技术原理和实现方式	理论基础、知识深度、简历真实性
4	就前述项目中的部分内容,追问候选人遇到的具体困难点,以及解决过程	逻辑分析、沟通能力、性格特点、抗压能力、简历真实性
5	假设一个场景,请候选人提供解决方案,同时预估落地过程可能遇到的困难以及计划如何应对	与 2~4 条问题考察点相同,强化和验证此前形成的判断
6	请候选人说明一下离开上家公司的原因,以及对新的公司和团队有什么期望	团队融合度、性格特点、沟通能力
7	请候选人预估入职时间	是否可以等、提前准备工作、多个候选人条件相同时就近录取
8	告诉候选人有什么希望提前了解的可以向面试官提问	重点诉求、思维模式、性格特点、沟通能力

照着这些问题挨个问就可以了吗?当然不是。每个企业、每个团队、每个面试官以及每个候选人都有自己的风格和特点,面试问题的思路和大纲可以按表 3.2 来设计,但是面试过程中一定要根据问答的实际情况灵活调整,确保每个考察点都能够评估到位。

此外,在面试问答过程中,坚决不能打压、讽刺甚至挖苦候选人的思路和方法,否则在影响候选人发挥真实水平的同时,还有可能对企业声誉造成负面影响。如果对候选人的回答存在质疑,并且影响到对其技术能力的判断,可以顺着候选人的回答继续假设场景,引导候选人自行发现问题。如果自行发现不了,那说明确实在这方面存在认知误区。

3.3 绩效目标与评价

既然已经成立了独立的安全团队,也已经启动了团队成员的招聘,那么我就应该考虑在接下来的指定时间周期内,安全团队应该做什么、做到什么程度,然后分配到每个员工应该做什么、做到什么程度了,这就是绩效目标。

最常见的两种绩效目标管理工具分别是 KPI(key performance indicator,关键绩效指标法)和 OKR(objectives and key results,目标与关键成果法)。不同的企业可能采用不同的管理工具,有的单独使用 KPI,有的单独使用 OKR,有的允许团队自行选择其中任何一种工具。KPI 或 OKR 一般以季度为时间周期,时间过短可能难以设定关键指标或里程碑,时间过长可能导致对中间过程缺少掌控,不能及时纠偏。

KPI 是将企业的整体目标拆分成可执行、可衡量的关键绩效指标,再分配给具体的团队和个人。一般每个团队或个人的 KPI 不会超过 5 条,然后根据 KPI 完成情况判定团队或个人的工作绩效和分配绩效奖金。表 3.3 是一张比较常见的 KPI 样表。

表 3.3 KPI 样表

目 标	衡量标准	执行时间	权 重

OKR 则不以绩效考核为目标,而是强调整体目标的达成,把整体目标分解成可量化的关键成果,通过这样的方式来帮助员工放眼全局,并且以结果为导向开展工作。表 3.4 是一张比较常见的 OKR 样表。

表 3.4　OKR 样表

目标	关键成果

关于 KPI 和 OKR 的区别、优劣和适用场景，管理领域已经存在很多讨论，我不打算重复论述，而且我认为过多地讨论它们并没有什么意义——毕竟大部分企业已经提前选定了管理工具，团队应该服从企业的统一安排。而且无论使用哪种工具，只要负责人的管理思维和方法正确，都可以在团队产出上交出满意的答卷。

在设定绩效目标之前，必须知道安全团队绩效管理的 3 个难点。

第一个难点是安全工作的预期结果难以有效量化。安全工作最容易量化的应该是总目标中的"不发生重大安全事故"。但是如果要把这个目标拆分到具体工作上，就没那么简单了。以 SRC 的运营工作为例，虽然"吸引更多的外部安全资源对线上产品和服务进行安全检测，并与内部安全能力形成互补"的目标非常明确，但是却没有一个合理的量化指标来对结果提出预期要求：如果我们以收集风险数量为指标，那么即使成功吸引到了大量外部安全资源，也可能因为线上现存风险较少而导致收集数量较少；如果以阅读、关注和注册人数为指标，那么发布一些吸引眼球但对风险收集毫无帮助的内容可能更有利于收获数字；如果以活动数量为指标，那么 SRC 运营人员可能花费更多的资源开展活动而脱离了建立 SRC 的初衷。

第二个难点是安全工作的实际结果难以准确衡量。安全工作的本质是发现和消除安全风险，而安全团队又是企业内唯一执行这项工作的团队，因此，如果某些安全风险没有被安全团队发现，那么在这些风险被利用或者造成损失前，企业是无法知晓它们的存在的，这也就造成了没有发生安全事故也不能代表安全工作做得好的尴尬局面。安全绩效目标中经常存在类似于安全评估、监控报警、日志审计等内容，它们的实际效果只能依赖已知样本进行验证，在一个规模不大的安全团队里，提供需求和提供样本往往是同一批人，因此这些样本只能验证执行过程是否正确，不能准确衡量整体工作的有效性。

第三个难点是安全工作的真实价值难以客观认定。安全可能是短板效应最严重的工作之一，也许还能去掉"之一"两个字。无论安全团队在各个防控层面投入多少努力，一旦发生安全事故，这些努力就往往被各级管理层无视，他们只会紧紧盯着出问题的环节。尽管极少数开明的管理层具备发生安全事故也不能代表安全工作做得特别差的认知，但是一票否决制的绩效评价机制对安全团队来说更加常见和普遍。所以事实上，安全事故会直接影响到安全团队的所有成员，即使是与安全评估工作不直接相关的研发工程师、合规经理和运营经理。

那么，应该怎么克服上面这些难点呢？

首先，在绩效目标设定上应该坚持以目标为导向，避免设定与目标没有直接关系的过程指标，确保团队成员集中精力实现目标而不会为了满足过程要求牺牲整体利益，这种思路与 OKR 相似，但不要为了量化而强行量化。比如我们可以把不发生重大安全事故的目标拆分成执行全面安全评估、制定强相关制度和流程、完善监控和响应能力、建立外部安全能力和情报收集渠道等，然后进一步细分为需求评审、漏洞扫描、渗透测试、制度编制、监控开发、应急响应、SRC 运营等具体工作。这样做的好处是团队成员能够清晰地理解自己的工作是为了"不发生重大安全事故"这个总目标服务，而不是脱离总目标单独执行自己分内的工作，这样可以避免一些类似过度追求功能和性能、合规盲目设置制度和流程、运营刻意操纵活动和数据的情况。

这种绩效目标的设定方式比较适合 OKR，如果企业采用 KPI 应该怎么办呢？答案其实很简单，那就是把"不发生重大安全事故"这种整体目标写进每一个子团队的团队 KPI 和工程师的个人 KPI，并且设置具备一定影响力的权重。通过这种方式也可以让每个团队成员都明白，如果发生重大安全事故，自己的绩效评定和奖金也会受影响，那么他们自然会更加关注总目标的实现情况。当然，虽然需要把总目标写进每个员工的 KPI，但是权重的设置也不能一概而论，如果员工的具体工作与某个总目标关联越大，那么总目标在其 KPI 中的权重就应该越大；反之如果员工的具体工作与某个总目标关联相对较小，那么应该适当降低相关权重，但不能降到无关痛痒。

其次，在绩效结果的衡量上应该建立交叉校验机制，通过对比多个不同来源、不同方法所产生的结果，实现对某个具体工作结果更加准确的衡量。比如渗透测试工作就可以采用交叉测试的方法——某位员工执行完特定服务某个版本的渗透测试后，在同一个服务下一个版本上线或者下一轮全面安全评估的时候，安排另一位员工来执行这个服务的渗透测试工作，如果新发现了安全漏洞并且在上一个版本也存在相同问题，那么就可以判定上一轮执行的人员工作存在疏漏。此外，内部执行的安全评估、外部采购的安全评估、SRC 收集的安全风险和实际发生的安全事件这四者之间也存在交叉校验关系，可以用于互相检验工作结果的准确性和可靠性，同时它们又可以用于校验监控告警、安全加固、日志审计等一系列工作的准确性和可靠性。

为了更清晰地说明各项工作之间的交叉验证关系，我制作了表 3.5。

表 3.5 工作交叉验证表

工 作 项	可用于交叉验证的其他工作
安全评估	• 内部交叉测试是否在已测范围内发现新风险 • 外部采购安全评估项目是否在内部已测范围内发现风险 • SRC 是否在内部已测范围内收集到风险 • 是否因为内部已测范围内的风险引发安全事故
安全加固	• 内部安全评估是否在已加固范围内发现风险 • 外部采购安全评估项目是否在已加固范围内发现风险 • SRC 是否在已加固范围内收集到风险 • 是否因为已加固范围内的风险引发安全事故
监控告警	• 内部安全评估过程是否能被监控系统察觉 • 外部采购安全评估项目执行过程是否能被监控系统察觉 • SRC 收集到的安全风险试探过程是否能被监控系统察觉 • 安全事故是否能被监控系统察觉 • 日志审计发现的安全风险是否能被监控系统察觉
日志审计	• 内部安全评估过程是否能被日志审计还原 • 外部采购安全评估项目执行过程是否能被日志审计还原 • SRC 收集到的安全风险试探过程是否能被日志审计还原 • 安全事故过程是否能被日志审计还原 • 员工违规或误操作引发的故障是否能被日志审计还原 • 内外审提交的违规、舞弊事件是否能被日志审计还原 • 司法取证需求是否能被日志审计满足
监管合规	• 管理制度是否为安全工作提供有效支撑 • 监管机构通报问题是否因合规管控疏忽 • 媒体机构通报问题是否因合规管控疏忽 • 故障发生原因是否包含制度或流程缺陷问题 • 日志审计发现的违规事件是否因合规管控疏忽 • 内外审提交的违规、舞弊事件是否因合规管控疏忽 • 是否存在安全管理制度盲目设限影响业务发展的投诉
SRC 运营	• 是否发生安全事故 • 安全众测平台是否能收获更多安全漏洞 • 内部测试是否在线上产品或服务中发现新风险 • 外部采购安全评估项目是否在线上产品或服务中发现风险
安全培训	• 员工参与培训前后安全评估发现风险的能力是否下降 • 员工参与培训后是否能有效识别内部钓鱼测试等信息

> **小贴士**
>
> 部分安全负责人有一个困惑，如果通过 SRC 或者其他外部渠道收集到了严重的安全风险，是否应该追究相关团队或员工的责任？答案是需要，但必须适度。适度地追究责任有利于驱动员工想方设法弥补自己工作中的缺失和不足，但是如果不分青红皂白地一概从严惩罚，那么即使再优秀的员工也会考虑更换更轻松的工作环境，最终导致团队工作难以推进和维持。
>
> 怎样才能做到适度追责呢？这需要安全负责人具备一定的技术基础和判断经验。如果外部提交人具备超出当前团队的能力水平或者更加灵通的情报渠道时，应该予以轻度追责，可以限制主要责任人在对应时间周期内绩效等级最高为中，同时这类问题也是管理问题，所以安全负责人也应该承担绩效不能为优的惩罚。如果外部提交的风险完全是因为内部工作疏忽，那么应该采取相对严厉的追责措施，比如正式批评、绩效降档等，如果同类疏忽反复发生，那么应该采取扣除绩效奖金甚至辞退等更为严厉的惩罚措施。
>
> 当然，在机制上有惩罚就必须有奖励。如果长时间外部资源不能提交有效风险，或者在外部资源提交风险后内部员工快速修复并补充了相关能力，安全负责人都应该予以表扬、绩效或培训机会等方面的肯定。

最后，如果安全工作的短板效应无法改变，那么可以把之前的一个大木桶切割成一群小木桶，让每块短板都只能影响到一个小木桶。切割区域和层级实施安全防护的好处是可以把更多的资源和精力集中在更需要保护的业务上，不仅重点业务发生安全事故的概率变得更低，而且即使非重点业务发生了安全事故，不同区域和层级之间也不会互相影响，这就使得在事故中也能凸显出安全的价值，也不至于所有安全工作被全盘否定。

切割的方式有很多种，既可以按业务重要性切割，也可以按网络环境切割，选择哪种方式主要取决于实际情况中的可行性。虽然理论上按业务把支付、认证、隐私这类敏感度更高的服务单独划分隔离区域更加合理和安全，但是在一些早期没有做好网络和系统规划的企业，这种理想化的区域隔离规划很难落地实施，尤其是在需要业务方投入大量精力解耦或需要中断服务的情况下，基于现有网络环境的区域划分才具有落地可能。

不同区域之间的具体的隔离技术可以参考表 3.6。

表 3.6　隔离技术表

层　　级	隔离技术
数据层	加密、混淆、脱敏等
应用层	认证、授权、鉴权、权限控制等
传输层	ACL、防火墙等
网络层	子网、路由、ACL、防火墙等
数据链路层	VLAN、NAC 等
物理层	设备独立、线路独立、存储独立、介质独立等

3.4　团队文化与氛围

每个员工都很独特，但是当大家走到一起，组合成一个团队，再经过一定时间的相互影响和磨合之后，这个团队会形成一种大体上统一的风格，并且最终发展为团队文化，除非后面发生大规模的人员变动，否则团队文化很难再发生改变。这就是为什么经常说某某公司的某某团队怎么怎么样，有的人进去了这个团队还是那样，有的人出来后这个人就不那样了。

一个团队的文化直接决定了这个团队的处事方式，最终影响团队对公司的贡献、公司对团队的认可、以及每一位团队成员实实在在的收益。在一般情况下，团队文化的形成取决于一个新的团队负责人在第一个半年里如何管理团队，团队负责人主人翁意识和责任感越强，团队文化就越拼搏越强势，反之如果团队负责人逃避责任好大喜功，那么整个团队也就会把更多的注意力放在踢皮球和面子工程上。

之所以团队负责人能决定一个团队的整体风格和文化，一方面是因为团队负责人在以身作则的同时，也会更加倾向于通过公开表扬、授予高绩效等方式把和自己风格相似的员工树立为团队标杆，对其他所有追求高绩效的团队员工起到示范作用；另一方面是因为大部分团队负责人会有意无意地疏远、辞退那些与自己风格差异较大的员工，导致最终团队慢慢筛选出一批风格相似的人，比如对工作高度投入的团队负责人绝对无法接受那些混日子的员工，靠着溜须拍马上位的团队负责人也绝对无法容忍那些直言不讳的员工。

那么，什么样的团队风格更适合安全团队呢？不同的安全负责人自然有不同的见解，而且每个人都会坚持自己正确，即使一个圆滑世故的负责人，也会坚信左右逢源的中庸之道才是职场顺利的关键，所以在哪种团队风格更好这个问题上谁别想说服谁。但是，作为一个团队负责人，我必须为安全团队选择一种团队风格。

我决定打造一支狼性团队。尽管我承认不同的团队风格在不同的企业环境中各有优劣，但是我还是相信在 M 公司甚至是绝大部分企业的实际处境中，狼性十足的团队文化更有利于企业安全管理和防控能力、安全团队地位和话语权，以及安全团队成员发展空间和收入水平等方面的快速提升。我主要考虑了三方面的原因。

第一个原因是 M 公司（和大部分企业）的安全防控依然处于萌芽阶段，即使已经实施落地了一些基本的安全管理流程和技术防护措施，但是离体系化建设还相隔甚远，企业中各个团队和管理层级对安全的认知也处于启蒙甚至完全不了解的状态。对安全团队而言，这个阶段不仅百废待兴，而且阻力重重，急需一批主人翁意识极强并且冲劲十足的狼性员工来打破这种格局。破局过程中鲜有认可和赞美，更多的是误解、抱怨、忽视、拒绝和抵制，甚至可能承担安全以外的各种责任，所以破局过程很难由内心柔弱、养尊处优的员工来推进和完成。

第二个原因是大部分安全团队在发展初期因为不能推进业务发展甚至感知上与业务冲突，往往处于被边缘化的境地。这时候需要一批思考问题全面、技术功底扎实的狼性员工来逐步建立团队信誉和争取话语权。有些安全负责人经常抱怨安全产出少、团队地位低是因为企业不授权、其他团队不配合，这在一定程度上因果倒置了。企业授权确实能对安全工作的推进起到举足轻重的作用，但是在正式授权以前，高级管理层需要观察安全团队考虑问题的方式和解决问题的能力是否足够全面和可靠，只有确认了这些，他们才敢放心授予安全负责人及其团队更高、更广的权责。一个不能站在业务的角度思考、频繁出错又不敢承担责任的安全团队，自然得不到这样的授权和认可。

第三个原因是安全团队每一个成员，包括负责人自己，在个人利益方面对企业都是存在一定期望的，这种期望可能是薪资收入、职业晋升、发展空间、名誉认可甚至单纯的工作成就感。员工的个人期望是否能够实现，除了自身的能力和努力外，还会整体取决于企业对其团队的认可，一个业绩优秀的团队中的普通员工，比一个业绩一般的团队中的优秀员工收益更高已经是司空见惯。安全团队的业绩比其他团队更难展现和认定，因此需要付出更多的努力和产出，如果团队中那些产出低、能力差、消极对待工作的员工被过度照顾，就是对优秀员工最大的不公平。

狼性团队文化更适合那些不甘管理一个毫无话语权的边缘化安全团队，不愿带着大家一起混日子的安全负责人。虽然这种文化会对每个团队成员施加更大的工作压力，但是随着团队信誉的逐步建立，安全团队的地位和话语权得以提升，安全工作推进的阻力会随之下降，安全管理和防控能力建设就开始突飞猛进，安全团队成员的收益和成就感自然会跟着饱满起来。

怎样才能建立安全团队的狼性文化呢？这就需要我们营造一个信息透明、大声说话、敢作敢当和能者多得的团队氛围。

信息透明是在不涉密的前提下，鼓励团队成员最大范围地同步自己的工作信息。这样能够帮助每个团队成员从整体上了解团队目标和工作进展，同时能了解其他成员的工作领域，学习更好的工作方法和发现已经存在的问题。那些更好和更坏的工作表现也会因此暴露给所有团队成员，使得他们更有可能理解利益和惩戒分配的合理性，因而减少信息不对称引发的猜忌和办公室斗争的产生。

大声说话是鼓励每个团队成员在团队内部充分表达自己的观点和质疑。在信息透明的基础上，每个团队成员都可能对某项工作持有独特观点，也随时可能质疑其他成员的工作方案、方法和结果，这些观点和质疑越早在团队内部发声，相关工作的考虑就越周全、纠偏就越及时。而一个在团队内部经过充分挑战的方案，在面向管理层和其他团队时被挑出问题的可能性就会越小，团队就越容易被认可和信任。建立大声说话的团队氛围，需要团队内部的各级管理者放平姿态，从鼓励员工就事论事地挑战上级开始。

> **小贴士**
>
> 部分管理者很难接受自己被下级挑战，他们担心这样会丧失管理威信，弄不好还会被取代。这种担心完全是多余的。管理者在一个企业是否能够立足，取决于其管理的团队对企业的贡献和团队中大部分员工对他的认可，其中后者又决定了前者。
>
> 要提升团队对企业的贡献，就应该尽可能确保团队在做对的事。很多情况下，管理者可能因为脱离一线执行工作在某些具体问题上产生错误判断，这些需要下级员工来发现和纠正，如果下级员工不顾错误继续执行，那么错误就会一直持续下去甚至引发"雪崩"。另外，企业对管理者的期望是提升团队整体效率，而不是作为精通各个方向的技术全才和专家，所以下级员工在某个方向上比上级更精通是很正常的事情，而且越健康的团队越应该这样。
>
> 要获得团队成员认可，也绝不是可以通过层级压制来实现的，明明有错误但还是强制执行，只会恶化下级对上级的印象，反而一个能听得进质疑、大方纠正自己错误的上级更容易被认可和赞美。

敢作敢当是在对企业整体有利的方向上，鼓励团队成员提出新的想法，并在团队允许的情况下付诸行动，如果自己的工作出了问题，不否认、不逃避，主动承担责任并想办法规避同类问题的再次出现。要实现这样的团队，首先团队负责人在面试的时候需要关注候选人对责任的敏感度，这可以通过询问候选人对以往故障责任的认知来判断；其次需要为团队成员提供足够的试错机会，主要是为有靠谱想法的员工提供可承受的资源和时间，如果员工已经尽力，那么即使项目失败了也不能追究责任；最后，在定责时，负责人自己应该多承担管理责任，不能因为员工有过错就死揪着已经发生的问题不放甚至全盘否定，应该把更多的注意力集中在后续如何规避类似的问题上，如果员工能够举一反三建立后续类似问题的规避机制，就应该及时予以肯定和奖励。

能者多得是指确保团队里格局更高、产出更多、能力更强的员工不会受到来自层级、资历等方面的约束和压制，以业绩说话，获取更多薪酬上涨和快速晋升的机会。同时这种机制也能激发更多有想法、有能力的员工在工作中做出更多的贡献。在营造能者多得的氛围时，团队负责人需要先建立好以目标为导向的绩效评价机制，在执行过程中给予员工更大的发挥空间，而不是受限于各种条条框框。另外，要避免在薪酬上调和福利分配上搞平均主义，也要杜绝在职级晋升过程中照顾职场"老白兔"，只有这样，那些优秀员工的潜在能力才能被有效挖掘出来，团队整体才会体现出更强的战斗力，团队产出和员工收益的良性循环才能真正建立起来。

一定有人会问，这样的团队文化看起来很理想，但是如果企业整体不是这种氛围怎么办？如果团队的现有成员不能接受怎么办？对于第一个问题，安全负责人只需要建设和营造安全团队的文化和氛围，通过这种方式来确保安全团队的整体高产和可靠，这并不需要改变其他团队，企业也不会关心安全团队的内部管理机制。对于第二个问题，那些养尊处优不思进取甚至还拉小圈子传播负面能量的员工，把他们请走吧，负责人需要带领团队为企业做出更多的贡献，需要为团队获取更多的资源和认可，需要为优秀员工争取更多的发挥空间和利益，但不需要为那些拖团队所有人后腿的人做任何事情。

第 4 章
SRC 与"白帽子"

目前,大部分主流互联网公司和一些安全理念比较新潮的传统企业已经建设了自己的 SRC,面向"白帽子"(也称"白帽黑客"或"白帽")收集与企业相关的安全风险和威胁情报。通常,SRC 会向提交有效信息的"白帽子"支付报酬或给予奖励。

"白帽子"是指那些运用自己的能力和技术维护互联网安全的组织和个人,他们发现安全风险后并不会将其恶意利用,而是提交给相关企业或组织,帮助它们提高整体安全性。实际上,"白帽子"已经成为当今互联网安全领域不可或缺的组成部分。

SRC 运营预算和人员编制的申请审批通过后,我立刻启动了 SRC 的筹备工作,其中最关键的是尽快招聘到合适的安全运营经理,并由其负责 SRC 的后续建设、管理和运营工作。如果要实现 SRC 及时收集企业安全风险和威胁情报的目标,就必须获得更多"白帽子"的关注和认可,这就要求安全运营经理必须维护好与"白帽子"的关系。因此在招聘安全运营经理的时候,应该更多地关注候选人的目标意识、沟通能力、创新精神、执行能力和其他有利于维护与"白帽子"关系的性格特点,而不是过于强调技术水平。

> **小贴士**
>
> 不同的安全团队对安全运营的职能定义可能存在差异,有的安全运营可能从事日志分析、事件处置和内部协调之类的安全管理类甚至技术类工作。如何定义安全运营职能没有本质上的优劣,仅仅取决于安全团队如何进行进一步的组织拆解和职能划分。因此,在实际招聘安全运营人员时,需要根据当前岗位的实际需求考核各项能力和素质。

不久之后,小祁入职了。小祁是一个活泼、上进心强、对安全圈有一些了解而且能够经常冒出一些奇思妙想的女孩,是我认为安全运营经理的绝佳人选。

4.1 SRC 定位与构成

入职的第一天，小祁就问我，对 SRC 的定位是什么？这是一个好问题。因为这个问题的答案决定了 SRC 的工作目标，也最终决定了 SRC 的工作应该朝什么方向开展。

我对 SRC 的定位是：M 公司的最后一道安全防线，安全工作的试金石，安全团队的一扇窗。

之所以定位成最后一道安全防线，是希望在内部安全团队出现工作疏忽、能力不足或资源缺失的情况下，SRC 能够形成有效补充，借助广大"白帽子"的力量，及时发现那些已经暴露在外的安全风险，帮助我们在恶意攻击者利用之前进行修复和整改，从而实现减少安全事故的整体目标。

之所以定位成安全工作的试金石，是希望通过 SRC 收集到的安全风险和威胁情报，对内部安全工作的有效性进行交叉验证，有效发现内部安全团队的工作疏忽、能力不足和资源缺失，并为安全负责人的下一步工作规划提供参考：对于工作疏忽，应该建立相应的避免和惩戒机制；对于能力不足，应该加强招聘和培训；对于资源缺失，应该衡量缺失的资源是否必须，并启动必须资源的申请流程。

之所以定位成安全团队的一扇窗，是希望把 SRC 建立成安全团队的对外宣传窗口和品牌，通过 SRC 向外部企业、团队和个人展示安全团队的特点、能力、产品和优势，增加安全团队对优秀人才的吸引力，甚至可以直接承担招聘渠道的职能，把更多优秀的"白帽子"转化为安全团队员工。

确定了 SRC 的定位后，小祁对工作目标有了整体上的理解，于是开始整理后续的工作方向和思路。小祁认为 SRC 的建设并不是简单搭建一个 SRC 平台那么简单，SRC 平台仅仅是一个工具，而真正的 SRC 运营体系是由人、活动、资金、规则和平台有机结合起来的，这些部分缺一不可。

要实现 SRC 的整体目标，需要有帮助企业发现和提交安全风险的"白帽子"，有确认提交风险是否真实有效的审核人员，有执行 SRC 管理和运营的运营人员，有互相协助和交换情报的同业人员。如果条件允许，还可以与一些行业知名人士取得接触，借助他们的知名度和背书来加强 SRC 的推广和品牌建设。

为了持续吸引新的"白帽子"，以及维持原有"白帽子"对 SRC 的关注和投入，SRC 必须经常举办运营活动。不同的目标诉求需要设计不同的活动形式，比如奖励型的活动更有利于发掘安全风险，乐趣型的活动更有利于吸引新的"白帽子"，会议型的活动更有利于建立团队品牌等。根据一些 SRC 的实际运营经验，SRC 的收益与活动的形式和频率通常呈现正比关系。

既然需要举办好活动，那么 SRC 就必须得到充足的资金支持。因为一方面要确保"白帽子"得到合理的报酬，报酬的形式可以是奖金、实物礼品、培训或旅游机会等，总体价值不应该低于一个同等级工程师付出同等劳动力的薪资报酬；另一方面是支撑各类运营活动的成本开销，比如场地租赁、会议赞助、礼品采购和相关的差旅招待等。SRC 资金需求应该在预算制定阶段被充分考虑，尽可能避免后期的运营经费申请。

> **小贴士**
>
> SRC 花多少钱合适？这是一个安全负责人在 SRC 立项阶段备受困扰的问题。
>
> 这个问题很难直接回答，一方面因为来年通过 SRC 接收到的安全风险等级和数量不可预估，另一方面需要考虑每个企业对资金预算的敏感程度。但是我们可以更灵活地解决这个问题。一个建议的方法是，把 SRC 预算拆分成风险奖励和运营经费两个部分，提前说明风险奖励是按结果支付的，预算仅作为初始资金池，如果"白帽子"提交安全风险超出预期，则需要进行预算外申请；运营经费则可以根据公司整体的财务状况和公关风格来预估，如果企业对资金不那么敏感且热衷于对外宣传，那么运营经费可以适当多申请一些，反之则适当减少。一般情况下，每年 10 万元~15 万元的运营经费可以支撑一家曝光度和品牌感处于中等水平的 SRC。
>
> 怎么知道企业的财务状况和公关风格？作为安全负责人，不能不看公开财报吧！不能不看与自己企业相关的新闻和广告吧！不能只盯着自己那一亩三分地，不能和其他业务团队的负责人不相往来吧？只能帮你到这里了。

制定一套清晰明确的规则是确保 SRC 正常运营的基本前提，无论是对外部"白帽子"还是内部员工，都应该建立适当的约束和保障。比如《风险处置流程》规定提交、审核和响应安全风险的要求，《评分标准》确定不同业务上不同危害的安全风险应该予以什么范围的奖励，《保密协议》约束"白帽子"不能把未修复的严重安全风险暴露给第三方等。在一个成熟的企业中，涉及对外公布的 SRC 规则和需要签订的 SRC 协议是应该经过公关、法务部门审核确认的，不能由安全团队随意编制、发布和签订。

最后，SRC 需要一个可见的平台来承担风险收集、信息发布、沟通交流和奖励兑换等具体的运营需求，在绝大部分企业，SRC 平台都是一个独立的 Web 系统。SRC 平台往往会成为企业安全团队面向外界的第一印象，并且可能收集到一旦被利用就会对企业造成巨大危害的安全风险，因此安全团务必尽全力保证它的安全性。如果资源有限，可以适当降低性能、功能等方面的要求。

为了方便理解，小祁把她对 SRC 构成的理解梳理成了表 4.1。

表 4.1　SRC 运营体系构成表

构成类型	具体因素
人	"白帽子"、审核人员、运营人员、同业人员和行业知名人士等
活动	线上、线下发起的和组织的各类奖励、推广、拉新等活动等
资金	劳务报酬、运营经费、未兑换积分、库存礼品和宣传物资等
规则	《风险处置流程》《评分标准》《保密协议》等
平台	SRC 平台及相关功能

4.2　SRC 平台及功能

为了确保整个 SRC 运营体系可以按时启动，小祁决定优先整理 SRC 平台需求，因为平台需求确定后，还需要漫长的开发、测试和上线时间，这段等待时间足够完成 SRC 启动前的规则制定和活动编排工作。

为了 SRC 尽快开始产生收益，小祁决定把平台需求划分成几个阶段来完成，第一期仅需要实现一些必需功能，以后再逐步迭代和优化。对于第一期的实现目标，小祁简单地概括成如下几点。

- 可以收集和审核风险，并跟进风险的整改状态。
- 可以发布运营信息，并且突出显示重点信息。
- 审核人员可以就"白帽子"提交的风险与其进行反馈和讨论。
- 根据"白帽子"的贡献授予其积分，积分可以兑换成现金或实物奖励。
- 根据"白帽子"的贡献情况展示不同维度的排名，加强优秀"白帽子"的成就感。

为了实现这些目标，小祁把第一期 SRC 平台需要实现的功能划分成了 5 个模块，如表 4.2 所示。

表 4.2　SRC 平台第一期功能需求

模块名称	功　　能
风险收集	• 提交安全风险或威胁情报的内容和自定级 • 向审核人员展示漏洞信息，并允许修改风险的定级和状态 • 通过短信或其他形式向相关人员推送风险的新增和变更信息 • 提交人和审核人员可以就提交内容进行留言反馈和讨论
信息发布	• 发布 SRC 规则，如《评分标准》等 • 发布 SRC 公告或通知，如招聘公告和活动通知等 • 置顶或重点突出指定的规则、公告或通知

（续）

模块名称	功　能
积分	• 审核人员可根据风险级别和可能造成的影响授予"白帽子"积分 • 积分变更明细记录日志，可用于后续审计和追责
商城	• 积分可兑换为奖金或实物礼品 • 展示可提现的金额和可兑换的实物礼品 • 提交兑换人姓名、电话、地址和纳税所需信息
榜单	• 根据"白帽子"累计获取的积分总额生成排行榜 • 按总计、年、月或指定时间段生成排行榜

当然，拿着这个功能表还不能直接启动开发，小祁又补充了一些具体的业务逻辑和功能细节，比如各个功能在哪儿触发、触发后走什么程序逻辑、数据以什么样的形式展现、"白帽子"和审核人员分别具有哪些权限、安全风险有几个级别和几种状态等，最后形成SRC平台产品需求书，将其交付给安全研发人员，启动开发工作。

> **小贴士**
>
> 　　对于安全风险的级别，建议将新提交并且还未通过审核的阶段定义成"待定级"，审核之后再转化为"无影响""低危""中危""高危"和"严重"中的一种状态。定级过多可能导致计量方式极其烦琐，而且容易引发争议；定级过少不利于精细化的运营操作，比如提取的安全风险级别越高，获取奖励的加成系数就应该越高，这样的奖励策略在定级过少的情况下效果会大打折扣。
>
> 　　对于安全风险的状态，建议设置为"待审核""已确认""已忽略""已挂起"和"已整改"。其中大部分含义很好理解，不做过多解释。"已挂起"适用于那些审核人员在一定时间内无法核实的安全风险，这种状态一般在提交内容看上去合理性或真实度较高，但验证过程无法稳定复现或审核人员暂时没有足够的条件或能力验证的情况下出现。

　　对于积分分配、商城活动、统计报表之类自动化程度更高的的功能，小祁认为它们在初期阶段对SRC运营工作的影响极小，而且只需要通过少量的人力工作补偿就能实现，所以不如放弃这些锦上添花的功能来追求时间上的优势。

　　除了功能的便捷和实用，SRC平台还有3个方面需要特别考虑，分别是审计、安全和美观。

　　因为SRC平台承担了贡献记录和奖励分配的作用，因此就产生了内部员工徇私舞弊的可能性，比如内部员工可以为认识的"白帽子"分配更多的积分，甚至直接给自己注册的小号分配积分，等等。为了发现、减少和威慑这种舞弊行为，需要建立相对完善的审计机制，从平台功能的角度来说，就是需要完整地记录涉及利益分配的所有操作，并且确保相关日志无法被任何人修改。一个比较简单的实现方法是，将与利益分配相关的操作日志实时转发到专用日志服务器上，并且确保 SRC 平台管理、审核、开发和服务器运维等相关人员都不具备专用日志服务器的任何权限，这样可以最大程度降低舞弊者篡改日志的可能性，为审计提供更可信的数据源。

同时，SRC 平台作为安全团队自己的产品，不管从团队信誉（或者直接叫"脸面"）方面来考虑，还是从 SRC 收集到的数据的机密性来衡量，都必须确保其安全性。事实上，SRC 平台也极易成为各类"黑帽子"和"白帽子"的渗透目标。除了做好安全测试，最好还要从网络、设备和系统上实现 SRC 平台的独立部署，这样即使 SRC 平台遭受入侵，也不会成为进一步侵入企业内部网络的跳板。如果运维团队难以提供独立环境的支持，那么具备强大安全背景的云主机是一个比较好的选择。

至于 SRC 平台的美观，首先要向企业的主体设计风格靠齐，然后再适当地追求简洁和科技感。这些很难依靠安全团队自己的能力实现，需要与企业设计部门沟通协调资源，或者采购第三方设计项目按企业主体风格进行设计。要特别留意的是，如果在 SRC 平台上使用了外部的图片、样式等设计资源，必须确保相关资源无版权或已获得商业授权，避免因此给企业带来不必要的法律风险和纠纷。

如果一个刚刚建立的安全团队没有开发资源、没有设计资源、没有安全测试能力，还缺少采购预算，那么还能搭建 SRC 平台吗？对部分安全负责人来说，这是一个扎心的问题，但是答案很乐观：能！2019 年底腾讯安全应急响应中心（TSRC）开源了他们的 SRC 建站软件——xSRC，依托 TSRC 作为国内一流 SRC 的长期运营经验，使用者只需要通过一些简单的配置，就可以快速搭建起一套成熟的 SRC 平台。

4.3　SRC 管理与运营

SRC 平台通过需求评审后，安全研发团队启动了开发工作，小祁开始把注意力转向 SRC 的管理和运营。尽管在很多人甚至安全负责人的眼里，SRC 运营的工作就是搞搞活动、送送礼物和"白帽子"们一起嘻嘻哈哈，并不需要什么管理能力，也不存在什么技术含量，但是小祁很不认同这样的观点。

小祁认为，SRC 的运营应该实现体系化运作，坚持以目标为导向，围绕目标建立具体的行动指南和管理要求，通过管理的手段来持续优化和完善运营体系。这样说起来太抽象，于是她又从目标、行动、约束、考核和审计这 5 个纵向维度给我画了一个 SRC 管理框架图，如表 4.3 所示。

表 4.3　SRC 管理框架图

目标	收集风险	建立品牌
行动	• 扩大"白帽子"群体 • 优化回报结构 • 提升"白帽子"的成就感	• 提高曝光率 • 加强技术输出 • 增加外部合作
约束	• "白帽子"测试约束 • "白帽子"提交约束 • 审核标准约束 • 审核时效约束 • 风险保密约束 • 回报发放约束	• 运营经费支出约束 • 敏感信息保密约束 • 公司利益优先约束
考核	• 内部安全评估结果交叉校验 • 外部安全评估结果交叉校验 • 安全事故范围、情况及影响	• 行业奖项获取情况 • 输出产品评价情况 • 安全团队外部口碑
审计	• SRC 操作合规性审计 • 资金等价物流动审计 • 礼品收受及报备审计	

拿着这张 SRC 管理框架图，小祁给我做了进一步的解释，并详细说明了接下来需要执行的工作。

无论做"最后一道安全防线"还是"安全工作的试金石"，SRC 都需要尽可能多、尽可能全地收集已经暴露出来的安全风险。要实现这个目标，SRC 需要争取到尽可能多的"白帽子"，让其在 M 公司的产品和服务上投入尽可能多的时间执行安全评估。简单地说，SRC 运营的本质就是争取有限"白帽子"的有限时间。所以，SRC 应该向"白帽子"提供尽可能丰厚的回报，物质上包括但不限于奖金、实物奖励和培训旅游，精神上可以通过排行榜、专题采访、会议表彰之类的方式来增加"白帽子"的成就感。实际上，很多"白帽子"更加倾向于精神回报。

有了合理的回报，SRC 还需要通过适当的运营方法把自己推广出去，吸引更多的"白帽子"了解、关注自己的产品和服务。目前最常见的 SRC 推广渠道是微信公众号和安全行业会议，推广形式以微信发布活动宣传文章和行业会议现场分发宣传物料为主，也有一些创新意识较强的 SRC 会采取直播、漫画等更为新颖的形式。SRC 的推广形式并不存在绝对的优劣，SRC 运营负责人应该更多地关注推广效果和实际收益。

为了确保 SRC 安全风险收集工作的有序进行，还需要对"白帽子"、审核人员和奖励发放人员进行一定的约束，所以至少要制定一张如表 4.4 所示的规则表。

表 4.4　SRC 约束规则表

规则名称	用途
《用户协议》	• 约束"白帽子"不能对本企业产品和服务造成破坏 • 约束"白帽子"发现本企业安全风险后立即提交 SRC • 约束"白帽子"提交的内容必须真实、清晰且当时可利用 • 约束"白帽子"发现本企业安全风险后不能告知第三方
《风险评分标准》	• 明确安全风险定级标准和奖励区间 • 明确与定级及奖励相关的争议解决流程
《风险处置流程》	• 约束审核人员在指定时间内响应新提交的风险 • 约束审核人员根据《风险评分标准》评级和分配积分 • 约束风险整改推进人员及时反馈整改进展
《保密协议》	• 约束"白帽子"在整改完成前对重大安全风险保密 • 约束"白帽子"永久对企业指定的敏感安全风险保密
《积分兑换流程》	• 约束"白帽子"积分兑换的数量和时间要求 • 约束"白帽子"积分兑换的纳税信息要求 • 约束奖励发放人员的操作流程和避嫌要求
职能分离要求	• 审核人员负责风险定级和积分分配操作 • SRC 运营人员负责积分兑换和实物奖品寄送操作 • 出纳人员负责奖金打款操作 • 任何员工仅允许承担以上 3 种职能中的一种

其中"职能分离要求"主要是为了形成不同角色之间的相互监督，在涉及资金或等价物的情况下降低内部员工舞弊的风险。

应该避免根据收获风险的数量来衡量 SRC 的运营效果，这是因为这个数量除了 SRC 本身的运营效果，很大程度取决于内部安全工作的靠谱程度。如果内部安全工作足够到位，那么 SRC 运营再出色，也无法在数字上取得好的结果。所以，通过交叉验证结果来考核 SRC 运营效果是相对更可靠的方法。

> **小贴士**
>
> SRC 收集风险的数量一定由内部安全团队的工作效果决定吗？
>
> 其实不一定。在安全团队资源有限并且已经明确区分出业务风险偏好的情况下，可以考虑直接放弃一部分安全风险无法造成重大影响的业务的安全评估工作，完全交由 SRC 来承担风险职能。这样既可以在一定程度上解决资源不足的问题，又能够适当地维持 SRC 运营人员的成就感和"白帽子"群体的活跃度。

SRC 的另一个目标是建立安全团队品牌，通过提升团队影响力的方式来提升招聘优势，同时也可以满足团队成员的成就感需求。建立品牌的主要途径包括在各类安全行业大会或媒体上增加曝光、独立或联合其他机构发布一些有影响力的安全产品和研究结果等，实现这点并不容易，需要有足够的资金、人员和能力来支撑。处于起步阶段的安全团队在建立品牌方面投入过多的精力并不是明智的选择，而且往往适得其反。

不建议在安全发展初始阶段启动品牌建设工作的另一个原因是，品牌建设的结果是否符合预期，一般取决于更高层管理者的主观感受，很难转化成客观的衡量指标，而高层管理者在初始阶段往往只在意安全事故和具体安全风险的消除情况。虽然小祁在考核指标中列出了行业获奖、产品评价和外部口碑这些指标，但依然很难在初期获得高层管理者的认可，而且这些指标本身也存在很大的主观性和可舞弊的空间。

那么，什么时候适合启动品牌建设工作呢？一个可供参考的建议是：成立了独立的安全研发团队，能够输出独特的见解或产品，安全运营预算可以顺利审批通过，更高层级的管理者对安全团队整体满意和信任的时候。

既然建立品牌的过程主要涉及的是能力和资金的输出，而且效果难以客观评价，那么就应该确保相关约束尽可能严格和完善，包括但不限于以下几点。

- 超过一定额度的运营经费支出必须提前通过立项审批，议价和采购过程由采购部门（或其他独立的主管部门）主导，付款过程由财务部操作。
- 对外能力、代码和产品输出必须经过敏感信息筛查、安全负责人审批和更高层管理者审批，对外输出的发起人员、筛查人员和安全负责人应该签署责任承诺书，如果因对外输出造成敏感数据泄露或与公司利益产生冲突，无论当时是否已离职，均须承担相关责任。
- 宣传推广、对外输出和外部合作必须以企业整体利益优先，存在利益关联的员工应该回避相关项目，在无法回避的情况下，必须提前报备具体关系。
- SRC 运营人员因工作性质收受的礼品应定期报备，不同企业的要求不同，报备对象可能为内审人员、安全负责人或更高层管理者。

在确定好目标、行动、约束和考核之后，SRC 运营体系已经可以开始运转，但是还需要建立审计机制来检查其运转是否符合预期，并在发现问题后及时纠偏。审计主要围绕运营操作是否遵循制度要求和资金支出是否符合公司利益来进行。部分常见的 SRC 审计输入和输出如表 4.5 所示。

表 4.5　SRC 运营工作审计表（部分）

输入	输出
• 安全事故详情 • 业务请求日志 • 行业传播信息 • 搜索引擎关键字检索	• "白帽子"是否造成破坏 • "白帽子"是否在发现风险后尽快提交 • "白帽子"是否将风险透露给第三方 • "白帽子"是否违背《保密协议》
• 审核人员操作日志 • 风险定级和积分分配准确性复核	• 审核人员是否符合时效要求 • 审核、运营人员是否存在误操作 • 审核、运营人员是否存在舞弊行为
• 积分兑换记录 • 实物奖励寄送记录 • 奖金发放和打款记录	• 运营、审核人员是否存在误操作 • 运营、审核人员是否存在舞弊行为
• 实物奖品和运营物料采购记录 • 实物奖励寄送记录 • 运营物料发放记录	• 运营过程是否存在流程不符 • 运营人员是否存在舞弊行为

当然，审计必须适度，审计对象尽量设定为那些金额较大的项目，对于金额较小的项目抽样审计即可，这样做既可以避免产生过高的审计成本，又可以降低员工因为审计产生的不被信任感和抵触情绪。与此同时，安全负责人应该在团队内部做好宣贯和安抚工作，尽可能让每一个团队成员理解开展审计工作并不是对特定执行人员的不信任，而是为了保持运营体系的长期健康发展。这一点安全从业者应该比较容易理解，一个考虑周全的安全纵深防护方案也不是因为对某一个特定环节或特定员工的不信任，而是为了从机制上最大幅度地降低风险发生的可能性。

4.4　SRC 财税法知识

等到 SRC 管理框架具备落地条件，SRC 平台也已经顺利上线。小祁立刻发布了 SRC 上线拉新活动，并请到很多同业 SRC 运营人员和"白帽子"帮忙转发推广，随之而来的是监控系统发现了大量的漏洞扫描和渗透测试请求。果不其然，SRC 很快收到了大量有效安全风险，这说明我们的 SRC 已经按照预期正式开始发挥作用了！

但是，小祁很快发现了一些财务、税务和法务方面的问题。

在财务方面，虽然 SRC 已经提前制定了预算，并且按 M 公司要求分摊到了不同的时间周期，但是 SRC 并不直接向"白帽子"提供奖金或实物奖励，而是采用先分配积分、再用积分兑换奖品的方式。这就意味着实际的劳务报酬支出不确定在什么时间发生，如果"白帽子"集中兑换或长期不兑换，那么实际的财务支出情况可能和预算存在很大差异。一个更极端的问题是，如果"白帽子"长期不兑换积分，会导致每年的存量积分越来越多，为了应对下一年可能发生的集中兑换，SRC劳务报酬的预算也只能随之提高，但是预算与实际支出情况的差距也可能非常大。

小祁尝试了一些方法来缓解这个问题，但是收效甚微。一种方法是她提前采购实物礼品，等发生兑换再寄出去，但是后来发现这样很容易产生浪费，比如长期没人兑换的实物礼物过期或过保。另一种方法是小祁定期地通过活动或协商的形式，推动"白帽子"按我们的预期进行兑换，但是这种方式对"白帽子"没有强制效应，实际上还是有大量的积分持续累积。

在求助财务人员后，小祁知道了"计提"的会计方法。在适用权责发生制的企业里，计提可以预先计入已经发生但还没有实际支付的费用，如果确定积分最终可以全额兑换，那么小祁只需要按积分的产生时间和等同价值上报财务计提，就可以解决上面的问题。如果不能确定积分最终是否全额兑换，那么还需要根据积分等同价值、历史兑换情况和预估兑换概率等因素建立相关的积分台账。

> **小贴士**
>
> 几乎所有的财务人员都充分理解"计提"和"台账"的方法及其应用场景，但是几乎没有财务人员了解SRC的运营机制。在本书中提及"计提"和"台账"并不是期望SRC运营人员熟悉会计知识或者执行会计工作，而是帮助SRC运营人员更顺畅地和财务人员沟通，主动、清晰地解释SRC的运营机制和兑换场景，提前规避后续协作中可能产生的问题。
>
> 后续提及与税务、法务相关概念的原因也是如此。

SRC的ROI（投资回报率）可以通过年度劳务报酬和运营经费的应付总额除以年度产生积分总额得来的平均每积分资金花费来计算吗？这得分情况。在采用相同风险定级和积分分配标准的前提下，平均每积分资金花费的降低确实可以从一定程度上说明ROI提高，但是平均每积分资金花费的升高则需要排除很多内部因素。比如如果内部管控加强导致了对外暴露安全风险的减少，这时候就需要投入更多的运营经费或劳务报酬来吸引"白帽子"的关注和测试，这种情况下平均每积分资金花费自然会大幅提高，但是收集到的风险往往具有更强的隐蔽性和复杂度，因此并不能简单地推断ROI有所降低。

有几个厉害的"白帽子"很快就拿到了大量的积分，并且陆陆续续地提交了提现或是礼品兑换申请，这时候小祁发现还有两个关于个人所得税的问题没有明确。

第一个问题比较简单，如果"白帽子"用积分兑换实物奖品（礼品），是否需要缴纳个人所得税。实际上，在SRC的运营场景中，积分兑换的礼品是劳动报酬的一种形式，自产礼品或服务应该按市场销售价计算应税所得，外购礼品或服务则按采购价格计算。不少 SRC 运营人员都认为礼品不需纳税，因此想过兑换购物卡的形式帮助他们"合法避税"，这种做法其实是错误的，甚至有可能在事实上促成了"白帽子"的"逃税"。

第二个问题比较复杂，"白帽子"提现或兑换实物奖励（礼品）会产生个人所得税，那么 SRC 奖励额度按税前还是税后计算呢？根据新《个人所得税法》的规定，劳动报酬所得不再独立计算税率，而是和工资、薪金所得、稿酬所得以及特许权使用费所得等合并为劳动性所得整体计税。由于 SRC 企业无法知晓"白帽子"的其他收入情况，所以无法准确计算应缴所得税和税后金额，因此建议奖金标准设定为税前数额，并在发放时依法从中扣除预扣预缴部分，"白帽子"最终缴纳税款可以通过国家税务总局发布的个人所得税 App 查询并执行相应的补缴或退税操作。如果是兑换礼品，SRC 企业同样具有代缴个人所得税的义务，SRC 需要适当调整积分、奖金和礼品的兑换比例，尽可能确保积分的税前价值对等。

和小祁确定好纳税问题后，我浏览了一下 SRC 积分商城里的商品图片，忽然发现提现功能是用一张人民币图片表示的商品形式存在的，于是立刻让小祁更换了图片。这是因为《人民币图样使用管理办法》中有严格的相应规定，SRC 作为代表企业的窗口，应该尽可能规避歧义和风险的产生。

最后，为了约束"白帽子"不向第三方曝光或透露敏感风险和未完成整改风险的有关信息，小祁和法务人员共同草拟了一份《保密协议》，并要求"白帽子"签订。

保密协议

甲方：M 公司

乙方："白帽子"姓名和身份证号

鉴于：

甲乙双方就乙方向甲方提交的漏洞（具体漏洞信息），甲方向乙方提供费用，因涉及甲方公司的业务以及技术资料等，所以甲乙双方本着互惠互利、共同发展的原则，经友好协商签订本协议。

第一条：保密资料的定义

乙方获知的甲方的相关业务和技术方面的书面或其他形式的资料和信息，包括但不限于甲方技术秘诀、设计、试验数据和记录、计算机程序这些技术秘密以及乙方提供的泄露漏洞标题、漏洞详情（简称：保密资料），但不包括下述资料和信息。

1. 已经或将公布于众的资料，但不包括甲乙双方或其代表违反本协议规定未经授权所披露的。

2. 在任何一方向接受方披露前已为该方知悉的非保密性资料。

3. 任何一方提供的非保密资料，接受方在披露这些资料前不知此资料提供者（第三方）已经与本协议下的非保密资料提供方订立过有约束力的保密协议，且接受方有理由认为资料披露者未被禁止向接受方提供该资料。

4. 接收方在未直接或间接地参考保密信息且未违反本协议条件下独立开发的信息。

第二条：双方责任

（一）乙方未经甲方书面同意，不得向第三方（包括新闻界人士）公开和披露任何保密资料或以其他方式使用保密资料。

（二）除经过甲方书面同意而必要进行披露外，乙方不得将含有甲方或其代表披露的保密资料复印、复制或者有意无意地提供给除双方代表外的第三方。

（三）经甲方在任何时候提出书面要求，乙方应当在（10）个工作日内销毁或向甲方返还其占有的或控制的全部保密资料以及包含或体现了保密资料的全部文件和其他材料并连同全部副本。

（四）甲乙双方将以并应促使各自的代表以不低于其对自己拥有的类似资料的照料程度来对待对方向其披露的保密资料，但在任何情况下，对保密资料的照料程度都不能低于合理程度。

（五）不论因何种原因双方合作或磋商终止后，乙方都不得利用知悉的甲方保密信息为其他与甲方有竞争关系的企业服务。与甲方有竞争关系的企业即与甲方生产和经营相同或相似产品或服务的企业。

（六）任何一方如发现另一方关于本协议约定的保密信息被泄露或者自己过失泄露秘密，该方应当采取有效措施防止泄密进一步扩大，并及时向另一方报告。

第三条：知识产权

甲方向乙方披露保密资料并不构成向乙方转让或授予乙方对其商业秘密、商标、专利、技术秘密或任何其他知识产权拥有的权益，也不构成向乙方转让或向乙方授予该方受第三方许可使用的商业秘密、商标、专利、技术秘密或任何其他知识产权的有关权益。

甲方有权分析乙方提交的漏洞信息并对甲方产品进行改进，甲方享有乙方提交的反馈信息的所有权与知识产权。

第四条：违约责任

本协议任何一方均应遵守本协议，若任何一方违反本协议，应向守约方支付违约金人民币拾万元整，并赔偿守约方因此遭受的一切损失。该等损失包括守约方因违约方的违约行为而遭致的直接经济损失及额外的合理费用（包括但不限于律师费用、诉讼及仲裁费用、申请执行费用、财务费用及差旅费）。

第五条：争议解决和适用法律

本协议受中华人民共和国法律管辖并按中华人民共和国法律解释。对因本协议或本协议各方的权利和义务而发生的或与之有关的任何事项和争议、诉讼或程序，本协议双方不可撤销地接受××市××区人民法院（由企业根据自身情况指定）的管辖。

第六条：协议有效期

（一）本协议长期有效，自甲乙双方签字盖章之日起生效。

（二）本协议一式两份，双方各执一份，具有同等法律效力。

甲方： 乙方：

日期： 日期：

第 5 章

安全研发与采购

持续、可靠、完善的安全防控体系很大程度上依赖安全基础设施及相关工具和服务的全面性和强健性，要进一步提升 M 公司的安全防控能力，就必须实施部署大量的安全产品、设备、系统和工具。目前它们主要有 3 种来源，商业采购、开源项目以及自主研发，其中自主研发又包括基于开源项目的二次开发等。

为了安全基础设施能够更好地落地和完善，我必须提前制定安全研发与采购的中长期规划。具体采用哪种来源存在很多影响因素，比如需求的紧迫程度、团队的能力结构、产品的功能性能以及后期的维护成本等，我必须充分考虑并结合这些因素，才能制定出最适合（最优化 ROI）M 公司的规划方案。

我决定先从各类安全产品的市场行情着手，启动前期调研工作。这样不仅有助于快速了解当前主流安全产品的类型、优劣势和技术原理，从而更合理地提出需求和设计整体技术架构，而且可以完成不同来源的大致成本评估，提前考虑研发编制和采购预算的分配方案。市场行情的调研主要包括以下几种途径。

- 邀约安全厂商进行初步的产品介绍和商务沟通。
- 调研开源或免费工具的基本功能和性能。
- 委托人力部门，调研安全研发人员的市场薪酬水平。
- 与同业交流，了解其他公司安全基础设施的研发、采购情况。

> **小贴士**
>
> 如果需求还不明确，是否适合邀约安全厂商进行沟通交流呢？
>
> 我认为这是没有问题的，在需求不明确的情况下邀约安全厂商针对其产品进行详细介绍，实际上也能让对方多了一次演示和推荐的机会，无论最终是否达成合作，都属于正常的商务交流。但是，明确不采购、以套取对方技术方案为目的的邀约除外。

5.1 总体成本分析

掌握了基本的市场行情，再结合企业内部的实际情况，我们就可以启动成本分析工作了。成本分析的准确性直接决定了是否可以实现安全基础设施 ROI 的最大化，因此必须尽可能全面地考虑成本的构成和总体情况。

成本分析中最常见的错误主要有两种。一种只单纯地考虑和对比落地成本，忽视长期运维、更新和扩充带来的持续性支出，导致较长周期后实际支出的总体成本不符合对比预期。另一种是只把采购价格和员工工资计入成本支出，忽视如配套设施、员工福利和机会成本等其他因素，导致成本计量不准确并因此做出错误决策。

为了避免这些问题，需要先大致了解 3 种来源成本的主要构成，如表 5.1 所示。

表 5.1 主要成本构成表

	实施/建立	运维/更新	扩充/设备替换
商业采购	• 采购费用 • 配套设施与资源 • 部署人员成本	• 维保和更新费用 • 运维人员成本	• 采购费用 • 配套设施与资源 • 部署人员成本
开源项目	• 配套设施与资源 • 部署人员成本	• 运维人员成本	• 配套设施与资源 • 部署人员成本
自主/二次研发	• 开发人员成本 • 配套设施与资源 • 部署人员成本	• 开发人员成本 • 运维人员成本	• 开发人员成本 • 配套设施与资源 • 部署人员成本

其中采购费用包括但不限于设备、授权和实施费用；配套设置和资源包括但不限于机柜、服务器、网络、电力费用；人员成本包括但不限于薪酬、社险、公积金，如果条件允许，也可以将房租等经营费用分摊进人员成本进行计算。

了解完 3 种来源成本的主要构成，接下来就必须考虑以下几个方面的问题。

- ❏ 需求在时间上是否紧迫？
- ❏ 商业产品或开源项目的功能和性能是否满足个性需求？
- ❏ 企业是否具备开发或维护的技术能力和相关资源？
- ❏ 当前的实施规模或预期的扩展范围有多大，边际成本是否合适？
- ❏ 是否需要持续不断地投入研发资源进行更新迭代？

综合这些因素，就可以大致计算出不同来源的成本并做出选择了。在通常情况下，不同来源的适用场景如表 5.2 所示。

表 5.2　3 种来源适用场景

	商业产品	开源项目	自主/二次研发
时间紧迫度	高	高/中	中/低
需求普适性	高	高/中	中/低
实施/应用规模	中/小	大/中	大
企业技术实力	中/低	高/中	高
扩展/更新边际成本	低	高/中	高/中

当然，表 5.2 只概括了一些相对常见的场景，实际情况可能会复杂很多。安全负责人必须结合实际情况，综合衡量各种因素并根据项目生命周期计算成本投入，尽可能做出对企业整体更合理也更有利的选择。

> **小贴士**
>
> 一般情况下，商业产品前期交流中的初始报价与最终的实际成交价格会存在很大的差异，这样的误差如果影响到了成本分析结果怎么办呢？
>
> 首先，可以通过邀约多家厂商比价、咨询同业采购经验的方法在一定程度减少这种误差。其次，根据实际经验，商业产品、开源项目和自主研发之间往往存在巨大的成本差异，相对而言，商业产品的报价差异一般不会对决策造成决定性影响，因此不必对此产生太多的担心。

5.2　研发技术选型

对于已经确认采用自主研发的项目，面临的第一个问题就是技术选型。不合理的选型会导致诸多问题，比如高昂的学习成本导致项目严重延期，不成熟的技术体系和不完善的语言生态导致后期维护成本高企，等等。

工欲善其事，必先利其器。研发技术选型必须基于业务场景的安全需求，权衡利弊，避免盲目跟风，充分考虑相关技术的可行性、ROI 和前瞻性。即使再优秀的技术框架，在一些初创企业中也可能因为成本或规模问题无法适用。如果为了引入看似优良的新技术，结果给整体基础设施带来了新的压力和成本，那么其整体收益就必须重新评估。另外，缺乏前瞻性可能导致安全项目落地运行之后因为核心技术选型失误引发需要不断地重构和迭代的问题，大幅提升不必要的研发和维护成本。

在技术选型上，主要从 4 个维度进行考量。

一是技术的成熟度。选用成熟技术的试错成本最低，因为具备足够的应用范围，大部分问题已经被发现和完善。但是成熟的技术也可能缺乏必要的新特性，导致无法满足一些特定需求，这就需要安全负责人权衡利弊做出选择。

二是执行的成本。无论是语言、架构还是工具，都存在一定的学习成本，它决定了现有员工是否能够迅速上手，甚至是否必须为此招募新的员工。另外，引入了新的技术栈也可能增加新的维护成本，现有的基础设施是否能够适配，运维人员是否必须跟进学习等都是需要重点考虑的问题。

三是落地的可行性。很多看似完善的技术方案，背后可能需要大量的设备、人力和知识经验等资源做支撑，在这些前提条件尚不具备的情况下盲目采购、开发和实施安全项目，很容易导致项目无法顺利落地，或者在强行落地后无法支撑后续管理和运营，导致前期投入变成资源浪费。

四是技术栈的优劣。技术选型时应该充分了解行业情况，通过自行对比测试、听取安全专家意见、收集社区反馈等方法，对比各种技术方案的优劣势。大致确定倾向后，也不必急于全面铺开，而是基于新的选型技术构建原型，确认其具体业务中的实际表现是否符合预期。

安全研发技术选型中最基本的是开发语言，主要包括表 5.3 中的几种。

表 5.3 安全研发语言选型对比表

语言	语言灵活度	开发效率	安全生态完善度	从业人员	运行效率	推荐应用场景
Python	高	高	高	中	低	• 数据分析 • 机器学习 • 规则引擎 • 管理后台 • 脚本工具
Java	中	中	高	多	中	• 分布式流式处理 • 规则引擎 • 管理后台
PHP	高	高	低	多	低	• 管理后台 • 其他 Web 业务
Go	中	中	中	少	中	• 客户端/Agent • 规则引擎 • 管理后台

最后，我把 Python 选作了 M 公司安全研发的主要语言，这个决定出于以下几点考虑。

一是 Python 语言灵活易用，开发效率相对较高，不仅已经具备丰富的安全开源类库，而且在数据分析和机器学习等领域相对其他语言具备显著优势。

二是 Python 已经在 M 公司的数据分析、运维开发等方向得到广泛应用，相关的基础设施和运维能力也趋于完善，使用 Python 进行安全研发的边际成本相对更低。

三是 Python 研发工程师相对其他语言的更容易招聘和培训，由于 Python 学习成本较低并且生态丰富，所以具备相关技能的人才的发掘和获取也不会过于困难。

当然，当安全研发团队发展到一定规模以后，可以根据实际的业务需求招聘不同语言的研发人员，根据不同的业务需求和语言特性实现最优配置，但是这种多语言开发模式在小规模研发团队中并不适用。

> **小贴士**
>
> 小规模研发团队需要通过少量的人力资源完成大量不同类型的业务研发，如果根据业务特点使用不同的语言进行研发，那么团队就必须招聘多种语言背景的技术人员，同时各种语言还需要分别配备备角，小规模研发团队根本不可能满足这样的人力资源需求。
>
> 因此，小规模研发团队语言选型的合理方式是优先满足长期运营的重点项目，在一些中短期非重点项目上主动妥协，尽可能使用同一种开发语言满足所有业务需求，从而降低人员成本和管理复杂度。

5.3 阶段性发展规划

在安全基础设施建设过程中，与技术选型同等重要的是其实施和运营的阶段性规划，也就是基于资源、能力和授权等现实情况，在什么时间、以什么方式去实施和运营什么系统的问题。基于 M 公司的实际情况，我决定把安全基础设施建设和安全项目研发划分为初创、稳健和成熟 3 个阶段进行规划。

初创阶段需要完成安全基础设施从无到有的建设任务，安全团队往往在企业内部扮演"救火队"的角色。这个阶段通常面临极其紧迫的业务需求和非常稀缺的研发人力，因此可以考虑以采购商业或引用开源的核心安全产品为主、自主研发安全工作必需的管理和分析工具为辅的实施规划。

初创阶段通过商业采购或开源项目来源的安全产品通常包括但不限于：

- 防火墙
- WAF

- IDS/IPS
- 安全测试工具
- 漏洞扫描工具
- 防病毒软件
- 日志采集和分析工具

考虑到研发人力资源的配备情况，初创阶段并不适合启动过于复杂的安全系统研发项目，而是应该把有限的资源投入下面这些短期收益更高并且可以快速实现的项目中：

- 用于特定安全事件分析和排查的脚本工具
- 用于特定业务场景的安全服务和接口
- 具备基础功能的 SRC 平台
- 符合日常工作记录和管理基本需求的安全管理平台

在大部分常见的安全风险得到有效控制、安全团队可以有更多的时间和资源去发掘和处置企业更深入、更隐蔽的安全风险的时候，安全发展就进入了稳健阶段。稳健阶段安全基础设施建设的重心是尽可能全面覆盖各类安全风险实现纵深防控，同时对初创阶段有明显缺陷的项目进行适当改造，因此需要引入或自研大量系统化的安全工具和服务，包括但不限于：

- 安全运营中心（SOC）
- SIEM 系统
- 业务安全风控系统
- 内容安全监管系统
- 数据安全管理系统
- 监管合规管理系统

稳健阶段通常成立了专职的安全研发团队，有能力设计、开发和维护更复杂的安全系统和工具，很容易仅仅因为一腔热情就启动自主研发项目。作为安全负责人，必须在采购、开源和自研的来源选择上持续保持清醒和冷静，始终选择 ROI 最优的方案。

> **小贴士**
>
> 稳健阶段组建安全研发团队的最大困难通常是难以招聘同时对研发和安全兼有掌握的专业安全研发人员，目前常见的有两种解决措施：一种是牺牲一定的代码质量，招聘以安全技能为主的工程师承担研发工作；另一种是放弃一定的研发效率，招聘对安全缺乏了解的专职研发工程师，完全依据安全产品经理的需求书进行编码开发。从长线收益和成本考虑，后者相对更为明智。

进入成熟阶段后，与安全相关的系统、工具和服务已经基本实现各个安全工作领域和方向的全面覆盖，因此这个阶段的引入和研发工作的主要目标和形式应该由"新建"转向"完善"。成熟阶段的完善工作主要包括3个方向。

第一个方向是能力上的完善。由于初创和稳健两个阶段已经基本完成了"面"的覆盖，所以成熟阶段的安全团队就可以把重心落到各"点"的逐步深入和击破上，既可以主动发现和修复此前的缺陷和不足，又可以研究和引入一些更为先进的技术方案，比如大数据、机器学习等，进一步提升发现、消除和控制风险的能力。

第二个方向是成本上的优化。优化成本主要可以从两个方面入手：首先是在基本准确的成本计算后进行商业、开源和自研来源的产品替换，在需要大规模部署或大范围使用同类安全产品或工具的大、中型企业，开源或自研通常具有比较明显的成本优势；其次是通过优化部署架构或产品性能，减少产品或工具及其配套设施的部署数量和支撑资源来降低成本。

第三个方向是运营上的提升。安全系统、服务和工具投入使用之后，还需要通过合理的运营措施更好地发挥价值，这要求做好两方面的工作：一是制定高效易行的运营规范和方案，确保运营工作准确有序地开展和执行；二是通过自研尽可能实现安全产品的自动化、傻瓜化，帮助运营人员快速聚焦必须响应的关键问题，这不仅有利于降低相关运营人员的招聘和培训门槛，同时还可以提高运营效率、减少无效工作并因此降低用人成本。

在现实情况中，初创、稳健和成熟3个阶段之间没有明确的分界标志，具体的工作安排更多取决于实际的业务需求。因此，安全基础设施建设和安全项目研发的阶段性规划也必须紧密结合业务需求，灵活、适当地调整各项工作的资源分配和启动时间。

5.4 安全采购注意事项

对于一些新晋的安全负责人，商业采购可能是一个完全陌生的领域。但是不用担心，采购并没有什么太复杂的事情。

启动商业采购之前，必须仔细查阅所在企业的采购制度和流程，在合法合规的前提下执行采购操作。在通常情况下，采购制度和流程会对招投标、采购过程和礼品收受等各个可能出现的环节提出明确的规范和约束，但是不同的企业可能制定完全不同的管理要求，具备多家企业工作经验的安全负责人和采购参与人员需要充分了解制度和流程差异，避免踩到管理红线。

选择采购候选目标时，应该尽可能考虑那些技术成熟并且已经被市场，尤其是同类企业广泛接受和应用的产品和服务。这样的选择通常试错成本最低，可参考的案例、方案和故障处置措施更加全面和完善，规划、实施和维护的过程也会更加顺利和稳定，相应的时间和精力投入自然也就可以更少。

当然，成熟的产品或服务并不代表他们一定可以与当前企业的安全需求完美适配，不同的企业有各自的特色需求，不同品牌的产品和服务也有各自的优势和不足。因此，在采购的选型过程中，应该根据实际的安全需求，对提供同一产品或服务的多个品牌进行横向对比。在倾向范围缩小到 2~3 个品牌后，可以考虑接入企业真实运营环境中进行实际测试，进一步对比和确认产品或服务的有效性和可靠性。并不建议对全部候选品牌进行实际测试，避免因为大量的测试过程耗费过多的时间和精力。

价格是横向对比中最为重要的指标之一，采购过程中往往涉及多轮询价。第一轮报价通常发生在和供应商初步沟通之后，报价常比最终的实际成交价格高出很多，这个价格主要用于初步达成采购意向和申请经费预算。根据不同的采购或招标要求，后续可能会进行多轮报价，每轮报价都会出现一定程度的下降，但基本只有在最后一轮，供应商才会给出自己期望成交的真实价格。如果希望以更低的价格进行采购，可以通过邀请多家候选厂商、了解同业采购情况等方式提升价格谈判优势。

小贴士

供应商的报价策略并不完全取决于其成本和利润，也可能出于种子用户、标杆用户和市场占用率等各种原因以远低于成本的价格销售产品和服务。因此，在价格谈判中，采购方应该合理地评估所处企业的行业地位，避免盲目参照同业采购价格，最终导致交易无法达成或实际服务缩水。

在价格对比过程中，还需要注意仔细计算采购的产品或服务在其生命周期中支出的整体费用。个别供应商可能为了在报价中获取竞争优势，故意设定低廉的初始采购价格，但是大幅提升实施单价（一般以人/天计算）或后期维保费用，最终实现长周期的高利润。因此在比价过程中，必须全面考虑采购费用的构成，经过充分计算获取预期周期内的整体费用后，再进行横向对比和选择。

对于一些用于防护低概率安全事件但是价格高昂，甚至采购成本超出了业务损失的安全产品和服务，安全负责人必须合理地权衡取舍。例如某些极少遭受 DDoS 攻击但流量极大的在线业务，盲目采购高防服务很可能造成一笔天价支出，在这种情况下，安全负责人可以考虑提前采购一些基础防护能力，待遭受攻击时再临时切换和扩容。虽然折中方案可能在一定程度上造成负面影响并降低响应速度，但是只要整体损失低于采购成本，那么取舍本身就是合理的。

需要横向对比的除了商业产品或服务的价格、功能和性能，还有一个重点就是它们在企业里是否真的能用起来。这点取决于很多因素，比如员工的技能和经验、产品或服务的复杂度和易用性、业务需求的独特性和扩展性，等等。在采购之前，安全负责人需要充分考虑这些因素，既要评估安全产品或服务的功能和性能是否匹配当前企业的真实状况和安全期望，又要判断自己的团队规模和能力结构是否可以支撑起相关安全产品或服务的管理和运营需求。如果这些信息无法确认，可以考虑先小范围采购、实施和试运营，确认没有问题后再逐步扩充采购和推广。

最后，安全采购绝不能忽视《安全补充协议》和《保密协议》的签订。《安全补充协议》用于约束供应商对其产品或服务本身安全问题的保障和响应，比如必须经过严格的安全测试、出现安全漏洞后在指定时间内进行响应和修复，等等。《保密协议》用于约束双方关于信息和数据的传输、存储、共享、披露和销毁等操作，尤其对于涉及敏感信息的采购和合作，必须实施严格把控，坚决防范因为商业采购引入的第三方泄密风险。

第 6 章

安全管理体系

在过去的一段时间里，为了降低安全事件对 M 公司造成的影响，安全团队已经从网络、系统、应用和数据等多个层面采取了有效、适用的技术手段，也初步建立了《安全评估管理规范》《安全应急响应流程》和《安全事件定级标准》等应对关键安全隐患的安全管理制度。从当前情况来看，M 公司的安全水平已经得到了很大的改善。

虽然表面上好像 M 公司已经可以在安全方面放心了，但是我知道，这只是取得了"救火"阶段的初步胜利。如果希望继续提升安全管控水平，保持安全状态，稳定、有序地开展信息安全工作，那么现在做的这些还远远不够！

实际上，安全是一项短板效应极其明显的工作，最终工作结果的优劣并不取决于执行最好的部分，而是要看能否全面、有效、恰当地覆盖到信息安全的方方面面，并且能够在此基础上准确、有序、可控地持续运行和改善。尽管安全技术在安全工作中发挥着举足轻重的作用，但是要实现以上目标，单纯的技术措施和手段就显得无能为力了。

因此我还需要建立一套完善的安全管理体系，全面定义、规范、推进、约束和监督企业整体及其各个组成要素（如部门、员工、设备等）的安全目标和过程。安全管理体系的建设并不是简单地写写制度，而是需要充分结合企业所属地区的法律和法规、行业监管的要求和标准以及企业运营的氛围、特点，制定出尽可能切实有效但又不过分增加管理负担的体系化规范和流程。

安全管理体系的建设工作涉及大量的沟通协调、政策解读和文字编撰工作，通常不适宜交由只具备单纯技术背景的工程师执行，因此在和 CTO 沟通确认后，我开始筹备建立安全合规团队，并招聘专职的安全合规经理负责安全管理体系的建设和维护工作。

> **小贴士**
>
> 不少技术出身的安全工程师甚至安全负责人会把内控、合规等安全管理类工作的职能定义成"虚"的工作，这种观念大错特错。安全工作从来都是一项必须把技术和管理紧密结合才能发挥最佳功效的工作，安全最大的问题来自"人"，而"人"是不可能被技术完全管制的。
>
> 要使安全管理体系顺利落地和执行，安全负责人必须为安全合规团队树立适当的地位和威信，确保安全合规团队成员可以顺利、自信地开展工作。

6.1 安全技术的局限性

安全技术主要通过安全产品、安全服务、安全工具、安全技能和安全经验等提升企业面向安全风险的对抗和防控能力，安全管理则主要是从组织、策略、制度和流程层面建立有效并且可持续发展的管控机制。

在企业安全防控能力不足的"救火"阶段，优先建设安全技术纵深防控体系是短时间内最行之有效的方法，因为它可以快速、直接地消除可见风险，帮助安全团队尽早摆脱四处救火的尴尬境地。但是如果以企业已有资源和管理基础为起点，建立有效可行的信息安全管理体系（ISMS），就可以持续不断地改进安全管理水平，从长线上以最低成本实现较高的安全管控能力，并且实现安全管理和运营的持续优化与改进。

安全工作中经常会提到"三分技术，七分管理"，不少安全技术工作者可能觉得有些夸大其词，但是如果要确保企业整体运营的持续安全稳定，仅仅依赖技术措施难免在很多地方捉襟见肘。

首先，顺利有效的安全推动必须是自上而下的，但是在包括 M 公司在内的大部分企业，高级管理层通常对安全风险及相关威胁缺乏认知，更不可能关心具体而又专业的安全技术，因此单纯地讨论技术很难获得理解和支持。在这种背景下，安全管理策略和制度可以成为一种清晰直观的向上沟通材料，同时又可以在审批签发后获得自上而下的授权。

其次，安全是一项几乎要和每个部门沟通协调的工作，包括但不限于产品部、技术部、法务部、公关部、人力部、审计部，因此需要建立多部门沟通机制和流程。对于某一项事情，各部门的职责是什么、沟通流程是什么，这些都无法通过技术实现，通过信息安全管理制度梳理、规范才是更有效也更可靠的方法。

最后，技术更贴近于一种工具，而管理则是规范和优化使用工具的方法。如果仅仅依赖安全负责人或团队的技能经验甚至主观偏好对安全工具进行管理和维护，那么很难保证安全防控工作可以全面、系统、高效、持续地覆盖各个业务和关键节点。但是如果把这些工作规范化、流程化、标准化，就能帮助安全技术更好地发挥能力和价值。

因此，安全团队需要建立一套完善、可靠、可控的信息安全管理体系，对企业安全进行动态、全面、有效、持续地管理和优化。安全管理可以成为安全工作提供管理抓手、流程保障及监督依据。我们常说要建立"有法可依、有法必依、执法必严、违法必究"的法治社会，建立信息安全管理体系就是要在公司建立这样一种规范秩序，告知员工能做什么、不能做什么、怎么做、如果违反会受到怎样的惩罚、如何分配权限、如何保护敏感信息等，这些都应该通过制定相应的制度、规范、标准和流程进行约束。

> **小贴士**
>
> 对于信息安全管理体系，目前已经存在 ISO27001 和 BS7799 等标准和实践，安全技术更是不缺案例、产品和经验，但要在企业内部顺利落地和运营它们，两者绝不是简单地叠加、组合和生搬硬套，必须权衡企业的业务特征、管理风格和组织架构等多方因素，最终定制出适配可行的落地方案。安全管控不是一个静态的存在，而是一个管理和技术紧密结合、互相联动、互相支撑并且不断发展、循环向上的动态过程。

对于信息安全管理体系的建设，有几种非常常见的错误方法：一种是照搬 BS7799、ISO17799、ISO27001 等标准，但是缺少关于如何落地、如何维护以及如何支撑业务发展的思考；一种是直接以项目形式交付给第三方咨询公司，但是不能及时、准确地向咨询公司提供完备的背景和需求信息；还有一种是安全团队拿着其他企业的制度文档照猫画虎，甚至直接抄袭制度原文形成了自己的制度体系。

毫无疑问，这样的安全管理体系很难在企业内落地执行。安全管理体系并不能简单等同于制度或标准体系，而是应该与企业的业务战略、管理风格进行艺术结合，把支撑和促进业务发展作为安全管理的核心目标，最终形成动态的、系统的、全员参与的、制度化的、以预防为主的安全管理方式，用最低的成本为企业建立更强健的、可持续改进的安全管控，主动满足所处国家及地区的法律法规及监管要求，对内加强企业内控能力，对外提升企业形象和影响力。

6.2　安全管理体系架构

安全管理体系实际上是整个企业管理体系的一部分，它基于对业务进行风险管理的方法来建立、实施、运行、监视、评审、保持和改进安全管控能力，为了确保信息的保密性、完整性和可用性设立相应的组织机构、程序、过程和资源。如何构建安全管理体系是一个很大的挑战，不仅需要执行大量的调研、沟通、协调和推进工作，还需要涉及多个领域的知识储备和经验技巧。在理想情况下，安全管理体系的建立可以通过采购第三方咨询服务来实现，安全团队在项目中担任提要求、帮协调、管监督的角色和职能。如果因为经费或支持等原因无法采购第三方咨询服务，那么安全合规团队必须分步、有序地展开体系建设和合规管理工作，避免资源不足导致项目整体进展迟缓甚至失败。

在启动安全管理体系建设工作之前，我和安全合规团队就建设目标和过程进行了一次深入沟通，把"可落地、可执行"确定为贯穿整个安全管理体系建设的核心目标，并且达成了以下3点共识。

- 安全管理体系必须符合相关国家和地区的法律法规和监管要求，但是不应付、不照搬，坚决杜绝形成只面向监管合规但内部无人执行的"僵尸制度"。
- 不以"绝对安全"为目标，综合成本和收益，在满足业务安全需求的前提下，避免复杂、烦琐的流程拉低业务运营效率，提升管理和执行成本。
- 明确并坚持"以支撑和促进业务发展为核心"的安全建设总目标，一切从业务目标出发，禁止脱离业务谈安全，尽可能减少安全内部的闭门造车或趋炎附势。

为了确保安全合规团队在企业内部更加顺利地开展工作，安全负责人必须帮助他们获得企业高级管理层的支持和授权，主要原因包括以下两点。

第一，好的安全实践都是自上而下的，这一点我们已经反复强调。安全管理体系的建设涉及的范围广、部门多、内容繁杂，为了保持安全管理体系与业务战略的一致性，安全合规人员需要提前与高级管理层达成目标上的统一，并借此获得全体员工的重视和协助。

第二，安全管理体系只有成为影响激励和惩戒的考核指标才能正常发挥效用。这一点几乎无法通过安全合规团队的自身努力实现，而是完全取决于高级管理层的支持和授权，只有这样，安全方针政策和控制措施才能够得到更有效的贯彻。

获取支持和授权后的第一步通常是启动关于企业安全现状的调研工作，目的是全面了解企业当前的资产清单、业务流程以及管理措施等，调研范围包含但不限于企业安全现状、高级管理层对安全的期望、公司组织架构、日常运维情况、运营管理机制、信息系统配置。现状调研是建设安全管理体系的必要环节，也是开展后续工作的前提条件。

为了确保现状调研的全面性和可回溯性，避免调研出现疏漏和记忆偏差，安全合规团队可以采用如表6.1所示的安全管理体系现状调研表进行跟踪和记录。

表 6.1 安全管理体系现状调研表（部分）

调研类别	调研内容	说　　明	调研结果
关键业务系统调研	主要业务系统及其架构	这部分主要通过访谈及现场调研的方式，梳理出关键业务系统有哪些，以及这些系统间的架构是怎样的	
	各系统之间关联关系	这部分主要通过访谈及现场调研的方式，描述各系统之间的业务流程、各系统的主要功能存储数据类型等	
组织结构	组织架构	通过访谈调研的方式，了解公司组织架构	
	部门职能	说明组织架构中各部门的主要职责	
信息安全管控措施	信息安全制度	现有信息安全制度	
	信息安全措施	现有的信息安全措施	
管理层	企业业务战略	调研公司业务的战略方向和策略，以便使信息安全管理方向与公司业务战略保持一致	
	对信息安全的期望	调研管理层对信息安全的期望及一些管理层认为需要解决安全问题	

> **小贴士**
>
> 　　为了深入、准确地了解公司安全现状，一般会采取资料收集、现场访谈、技术评估等手段多层次、多维度地开展安全现状调研工作。
>
> 　　收集的资料主要包括公司组织架构图及各部门职能说明文件、公司所有对内公开制度、重要及核心系统架构图，重要系统、主机、数据库、网络设备、网络架构、安全设备的漏洞扫描及渗透测试报告、配置核查报告、重要安全设备的日志信息等。需要说明一点，安全工作不仅限于 IT 体系，类似法务、采购、人力等部门职能也常和信息安全相关，所以只搜集与 IT 相关的制度已不能满足信息安全现状调研需求。
>
> 　　现场访谈能够从宏观层面了解公司信息安全发展战略以及存在的主要信息安全风险，建议提前初步了解业务和系统的情况，再根据具体情况，针对具体的访谈对象设计个性化的访谈内容，以便更充分地了解现状和被访谈者对安全管理体系的建议和期望。

　　完成了针对安全现状的调研和初步分析之后，就可以正式开始构建企业安全管理体系了。M 公司的信息安全体系架构设计参考了国内外信息安全相关标准所涵盖的安全领域，主要包括《ISO/IEC 27002:2013 信息安全管理体系实施指南》中提出的安全管理体系分类，该标准作为国际信息安全管理权威标准，定义了 14 个安全控制领域，包括安全方针、信息安全组织、资产管理、人力资源安全、物理和环境安全、操作安全、通信安全、访问控制、密码学、信息系统获取、开发和维护、信息安全事件管理、供应关系、业务连续性管理、符合性。同时还结合了我国等级保护相关规范《GB/T 25058-2010 信息安全技术 信息系统安全等级保护实施指南》中的要求进行归纳和梳理。本着全面、合理、务实、有效的设计原则,安全合规团队结合 M 公司当前安全工作的实际情况,根据组织结构及职能的适用性匹配结果,对参考标准的控制域进行了适当的调整和归类,提出了覆盖 11 个安全控制领域的安全管理体系架构:信息安全策略管理、信息安全组织、风险管理、账号权限管理、合规性管理、基础设施安全、应用系统安全、人员安全、数据安全、信息安全事故管理和业务连续性管理。这 11 个安全控制领域的安全管理体系架构融合了 M 公司的实际安全需求、整体安全体系要求以及信息安全相关标准,从而形成了如图 6.1 所示的安全管理体系架构。

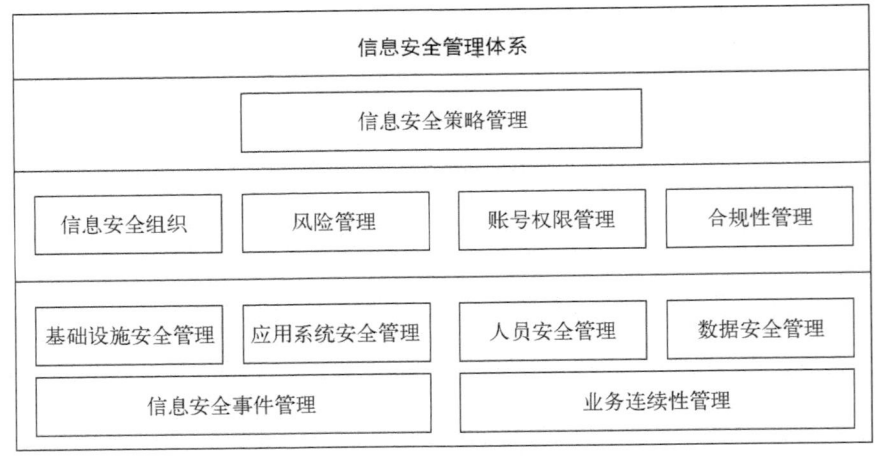

图 6.1 安全管理体系架构图

信息安全策略管理规定了企业总体的安全管理方针和政策,同时也包含执行层面的具体的安全管理制度、规范和流程。安全管理策略是指导企业信息安全管理工作的政策文件,同时它规范了企业在进行安全运营过程中应该遵循的标准化流程。在信息安全管理策略中,需明确信息安全工作的范围、边界以及安全目标,并确保其与企业的业务战略方向一致。

信息安全组织主要包括信息安全监管组织、信息安全决策层、信息安全管理层和信息安全执行层。信息安全组织是企业中专门负责制定规则,并实际开展安全管理工作和执行具体安全操作的部门,同时负责对安全管理工作的决策和监督。在信息安全组织中,需构建有效和适用的信息安全管理组织架构,并明确信息安全相关角色的职责和权限,确保各组织间高效的沟通协作,以实现安全目标。

风险管理包括对企业所有信息资产的安全分析和风险评估。由于企业业务和规模的快速发展,资产的规模也日益庞大,信息资产的风险管理将是一个非常复杂的过程,所以一般重点关注关键资产的信息安全风险。此部分主要对信息安全风险管理流程进行规范，对信息安全风险处理措施进行管控。

账号权限管理包括企业所有与基础设施相关的软件、硬件的账号权限管理。在账号权限管理中，需要明确访问控制的策略、账号权限全生命周期管理的基本要求和流程、特殊账号和特殊权限如何使用及分配、以及对系统口令要求和限制等，确保建立有效的用户权限控制规程来授权或撤销对其所有信息系统及服务的访问。

合规性管理包括等级保护合规、行业标准合规、内控和外审等方面。其中，等级保护是国家强制要求的，内控和外审是大中型企业在合规性管理方面必须建设的重要内容，个人信息及隐私保护是这几年合规性管理重点关注的话题之一。在合规性管理中需要明确企业需要遵循的法律法规和监管要求，并制定有效的流程和程序，确保相关内容的落实和执行。

基础设施安全管理包括机房安全、网络安全、主机安全、中间件安全和操作系统安全等方面的管理，在基础设施安全管理中，需要规定安全基线及其他安全要求。对于租赁机房的企业，大部分机房安全管控由供应商完成，企业自身须重点关注机房的出入流程和记录等控制措施。

应用系统安全管理包括对应用系统的需求、设计、开发、测试、上线及变更等全流程的信息安全要求。在应用系统安全管理中，需要明确每个阶段的安全要求，并制定相关流程确保安全要求和措施的落地。

人员安全管理包括员工安全管理和第三方人员安全管理两个方面。员工的安全管理涉及员工在入职前、入职中和离职后的安全管理，对员工的日常操作行为、权限、安全技能和安全意识等方面进行管理。第三方人员安全管理则覆盖对于外包人员和来访人员的日常操作行为的约束，以及对于结束外包的第三方人员行为的安全约束，等等。

数据安全管理包括数据采集、使用、传输、存储、销毁等全生命周期的安全管理。随着对于隐私与个人信息保护专注度的持续上升，数据安全必须特别注重个人信息采集和使用方面的问题。数据安全管理应该明确数据生命周期中每一个阶段的安全要求并建立适当的管控流程，确保在合法合规的前提下数据得以安全、合理、有效地使用。

信息安全事件管理包括信息安全事件的发现、记录、响应、处置、分析、归纳、总结和定责，等等。在信息安全事件管理中应建立有效的持续监控和报警机制，确保能够及时发现安全事件，同时制定高效可行的安全事件响应机制，确保应急响应快速准确。

业务连续性管理主要是指为应对可能出现的灾难或危机，建立相应流程确保业务运营的连续性。业务连续性管理的主要工作包括根据关键业务识别结果和业务影响性分析结果，制定业务连续性计划和应急预案，定期执行应急演练，等等。

6.3 信息安全风险评估

确定了安全管理体系的架构，接下来就可以基于现状调研的结果执行安全风险评估工作了。安全风险评估以资产评估、威胁评估、脆弱性评估的结果作为输入，并结合企业现有控制措施进行风险分析，最后根据企业的安全目标和需求选择有效的安全管控措施。具体过程如图 6.2 所示。

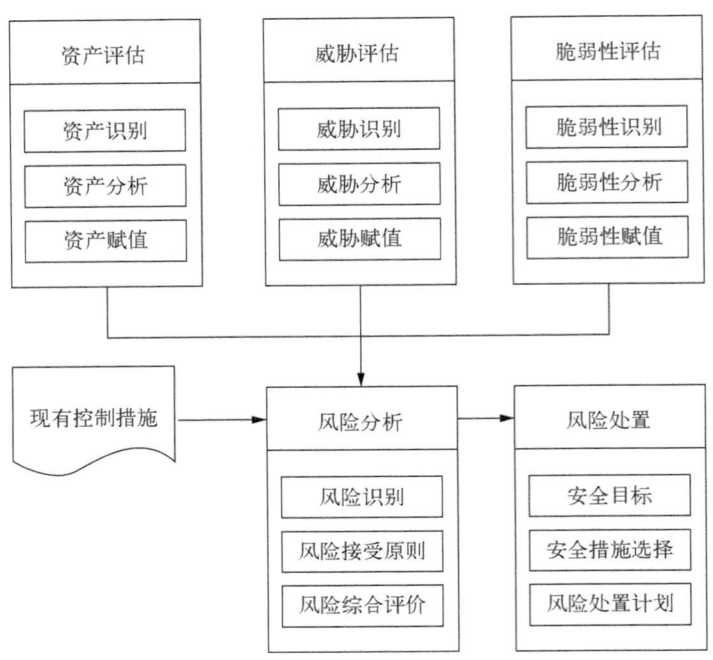

图 6.2　信息安全风险评估流程图

通过资产评估可以掌握企业当前资产的基本情况，并据此对风险评估的资产范围进行分析界定，明确定义风险评估的边界，以便开展后续风险评估工作。通常参与风险评估的资产范围包括但不限于：

- 关键业务系统（主要是指公司核心业务系统和应用程序等）；
- 关键基础设施（主要是指运行核心业务系统的网络设备、服务器、操作系统和数据库等）；
- 数据和文档（数据、制度、文件、合同和协议等）；
- 人员（包括普通员工、关键岗位人员和外包人员等）。

风险通常是以资产为中心的，威胁利用资产的脆弱性使得安全事件的发生成为可能，也就形成了风险。因此资产评估是风险评估的一个重要步骤，资产确定和赋值的准确性将影响整个风险评估的过程和结果。资产评估阶段的主要工作就是对评估范围内的资产进行识别，然后根据资产的业务用途和重要性对其进行赋值。赋值的总体原则是结合当前业务的运营情况,根据资产可能对企业造成的最直接、最严重的负面影响评判赋值。表6.2是一张典型的资产识别表。

表6.2 资产识别表(样表)

资产类别	资产名称	资产类型	资产用途	责任人	资产价值
关键业务系统					
关键基础设施					
数据和文档					
人员					

产生安全威胁的主要因素可以分为人为因素和环境因素,其中人为因素又分为有意和无意两种,环境因素包括自然界的不可抗的因素和其他物理因素。威胁的作用形式可能是对信息系统直接或间接的攻击,也可能是偶发的或蓄意的事件。一般来说,威胁总是需要利用网络、系统、应用或数据的脆弱性才能成功地造成伤害。威胁产生的主体包括合法用户、非法用户、系统组件和物理环境等,表6.3中针对这些威胁及其可能发生的各种情形进行了简单描述。

表6.3 威胁识别表

威胁主体	威胁类型	威胁描述
合法用户(包括系统管理员和其他授权用户)	操作错误	合法用户工作失误或疏忽的可能性
	滥用授权	合法用户利用自己的权限故意或非故意破坏系统的可能性
	行为抵赖	合法用户对自己操作行为否认的可能性
	管理不到位	对政策和制度流程没有执行到位,没有按照规范执行,没有对执行过程进行监督,没有专人负责等的可能性
非法用户(包括权限较低用户和外部攻击者)	身份假冒	非法用户冒充合法用户进行操作的可能性
	密码分析	非法用户对系统进行密码分析的可能性
	漏洞利用	非法用户利用系统漏洞入侵系统的可能性
	拒绝服务	非法用户利用拒绝服务手段攻击系统的可能性
	恶意代码	病毒、特洛伊木马、蠕虫、逻辑炸弹等感染的可能性
	窃听数据	非法用户通过窃听等手段盗取重要数据的可能性
	物理破坏	非法用户利用各种手段对资产进行物理破坏的可能性
	社会工程	非法用户利用社交等手段获取重要信息的可能性
系统组件	意外故障	系统组件自身因为可靠性和容错性问题发生意外故障的可能性
物理环境	通信中断	数据通信在传输过程中发生意外中断的可能性
	电源中断	电源发生中断的可能性
	灾难	火灾、水灾、雷击、地震等发生的可能性

威胁的类型比较多，通常无法采用统一的方法对威胁发生的可能性进行评估，但是可以根据不同的类型采用不同的评估方法。对物理威胁和系统组件类的威胁，主要采用历史记录统计和权威机构统计数据相结合的方法；对系统合法用户和非法用户的威胁，主要采用基于场景的分析方法，客观地分析威胁的能力、资产脆弱性的程度、攻击的途径和方式、资产的价值等因素，并结合历史记录的统计数据计算威胁发生的大致概率。根据分析结果，可以对各类威胁进行赋值。

脆弱性是指资产或资产组中可能被威胁所利用的弱点，它包括管理策略、组织机构、基础设施、人员等方面。脆弱性只有被安全威胁利用才有可能造成相应的危害，因此那些没有相应安全威胁的脆弱点可以不实施相关的安全防控措施（比如对于完全独立并且存在物理隔离的系统，可以不对远程利用漏洞进行防护），但是它们必须被清晰地记录下来，以确保当环境和其他条件发生变化时，安全防控措施也能随之改变。表 6.4 是一些常见的脆弱点。

表 6.4　脆弱性评估表

弱点类别	弱点名称	弱 点
信息安全策略	缺乏信息安全方针	组织没有制定统一的信息安全方针，导致信息安全缺乏统一认识和行动方向，没有体现出管理层的期望和责任
	信息安全方针贯彻不力	信息安全方针缺乏有效支持，缺乏可实施性，或者受重视程度不足，并没有真正被贯彻
组织信息安全	缺乏有效的信息安全组织	组织没有设立专门的信息安全组织及角色，信息安全责任不明确
	缺乏明确的信息安全责任分配	没有在业务过程中明确信息安全责任，没有指定局部活动的安全责任人
	缺乏对第三方人员的安全管理	对来自第三方的信息安全风险缺乏认知，没有有效措施进行检查和管控
信息安全风险管理	缺乏风险管理流程	没有风险管理流程，无法及时发现风险，无法对风险进行处理
账号与权限管理	缺乏有效的访问控制	并没有制定针对各类 IT 设施（网络、服务器、操作系统、应用系统等）的访问控制策略和规范，或者访问控制执行不力
	缺乏有效的用户权限管理机制	对用户权限的申请、开设、复查等缺乏有效管控
	缺乏对用户账号的安全管理	用户账号可随意共享、传递，缺乏足够的账号安全管理意识和策略
	口令设置脆弱	用户口令设置过于简单
	缺乏有效的加密保护	没有通过必要的保密措施对数据或文件进行管控
	缺乏会话超时机制	没有对计算机设置自动锁屏策略，没有系统访问的会话时间限制
合规性管理	缺乏对相关法律法规的遵循	没有识别适用的信息安全相关法律法规或其他监管要求
	缺乏有效的审计机制	对信息安全工作缺乏检查和审计

（续）

弱点类别	弱点名称	弱　　点
基础设施安全	缺乏安全区域划分	没有对不同重要性的区域区别对待
	缺乏有效的门禁系统	各工作区域缺乏有效的门禁系统，或者门禁系统应用不当
	管制区域出入管理不当	工作区域进出管理不当，缺乏有效的登记接待，安保工作不善
	缺乏对办公环境的安全管控	办公环境（包括开放的办公环境）内缺乏安全制度、监督和检查
	缺乏对实物资产的有效管控	对物品安置、使用、携带、维护、管理等缺乏有效控制
	缺乏有效的设备/介质报废机制	对设备/存储介质（包括纸介质）的报废和处理缺乏有效控制
	缺乏有效的操作管理程序	对各种信息系统进行操作和维护时缺乏有效的程序规定，缺乏记录
	缺乏对过程文件的集中控制	对业务活动中产生的记录、日志等文件没有进行集中管理
	缺乏变更管理程序	对信息系统进行变更时缺乏有效的控制流程
	缺乏职责分离机制	存在单个人员承担多项存在冲突或矛盾职责的情况，或者存在单个系统承担多种存在冲突或矛盾职能的情况
	缺乏对第三方服务的评审、监督和检查	对第三方提供的服务缺乏评审监督和检查，难以保证服务质量和安全性
	缺乏容量规划	对信息系统的性能及容量需求缺乏前瞻性规划，易导致资源不足或设施故障
	缺乏恶意代码/病毒防范机制	缺乏对病毒等恶意代码的防范和控制
	缺乏有效的备份	没有制定有效的备份策略，缺乏备份机制，或者备份操作不当
	缺乏对网络接入和使用的安全管理	对各种网络服务的访问（包括即时通信服务），网络共享的设置，包括无线和拨号在内的网络接入方式缺乏管控措施
	缺乏对移动计算机的使用管理	对笔记本计算机的使用、携带缺乏有效管控
	缺乏对移动介质的安全管控	对U盘、移动硬盘等移动介质的使用和携带缺乏有效管控
	缺乏终端的安全管理和准入机制	对用户终端的准入条件没有明确的规定
	缺乏对电子邮件的使用管理	没有对内部电子邮件进行安全管理
	缺乏对文件打印/复印及分发的控制	没有对文件打印过程进行有效管理
	缺乏对信息交换的安全管理	对组织内部各单位之间以及组织对外的各种信息交换途径、方式缺乏有效管控，包括邮件、传真、电话、快递等
	缺乏软件分发管理机制	对各类软件的获取、License管理、分发、安装及使用缺乏有效管控
	对信息系统的监控不力	对网络信息系统的监控不足，缺乏日志记录和检查

（续）

弱点类别	弱点名称	弱 点
应用系统安全	缺乏软件开发/采购安全保障机制	对软件系统的开发/采购缺乏安全保障，包括安全需求分析、安全过程控制、安全测试和验收等
	程序设计漏洞	软件存在设计漏洞
	缺乏漏洞管理机制	缺乏应对软件漏洞的管理机制
	配置不当	对网络系统、应用系统或软件的配置不当
	缺乏认证授权机制	系统缺乏身份识别、身份认证及授权机制
	缺乏密码控制及使用策略	系统缺乏密码使用、密钥管理等控制机制
	缺乏充分的维护响应机制	在系统故障时无法实现及时响应
	服务水平协议不当	没有对服务水平进行明确定义
人员安全	缺乏有效的背景检查	人员入职时的背景检查不谨慎，或者缺乏应有的程序和检查清单
	缺乏有效的保密协议	人员入职（或第三方）没有签署保密协议，或者没有针对特定岗位签署特定的保密协议
	缺乏有效的转岗控制	人员内部转岗或调动时没有采取一致的协调和控制，权限变更不足
	缺乏充分的技能	人员操作技能不足
	缺乏有效的培训	人员没有接受应有的培训和教育，导致其信息安全意识或能力的不足
	缺乏惩戒机制	没有制定并落实恰当的惩戒制度，信息安全制度执行难以落实
	缺乏清晰的职责定义	没有清晰地描述岗位职责，包括对个人的安全责任的描述
	职业道德缺失	人员缺乏职业道德，易出现蓄意行为
	缺乏工作责任心和应有的谨慎	人员工作责任心不够，做事不细心，易出现误操作行为
	缺乏有效的离职控制	人员离职时的物品交接和权限变更流程不当，或者不够及时
	缺乏信息安全意识	人员信息安全意识不足
数据安全	数据责任不清	对数据保管者的责任不明确，难以保证数据分级及保护措施的落实
	缺乏数据分级分类机制	对数据没有明确的分类和分级标准
	缺乏数据访问控制机制	没有设立数据访问控制机制，难以保证数据不被非法使用
	缺乏个人信息隐私保护	没有重点关注个人信息隐私，有非法获取个人信息隐私的风险

（续）

弱点类别	弱点名称	弱 点
信息安全事件管理	缺乏有效的安全事件管理机制	没有应对信息安全事件的应急和处理机制
	缺乏对信息安全事件的记录	一旦发生信息安全事件，没有对处理过程进行明确记录
业务持续性管理	缺乏完整的BCP框架和落实机制	没有经过有效的BIA分析就建立整个BCP框架，也没有具体落实到各部门，或者BCP机制不够健全
	缺乏风险评估和管理机制	没有采取有效的方法进行信息安全风险评估和控制，缺乏对重大灾害的认知

需要注意的是，不正确的、起不到应有作用的安全防控措施本身就可以形成一种安全脆弱性。脆弱性的赋值主要参考其被利用后可能造成影响的严重程度。

结合资产评估、威胁评估和脆弱性评估的结果，就可以启动风险分析工作了。对关键资产风险的计算可以适度量化，根据影响风险的要素以及要素之间的组合方式，通过各项赋值计算出综合风险值。

一个简单的计算方式是：风险值=资产赋值×威胁赋值×脆弱性赋值。当然也可以参考《GB/T 20984-2007 信息安全技术 信息安全风险评估规范》：

安全事件发生的可能性＝L（威胁出现概率，脆弱性）

安全事件造成的损失＝F（资产价值，脆弱性严重程度）

风险值＝R（安全事件发生的可能性，安全事件造成的损失）

> **小贴士**
>
> 风险评估可以采用定量、定性和半定量等不同的方式进行。定量风险评估理论上可以提供精确的评估结果和决策依据，但是量化过程通常存在较大困难，不易落地；定性风险评估更多凭借分析者的个人经验和行业惯例，易于落地但存在较大的主观因素。半定量则是两者的结合和平衡。
>
> 在早期信息安全工作中，一般会倾向于采用定性风险评估，随着工作的深入和资源的扩充，风险评估需要逐步增加定量因素，但是通常不会采用完全定量的风险评估方法。

结合现有安全控制措施，风险分析工作最终输出了如表6.5所示的风险评估表，用于记录风险情况并跟进后续的风险处置流程。

表 6.5 风险评估表

弱点名称	威胁名称	风险描述	资产价值	概率	影响	风险值	现有措施	处置意见	采取措施

风险评估工作所识别的风险并不一定需要完全整改，而是应该尽量追求业务、安全和成本的可接受平衡。对于一些发生概率低、负面影响小的低值风险，权衡利弊后甚至可以考虑接受风险。当然，对于风险的敏感程度通常会受到企业的业务特点、高层及负责人的风险偏好以及内外部监管力度等很多方面的影响。

6.4 体系文档结构与编制

为了保证安全管控措施可以准确、有序地落地执行，需要通过体系化的文档对其进行规范、指导、记录、约束和监督，使安全工作做到有章可循、有据可查，于是安全合规团队开始着手制定安全管理体系中的策略、制度、规范、标准和流程。

在通常情况下，安全管理制度应该实施文档分级管理，根据管理活动的特点、性质和范围等因素，可以分为方针策略、管理办法或程序、实现指南和规范、记录文件等几个大类，并按以下规则进行分级。

- ❏ 一级文件是全组织范围内的信息安全管理策略，是对信息安全工作的整体描述。
- ❏ 二级文件是在信息安全管理策略的指导下，针对具体工作内容制定的管理办法或流程。
- ❏ 三级文件是具体的工作指南和规范，其描具体工作内容的操作步骤和方法，是对各个流程所规定的领域内工作的细化。
- ❏ 四级文件是各种记录文件，包括实施各项流程的记录成果，等等。四级文件通常表现为记录表格或报告，是安全管理体系得以持续运行的有力保证。

根据 M 公司的安全管理体系架构、组织架构和风险评估情况，安全合规团队初步建立了安全文档的体系化结构，如图 6.3 所示。

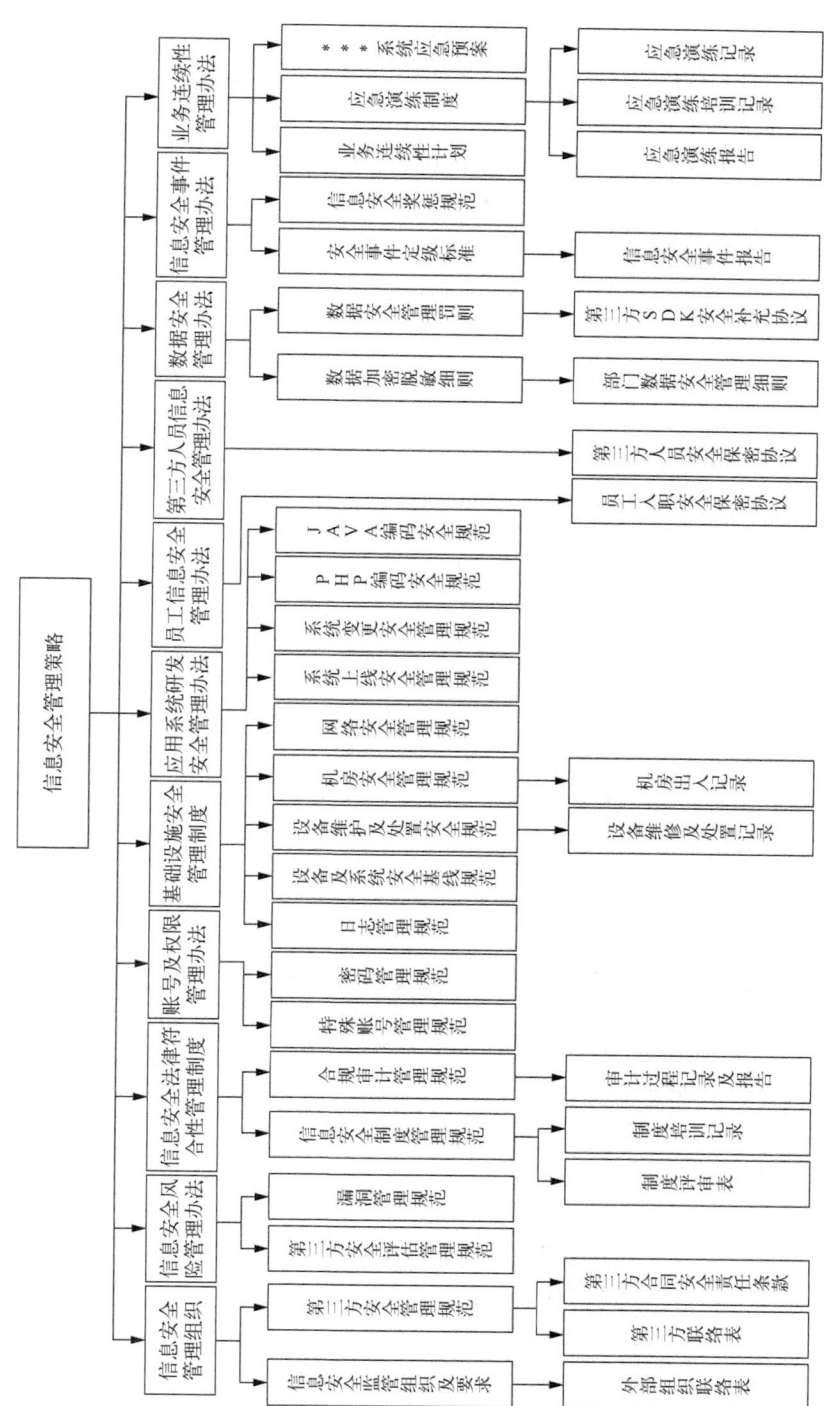

图 6.3 安全管理体系文档结构图

虽然体系中的制度已经覆盖到了信息安全管理的各个方面，看似全面完整，但是如果在处于安全发展初期的企业立刻全面推广执行它，势必会引发不少团队和个人的强烈抵触情绪，最终导致难以落地甚至项目流产。合理的推进方式是从横向、纵向两个维度逐步扩充和加深管控。在横向方面，安全管理可以先从安全防控存在明显缺陷、安全需求更为迫切的控制域着手，快速缓解大部分明确风险，但是对于一些推进成本相对较高且管控收益相对较小的控制域暂时搁置。在纵向方面，可以在某个具体控制域快速制定和发布易于理解和落地的基本管理要求，然后再根据实际的业务和安全需求逐步完善、细化相关的条款、规则、流程和罚则。

经过仔细分析之后，安全合规团队决定将整个安全制度体系划分成3个阶段来建设。

- 第一阶段重点解决当前存在的紧迫安全问题，初步搭建出安全管理体系的整体框架，实现安全管理体系各项内容从"无"到"有"的转变，形成基础的安全管理能力。
- 第二阶段需要建立基本完整的安全管理体系，同时从横向、纵向两个维度扩充和加深管控力度，实现对企业内部各个安全领域的管控全覆盖。
- 第三阶段进一步补充和完善安全管理体系，同时通过不断地持续改进和优化，最终形成能够自我完善、螺旋上升式的安全管理体系，将企业信息安全管理能力提升到业界领先水平。

在"救火"阶段，M公司已经制定了《安全评估管理规范》《安全应急响应流程》和《安全事件定级标准》3个基础的信息安全制度，虽然它们可以部分覆盖到信息安全风险管理、信息安全事件管理两个控制域，但是对其他控制域的覆盖基本还是空白，所以M公司依然处于安全制度体系建设的第一阶段。对于下一步的建设工作，安全合规团队制定了基本的执行规划。

首先在第一阶段制定出描述信息安全总体策略的《信息安全管理策略》。信息安全总体策略也被称为信息安全方针，是指导企业对包括敏感信息在内的信息资产进行安全管理、保护和分配的顶层规则和指南，同时也是构建安全保障体系的基础依据，它对信息安全及风险控制工作具有全局的、核心的、最高的指导意义。信息安全总体策略需要通过《信息安全管理策略》来明确适用范围、安全目标以及职责定义，为信息安全活动确定方向和原则。《信息安全管理策略》应该获得最高管理层的审批和授权，以确认最高管理层对信息安全总体目标及职责范围的认可和支持。进入第二阶段后，应该根据第一阶段的执行情况，优化和完善《信息安全管理策略》中关于信息安全评价和改进相关的策略，确保信息安全总体策略持续满足企业业务发展目标，并且能够顺利进入第三阶段。

紧接《信息安全管理策略》之后的就是《信息安全组织》。为了保证信息安全管控工作的顺利实施和稳定运行，需要通过《信息安全组织》明确企业中各级管理者、职能部门和相关人员的信息安全职责。《信息安全组织》必须严格遵循监管要求，因此第一阶段除了《信息安全组织》，还需要制定《信息安全监管组织及要求》，用于明确企业需要对接的监管机构以及相应的信息安全监管要求。进入第二阶段后,安全合规团队开始具备主动维护外部监管关系的能力,这时候应该建立并维护好《外部组织联络表》。第三阶段可以有更多的精力关注第三方安全,例如第三方项目的安全评审、合同中的信息安全条款等,可以通过《第三方安全管理规范》《第三方联络表》和《第三方合同安全责任条款》等管理制度进行规范。

> **小贴士**
>
> 《网络安全法》第三十五条规定:"关键信息基础设施的运营者采购网络产品和服务,可能影响国家安全的,应当通过国家网信部门会同国务院有关部门组织的国家安全审查。"2020年4月27日,国家互联网信息办公室、国家发改委等12个部门依据《网络安全法》联合发布了《网络安全审查办法》,并于2020年6月1日开始实施。因此,符合该条件的企业在采购网络产品和服务时,如果评估其可能影响国家安全,则必须按照要求提交资料给网络安全审查办公室进行审查,待审查通过后才可采购。

在信息安全风险管理方面,将之前的《安全评估管理规范》重新修订为《信息安全评估制度》,并且在第二阶段针对风险评估流程进行补充和完善,建立《信息安全风险评估管理办法》。另外,随着个人信息和隐私安全形势的日益严峻,企业应该根据自身业务特点和相关监管要求加强相应的风险评估机制,如果第三方合作中涉及隐私和个人信息的共享和传输,那么风险评估也应该覆盖到第三方的数据安全防控能力,这方面的管理要求可以在《第三方数据安全能力评估管理规范》中明确和约束。

在账号及权限管理方面,第一阶段需要对各职能部门的相关人员进行访谈,并结合实际情况制定《账号及权限管理办法》。《账号及权限管理办法》覆盖的内容包括但不限于对系统权限进行分级分类,明确从入职、任职、调岗到离职等每一个环节的账号及权限的申请、变更和删除流程,针对非正式员工(如派遣、第三方入驻等)的敏感权限分配与约束,SOX404等外部监管要求相关条款。另外,为了降低弱口令、默认口令等风险,在第一阶段还需要制定《密码管理规范》,明确口令复杂度、有效期和失败锁定等安全要求。在第二阶段,针对企业高层管理者获取高等级权限等情况,可以制定《特权账号管理规范》进行定义和约束。在部分大中型企业,高层管理者的高等级权限申请流程不同于普通权限,需要额外增加审计部门负责人作为审批环节,以实现高层管理者及其权限的风险监督和防控。

在合规性管理方面,随着信息安全方面监管要求的逐步趋严,相关企业必须在第一阶段制定《信息安全法律符合性管理制度》,明确需要满足的国家法律法规,以及相应的合规方法和措施。比如中国地区的《网络安全法》、欧盟地区的GDPR和美国加州地区的CCPA等,都应该根据企业运营地区和性质在《信息安全法律符合性管理制度》中有所覆盖。另外,对于一些法律之外但是当前企业必须遵循的行业监管要求和标准也可以纳入该制度。与此同时，为了确保整个信息安全制度体系的符合性和有效性，在第一阶段还需要制定《信息安全制度管理办法》对制度的评审、发布流程进行规范。在完成第一阶段信息安全制度体系初步框架的建设之后，第二阶段应该通过审计监督来保证制度的实际落地和执行，主要方法是制定《安全审计管理办法》明确具体的审计方法、审计流程、审计周期，并对审计结果的上报流程和发现问题的整改要求作出明确定义。

在基础设施管理方面，考虑到日志是故障排查、事件分析以及溯源取证等一系列工作的基本前提，所以必须在第一阶段制定《日志管理规范》，对日志的记录内容、保存周期和存储形式等进行具体规范。在第二阶段，可以结合当前企业的基础设施资产类别和风险评估工作提供的风险分布情况，制定《设备及系统安全基线规范》《机房安全管理规范》和《网络安全管理规范》等制度。第三阶段制定的《设备维护及处置安全管理规范》则是对基础设施安全的再次补充，主要明确设备的维护及处置流程，其中必须特别关注对用于存储敏感数据的设备的维护和处置。

在应用系统安全管理方面，通过"救火"阶段的《安全评估管理规范》及其扩充完善而来的《信息安全评估制度》，可以针对软件开发生命周期中的各个安全环节实现一定程度的基本控制，但是更有效的应用系统安全管理是从需求和开发的源头减少安全脆弱点的产生。因此可以在第一阶段制定相关开发语言的安全编码规范，比如《JAVA 编码安全规范》《PHP 编码安全规范》等，对一些常见安全漏洞和规避方法作出示范和约束，同时结合安全培训强化效果。在第二阶段，可以正式制定《应用系统研发安全管理规范》，从需求设计、方案设计、开发编码、测试集成、上线运维和下线回收等环节全流程把控安全风险。另外，如果企业内部或外部监管（如 SOX404 适用范围）对应用系统的发布及变更存在管理要求，还需要制定《应用系统变更及发布安全管理规范》，针对相关流程实施管控。

在人员安全管理方面，主要涉及内部员工和第三方人员的信息安全管理。人是信息安全的最薄弱环节，因此第一阶段必须针对员工制定《员工信息安全管理办法》，从入职、任职、转岗到离职对员工在企业内的完整周期进行规范和管控。比如入职时对其进行背景调查，要求其签署《员工入职安全保密协议》，明确任职期间甚至终生的安全责任；明确其在岗期间的行为约束并实施监控和惩罚；离职时的保密承诺和竞业约束，等等。《第三方人员安全管理办法》和《第三方人员安全保密协议》在哪个阶段制定，取决于企业实际的第三方人员情况，如果企业第三方人员较多或其工作内容敏感度较高，则应该在第一阶段制定；如果不涉及第三方人员，则可以放在第三阶段甚至不制定；在涉及适量第三方人员的大部分情况下，可以放在第二阶段制定。

在数据安全管理方面，第一阶段必须优先制定《数据安全管理办法》，定义各个职能部门在数据安全防控工作中的职责和义务，对企业数据进行分类分级，并明确不同类别、不同级别数据的审批授权、操作流程、防控措施和审计要求。《数据安全管理办法》必须覆盖到整个企业的所有部门和所有人员，并且关注到数据产生、存储、使用、传输、外发、披露和销毁等数据生命周期中的每一个环节。由于不同的部门可能存在不同的管理要求，以及考虑到数据安全管理流程可能导致部分例行性日常工作变得极其烦琐，所以该阶段还需要制定《部门数据安全管理细则》来满足个性化管理要求和例外条款。细则的制定可以由各个职能部门自行编制，但是必须总体遵循《数据安全管理办法》，并且在正式发布前获得安全合规团队签批。第二阶段可以考虑对敏感数据加密和脱敏的具体执行细节进行规范，制定《数据加密脱敏规范》明确不同类别、不同级别的敏感数据的加密、脱敏要求和算法，等等。在《数据安全管理办法》及其相应规范和细则已经基本完善并试运行成功之后，还需要制定《数据安全管理罚则》对违规行为进行威慑和惩戒，对于数据安全紧迫度适中或偏低的企业，这部分工作可以落在第三阶段执行。

在信息安全事件管理方面，在"救火"阶段已经制定了《安全事件应急响应流程》和《安全事件定级标准》，第一阶段可以继续沿用这两个制度，因为安全合规团队人力资源有限，很难启动系统化的事件管理工作，不如把时间和精力留给第一阶段的其他制度。进入第二阶段后，可以对《安全事件应急响应流程》进行补充优化，比如添加针对安全事件处理的整体原则和要求，针对安全事件分类分级，根据不同类别、不同级别的安全事件设定不同的响应和处置流程，建立维护人员清单和更新机制等，最终扩充为《信息安全事件管理办法》。与此同时，建议制定《信息安全事件奖惩规范》，通过相应的激励和惩戒来维持安全事件管理的有效性和及时性。

在业务连续性安全管理方面，首要目标是保证业务能够安全、稳定、可靠和连续地运行。在通常情况下，安全团队在第一阶段很难有精力兼顾业务连续性管理，甚至在大部分企业业务连续性管理的职责会定义给运维团队。因此，业务连续性管理的工作建议在第二阶段进行启动，首先制定《业务连续性管理办法》《应急演练制度》和各系统的《系统应急预案》，在进入第三阶段后开始编制《应急演练总结报告》《应急演练培训记录》和《应急演练培训记录》等报告和记录类文档。如果当前企业业务连续性管理由运维团队负责，那么安全团队可以推动、检查和审计相关工作。

不同阶段需要编制的制度如表 6.6 所示。

表 6.6 信息安全制度建设规划表

	目 标	第一阶段	第二阶段	第三阶段	备 注
信息安全策略管理	依据业务要求和相关法律法规提供管理指导	《信息安全管理策略》			
信息安全组织	建立组织保证组织内信息安全工作的实现和运行	《信息安全组织》《信息安全监管组织及要求》	《外部组织联络表》	《第三方安全管理规范》《第三方联络表》《第三方合同安全责任条款》	

（续）

目标		第一阶段	第二阶段	第三阶段	备注
信息安全风险管理	规范化风险管理流程，确保风险处置原则一致	《信息安全评估制度》《漏洞管理规范》	《信息安全风险管理办法》	《第三方数据安全能力评估管理规范》	
账号、权限管理	基于业务和信息安全要求，确保授权用户对系统和服务的访问，并防止未授权的访问	《账号、权限管理规范》《密码管理规范》	《特权账号管理规范》		
合规性管理	避免违反与信息安全有关的法律、法规等安全要求	《信息安全法律符合性管理制度》《信息安全制度管理规范》	《审计安全管理办法》		
基础设施安全	确保机房、网络、服务器、中间件、操作系统数据库等满足信息安全要求	《日志管理规范》	《设备及系统安全基线规范》《机房安全管理规范》《网络安全管理规范》	《设备维护及处置安全管理规范》	
应用系统安全	确保信息系统从建设到运行都满足信息安全要求	《PHP编码安全规范》《JAVA编码安全规范》	《应用系统研发安全管理规范》《应用系统变更及发布安全管理规范》		
人员安全	确保公司员工及第三方人员履行应有的安全职责	《员工信息安全管理规范》《员工入职安全保密协议》	《第三方人员安全管理规范》《第三方人员安全保密协议》		
数据安全	确保数据全生命周期的安全性，防止公司数据泄露	《数据安全管理办法》《部门数据安全管理细则》	《数据加密脱敏规范》	《数据安全管理罚则》	
信息安全事件管理	确保采用一致和有效的方法对信息安全事件进行管理，保证信息安全事件能够得到快速应对和处置	《安全应急响应流程》《信息安全事件定级标准》	《信息安全事件管理规范》《信息安全事件奖惩规范》		
业务连续性安全	防止业务活动中断，保护关键业务过程免受信息系统重大失误或灾难的影响，并确保它们的及时恢复		《业务连续性计划》《应急演练制度》《系统应急预案》	《应急演练总结报告》《应急演练培训记录》《应急演练记录》	

根据不同企业的实际运营情况，安全合规团队可以对安全制度的名称、内容和制定阶段进行灵活调整，不必拘泥于上述示例。

安全制度体系的建设涉及大量的文档编撰工作，但是安全合规团队必须明白，真正好的制度，并不一定长篇大论、辞藻华丽，而是能够简明清晰地把要求说明白，让员工以最小的代价理解最多的内容。因此，文档的编撰可以去除空话套话，只保留关键内容和主干部分，降低员工筛选信息的成本。同时通过安全培训和意识宣贯反复普及和强调关键管理要求，尽最大努力确保制度能够真实落地执行。

安全管理体系同样应该坚持"以支撑和促进业务发展为核心"，避免脱离业务发展提要求，为了所谓的"安全"盲目设卡设限，应尽量只制定那些必须遵从或者对企业运营实际有利的管理要求和流程。与此同时，安全制度体系的发布应该尽可能争取到更高管理层的签批，这样才能"自上而下"地贯彻和执行，减少推进阻力并获取到更多的支持和配合。

与安全管理体系相关的文件正式发布实施之前，还应该通过一定时间的试运行来检验其有效性和适用性。安全合规团队可以在试运行期间观测执行效果并收集相关意见和建议，对于决定采纳的部分，统一进行修订和优化；对于决定不采纳的部分，需要提前考虑沟通和解释口径，以便在制度发布和宣贯过程中获取主动权。

第 7 章

安全培训与意识宣贯

半年过去了，随着安全管理体系的稳步推进和安全技术体系的逐步完善，M 公司进入了安全发展的稳健阶段。这个阶段的特点是安全事故已经很少发生或者长期不发生，安全管控流程和技术防护措施已经可以满足企业主体业务发展的基本需要，但是各项安全工作依然存在较大的提升空间并且彼此之间缺少有机结合。此时，如果安全团队稍有松懈，企业的整体安全水准就可能快速回退到之前的状态。

为了确定下一步的工作方向，我组织了一个团队会议，让大家总结一下过去半年的工作，同时反馈一下工作推进中遇到的问题。攻防同学自豪地拉出了一个清单，满满列着他们每个月发掘和消除的风险；研发同学骄傲地展示着功能强大的安全服务和 SDK；合规则拿出了近乎完善的制度和审计发现的种种问题。这确实是一个优秀的团队！

但是，我很快发现，漂亮的汇报数据背后隐藏着很大的问题。

首先，虽然我们在过去半年中发掘和消除的风险越来越多，但是风险的数量和产生频率并没有随着我们工作的加强呈现下降趋势，这意味着一旦我们的攻防工作放松警惕或者出现疏忽，就可能引发新的安全事故。

其次，虽然我们开发了简单易用的安全服务和 SDK，但是真正接入使用的业务方少之又少，这导致我们的研发工作变成了自娱自乐、孤芳自赏，根本无法实现安全研发团队的预期价值，长此以往，安全研发人员很可能丧失工作成就感。

再者，虽然我们发布了看起来似乎覆盖全面的策略、制度、规范、标准和流程，但是在审计出的大量违规问题中，有很高的比例是因为不了解甚至不知晓相关的要求，而且责任人对因此被惩罚表达了十足的委屈和不满。

商议之后，我们决定通过安全培训和宣贯来解决以上问题，并且把培训宣贯的职能分配给了安全运营经理。

很快，小祁就制定好了培训宣贯的框架，如表 7.1 所示。

表 7.1 培训宣贯框架图

方 向	受 众	目 标
安全意识培训与宣贯	全体员工	宣贯安全管理要求，强化安全意识
安全技术基础性培训	技术体系员工	建立对安全的基础理解，减少低级错误
安全开发与编码培训	开发员工	提升安全编码能力，减少安全风险产生

> **小贴士**
>
> 除了加强对安全风险的防护能力，安全培训和宣贯工作在提升安全团队信誉方面也能发挥重大作用。通过安全培训和宣贯，不仅可以把安全团队在流程中的关键节点和工作中的突出能力强调给相关员工，而且可以加强企业全体员工对安全工作及安全团队的了解，这对提升团队影响力有着直接的帮助。
>
> 有一点很重要：培训之前，在团队里挑一个好讲师。

7.1 安全意识培训与宣贯

为了提高全体员工的安全意识，小祁决定分别建立安全意识培训和安全意识宣贯两种机制，其中安全意识培训又包括新员工入职培训和特定部门的专项培训两个环节。

在新员工入职培训中增加安全意识普及内容可以取得非常不错的成效，一是因为通过企业已有的入职培训机制可以确保新增员工范围的全面覆盖，二是员工在新入职阶段更愿意也更容易接受各类信息和要求。

在编制新员工入职培训课件的时候，需要考虑到以下几个方面的问题。

- ❑ 大部分新员工对安全毫无了解，而且不感兴趣。
- ❑ 新员工可能来自任何部门，工作内容和知识结构可能完全不同。
- ❑ 培训时间应该控制在 30~40 分钟，超过这个时间很难持续集中注意力。

因此，必须把培训课件做得精炼、普适和有趣，尽可能避免对于听众专业知识的需求，在极短的培训时间里把最需要全体员工注意的安全事项讲出来，而且能够全程吸引他们的注意力。

小祁决定把新员工入职安全意识培训课件划分成信息安全意识启蒙、常见风险识别防范、重点安全制度宣讲和安全联系方式说明 4 个模块，并且通过尽可能多地引用案例减少培训的说教感。

在信息安全意识启蒙模块，小祁并没有按照常规形式对信息安全的概念和常见危害进行介绍，而是先向听众播放了一段小视频：节目中有个神棍模样的主持人宣称自己通天晓地，台下观众们自然不信，然后主持人开始演示他的超能力，他几乎能准确说出台下每个观众的爱好、住址、家庭成员、健康状况甚至过去一段时间的行踪和购物，台下的观众逐渐显露出难以置信的表情；最后谜底揭晓，主持人的耳机后面连通着一个强大的安全专家团队，他们根据现场观众入场时提交的手机号码，快速在社工库中查询到了观众已经泄露的各种社交、医疗、旅行和购物平台的账户信息，然后把这些信息传递给主持人读了出来。视频结束后，小祁又列出了一些身边的大规模信息泄露事件，以及他们给企业、员工和用户带来的伤害。在这个过程中，不仅视频里的观众十分震惊，现场接受培训的新员工们也第一次强烈地感知到原来信息安全风险离他们近在咫尺，而且可以实实在在地影响到企业的运营和每个人的生活。

在常见风险识别防范模块，小祁对 4 个方向的安全风险和防范进行了详细说明，并列举了一些因为相关问题导致安全事故的行业案例。

- 账号安全
  - 讲述弱口令（包括 1qaz@WSX3edc 这种看似复杂的弱口令）风险并指导如何设置容易记忆的高强度口令；
  - 讲述在多个平台使用相同账号和口令的风险，并告知社工库的存在和利用场景，以及撞库事件给某些企业带来的巨大影响；
  - 讲述使用不安全方式（如便笺、记事本）记录口令的风险，并推荐简单易用的口令管理工具。

- 钓鱼风险
  - 讲述常见钓鱼邮件和消息的风险，并指导基础的识别方法，在察觉可疑或对方索取信息过于敏感时换一种通信方式与对方确认身份；
  - 讲述存储介质钓鱼的风险，要求对意外出现的存储介质保持警惕，在查杀病毒或交安全检测后才可接入存有敏感信息或执行重要功能的设备使用；
  - 讲述伪造无线 AP 钓鱼的风险，指导关于 HTTPS 等加密信道和非法证书提示的识别方法，要求在办公区发现与企业办公同名 Wi-Fi 立刻通报安全团队。

- 数据安全
  - 讲述明文存储敏感数据的风险，并推荐常见办公软件自带的加密功能和简单易用的加密工具；
  - 讲述使用公用网盘、在线文档等外部存储服务保管企业内部信息的风险，并推荐内部在线协同和存储工具；

- 讲述随意放置、丢弃包含明文敏感数据载体（如打印件、U 盘、返厂维修设备等）的风险，要求使用加密、安全擦除和碎纸机等方法。

□ 办公环境安全

- 讲述计算机、手机等存在办公用途的设备不锁屏或不妥善保管，被非授权人员无意或恶意读取的风险，并要求办公设备接受统一安全策略的管理；
- 讲述包含敏感信息的会议室画板和打印材料不及时清除，被非授权人员无意或恶意获取的风险，并强调相关惩罚条款；
- 讲述随意将外部设备接入办公网存在病毒传播甚至物理破坏的风险，并要求按规范执行接入申报流程。

在重点安全制度宣讲模块，小祁并不想在有限的时间里拉着这么多人说教条条框框，她只希望实现两个目标。一个是在新员工脑海中初步建立安全制度以及关于安全团队审批角色的基础印象，另一个就是告知新员工从哪可以读到安全制度的完整内容，以及如果没有遵循可能引发的后果。于是，小祁挑选了几条极其重要但又全员易触犯，安全团队承担重要审批节点的制度条款和相应罚则作为示例进行宣讲，比如必须经过安全审批的敏感数据提取和转移流程、特权账号建立和变更流程、涉及敏感信息的立项评审流程等，并且告知了新员工如何查阅整个安全管理体系里的策略、制度、规范、标准和流程。

最后的安全联系方式说明模块，小祁列出一些具体事情，其中有的应该及时通报安全团队，有的可以请求安全团队的帮助，也有的应该提前征求安全团队的意见，还有的执行前必须经过安全团队的审批，这些示例再一次把安全团队的职能和重要性普及给了新员工。为了避免新员工记不住安全团队接口人的名字和冗长邮箱地址，小祁特意申请了一个简单的专用接口邮箱：sec@公司域名，并且告知大家在协同工具上搜索"安全"就可以联系到安全团队的同事。

> **小贴士**
>
> 安全意识培训很容易犯两种错误：一种是希望把尽可能多的内容塞进培训课件，导致培训极其臃肿，每一项内容也只能走马观花，最终听众耗费了大量的时间却什么也没有记住；另一种是不能站在听众的角度思考，过度地炫耀专业技能和术语，导致听众不知所云，更别提理解了。
>
> 一次好的安全意识培训并不需要把听众训练成安全专家，只需要把当前最重要的内容传授给听众，并且尽可能让听众理解和认同，在下一次面对相关问题时知道应该如何处理，这才是成功的安全培训。如果重要的内容很多怎么办？放在下一次培训！

新员工安全意识培训取得了非常不错的反馈，小祁备受鼓舞，很快又启动了部门专项安全意识培训计划。专项培训主要是为了解决 3 个问题。

- 覆盖在新员工入职培训启动之前入职的老员工。
- 克服员工培训后长期不再接触安全导致的遗忘。
- 补充扩展受到单次培训时间限制的方向和内容。

部门专项安全意识培训的频率应该控制在每年一到两次，培训的形式和主体内容与新员工入职培训相似，但是可以根据培训对象部门的工作性质和工作内容适当地调整和扩充培训内容。比如针对产品、开发部门的专项培训可以重点强调《安全评估管理流程》，针对采购、法务部门的专项培训可以详细讲解《第三方安全管理流程》，针对财务、人力部门的专项培训可以着重说明《数据安全管理流程及罚则》，等等。

由于安全意识培训受到场地、时间和人员等多种因素的约束，所以始终在覆盖范围、培训内容和时效性等方面存在局限性。为了克服这个问题，小祁决定在安全意识培训的基础上再开展不定期的安全意识宣贯。

安全意识宣贯的形式可以是消息、标语、文章、图片甚至漫画，载体可以是邮件、协同工具、张贴海报、现场活动甚至定制礼品，可以说安全意识宣贯能够用任何想得到并且做得到的方法来执行。

安全意识宣贯的内容应该尽可能简短、清晰和有趣，每期尽可能只说一件具体的事情，内容的素材应该取自企业当前面临最大的风险、频繁发生的事故或者紧迫需要解决的问题。比如，如果发现企业邮箱收到的钓鱼邮件数量有了明显的上升趋势，那么就应该做针对钓鱼风险的宣贯；如果察觉到邮箱、VPN 等企业服务面临越来越多暴力破解和撞库攻击，那么就应该做针对账号安全的宣贯。另外，安全宣贯最好能够紧跟行业热点安全事件，比如某国国务卿被曝"邮件门"事件，可以借此宣贯邮件安全；某企业发生大规模数据泄露事件，可以宣贯数据安全等，这样的宣贯素材员工更有兴趣浏览，宣贯的效果也会更好。但是必须注意，基于行业热点安全事件的安全宣贯可以使重心应该落在企业和员工应该如何避免和减少相似风险上，绝不能对受害者或受害企业进行嘲讽和挖苦。

虽然安全意识宣贯没有时间、空间和形式的约束，但是还是有必要控制内容和频率。虽然安全意识宣贯的内容可以和安全培训重合，但是必须尽可能适当补充细节和调整案例，避免过于相似甚至重复导致员工丧失浏览热情。至于宣贯频率，应该求精而不求多，尽量整体控制在每年 12 次左右，过少的宣贯难以有效弥补安全意识培训内容有限的问题，而过多的宣贯可能导致员工审美疲劳，同样实现不了普及安全意识的预期。

7.2 安全技术基础性培训

虽然理论上企业的任何部门任何环节都可能产生安全风险,但是现实中大部分的安全事故都产生在技术部门。因此,小祁计划针对技术体系的全体员工进行更加深入的安全技术基础培训,并且设立了 3 个目标。

- 建立技术员工对安全风险的正确认知,使他们相信安全风险可能造成不可挽回的真实影响,而不是安全团队在危言耸听。
- 减少安全团队在推进技术风险整改过程中可能遇到的阻力,同时降低部分常见安全技术风险的沟通成本。
- 强调技术体系内的安全管理要求和罚则,对技术员工形成一定威慑,从流程上抑制安全风险的产生和暴露。

因为安全技术基础性培训是建立在全员安全意识培训和宣贯上的技术体系定向培训,所以培训的内容可以更加深入和具体。小祁把安全技术基础性培训划分成了常见安全漏洞演示、SDL 流程介绍和安全制度宣讲 3 个部分。

常见安全漏洞演示部分对一些常见安全漏洞的形成原理进行讲解,然后列举因为此类漏洞造成的安全事故及相关影响。在条件允许的情况下再演示一遍相关漏洞的利用过程和效果,最后讲述相关漏洞的防范方法。经验证明,适当地添加事故案例和演示比单纯地说教原理和防范更容易取得好的培训效果,听众不仅在培训过程中注意力明显提升,而且对培训内容的理解和记忆也会更加深刻。为了让技术体系更全面地了解安全漏洞,小祁又根据产生原因把常见安全漏洞划分成4 种类型,并且每种类型都演示了几个示例。

- 需求逻辑漏洞(因需求设计缺陷产生)
  - 用户注册信息可探测
    - 产生原理:以手机号举例,当手机号已注册时,在注册接口提示"已注册",或在登录接口提示"密码错误";当手机号未注册时,在注册接口正常进入下一步注册流程,在登录接口提示"不存在此用户"。
    - 利用场景:在线教育类平台已注册手机号可被用于不正当竞争和定向销售,电商旅行类平台已注册手机号可被用于诈骗犯罪,私密社交类平台已注册手机号可被用于窥探隐私。
  - 身份认证机制易猜解
    - 产生原理:在找回密码等补充身份认证环节中采用了极易猜测甚至公开的信息问答,比如选择好友头像、常驻地区,等等。

- 利用场景：利用社交平台的历史信息推测用户答案，甚至可以直接采用枚举方式暴力破解，轻松通过身份认证登录受害人私人账户。

- 用户隐私信息被直接暴露或可推算
  - 产生原理：个别平台或应用缺少用户隐私保护意识，在产品功能中直接暴露精确的用户住址、联系方式和 GPS 等信息，或者提供了可用于进一步推算出精确信息的素材信息。
  - 利用场景：列举个别移动应用中可能显示两个用户之间的精确距离，基于精确的距离信息可以利用三点定位原理推算出精确的位置信息。

□ 代码逻辑漏洞（因开发编码问题产生）

- 注入漏洞
  - 产生原理：编码过程中直接拼接如 SQL 等语句，并且未对输入字符进行合理过滤或转义。注入漏洞不局限于 SQL 注入，LDAP、XML 等其他形式也可以进行注入攻击。
  - 利用场景：利用 SQL 注入漏洞批量拖取用户敏感信息、绕过认证获取管理员权限以及直接获取业务服务器操作权限，等等。

- 越权漏洞
  - 产生原理：编码过程中未对不同角色、不同用户的权限进行有效控制，导致攻击者可以执行未经授权的操作。
  - 利用场景：使用普通用户账户利用垂直越权漏洞执行未经授权的增、删、改、查等管理员特权操作；或利用水平越权漏洞遍历用户敏感信息。

- 并发漏洞
  - 产生原理：编码过程中未对数据操作采取加锁等有效控制措施，导致高并发请求下数据更新不及时或不准确。
  - 利用场景：提现或优惠券领取接口上如果存在并发漏洞，可通过高并发请求重复领取超额现金或优惠。如账户中仅有 10 元余额，在极短时间内并发 100 个 9 元提现需求，可成功提现 900 元。

□ 低版本及补丁不及时（因未及时升级版本或安装安全补丁产生）

- 低版本 fastjson
  - 产生原理：fastjson 多个版本存在反序列化漏洞可被用于远程命令执行，运维人员未及时将其升级到安全版本。

- 利用场景：探测到存在漏洞的 fastjson 后，远程利用漏洞在业务服务器执行恶意指令，包括但不限于获取权限、窃取数据。

- 永恒之蓝
  - 产生原理：运维人员未及时为 Windows 服务器或办公终端安装 MS17-010 等安全补丁，且未有效实施网络隔离和访问控制。
  - 利用场景：病毒利用永恒之蓝漏洞快速传播，导致大量 Windows 服务器或办公终端文件被加密、破坏，企业被勒索缴纳巨额赎金；或计算资源被虚拟货币（如比特币）挖矿脚本恶意占用和消耗。

- Exchange 漏洞
  - 产生原理：运维人员未及时为 Exchange 邮件服务器安装安全补丁，导致邮件服务器存在远程命令执行等安全漏洞。
  - 利用场景：利用 Exchange 安全漏洞窃取企业机密邮件，并且引发进一步披露，给企业带来的巨大负面影响。

❑ 配置不当问题（因配置过程未充分考虑安全因素产生）

- 访问控制缺陷
  - 产生原理：在网络、系统和应用等各个层面未配置合理的访问控制策略，如不正确的 ACL、不合理的权限分配以及弱口令甚至空口令等，导致敏感接口或功能被未经授权的攻击者利用。
  - 利用场景：探测到暴露在互联网的内网管理后台，通过猜解弱口令（如 admin、123456 等）登录并执行恶意操作；或者探测到空口令的数据库（此情况在 Redis、Elasticsearch 中常见）后，直接连接窃取敏感数据。

- 不安全协议和算法
  - 产生原理：使用 Telnet、HTTP、FTP 等明文协议执行敏感操作或传输敏感信息；或启用 RIPv1 等天生存在安全缺陷的协议；或采用 RC4、MD5、DES（不包含 3DES）、RSA1024 等安全强度不足的加密算法。
  - 利用场景：针对明文协议，利用网络嗅探窃取敏感信息或者直接发起中间人攻击；针对不安全的协议和算法，利用安全缺陷直接发起攻击或破解（不安全算法可以用基于 RC4 的 WEP 破解作为演示）。

- 重要安全参数未合理设置

    - 产生原理：因不了解或工作疏忽未对部分重要安全参数进行合理设置，导致产生安全缺陷或信息泄露。
    - 利用场景：列举思科交换机为采用 password 7 存储本地用户认证信息，导致任意接触到该交换机配置文件的攻击者可以快速破译所有本地用户口令；或存有敏感数据的 Linux 服务器为设置 grub 密码，导致任意接触服务器的攻击者可以通过单用户模式绕过登录认证等。

> **小贴士**
>
> 在安全技术基础性培训中，需要讲解相应安全风险的防护方式吗？
>
> 可以讲，但意义不大。安全技术基础性培训最根本的目的在于让技术人员更深入地了解安全风险可能带来的危害，提高他们后续工作中对安全整改的支持力度，因此通过讲述更多的风险类型和示例来建立安全理念的收益比直接教导有限的防范方法效果好得多。至于具体的防范方法，可以更多地依赖安全配置基线、安全编码规范和安全开发 SDK 等方式来实现。

介绍完常见的安全漏洞后，技术人员已经对安全漏洞的基本原理和实际危害有了一定的了解，同时也对安全团队的工作增加了更多的理解和共鸣，所以这时候应该趁热打铁，强调安全在整个业务生命周期的各个环节中提供的能力和相关要求，包括需求的安全评审、采购的安全协议（采购适用）、编码的安全 SDK（自研适用）、代码的安全审计（自研适用）、上线前的安全评估和测试、上线后的持续安全监测和应急响应、下线后的权限回收和数据销毁等——这就是 SDL 流程。如果安全团队具有项目知情、一票否决和临场决策等重大授权，应该在这个培训环节强调给相关员工。

最后，必须重点宣贯与技术体系相关的安全制度、规范、标准和流程，包括但不限于《数据安全管理办法》《系统账号权限管理制度》《安全评估管理规范》《安全编码规范》《安全参数配置标准》《安全事件定级标准》和《安全应急响应流程》。但是必须注意，大部分技术工程师对管理规则存在天然的抵触和不屑，所以在培训中一定要不能照读条款，而是提炼出最重要的部分进行宣讲，并告知听众文档的查阅方法，然后通过电子流程和工作单的形式固化制度要求，尽可能减少技术工程师的学习和记忆成本。

7.3 安全开发与编码培训

大部分的技术漏洞的成因来自两个方面：一个是运维人员的配置或版本管理的问题，这方面可以通过自动监控措施、配置基线标准和版本控制流程取得不错的管控效果；另一个则是开发的设计和编码问题，尽管相关风险可以依靠安全评估机制发现和消除，但是不可避免地增加了开发人员的重复工作量，从而降低了整体运营效率。因此，减少自研系统安全风险更合理的方式是在编码阶段抑制漏洞的产生，要实现这点，就必须推行安全开发与编码培训。

在制定培训计划的时候，小祁遇到了疑问：安全开发与编码培训必须深入讲解细节，但是培训时间有限，根本不可能全面覆盖知识点，怎样才能收获最好的培训效果呢？

她考虑了两种培训机制。一种是执行分期培训，把安全编码知识和技巧分割到几轮培训中，每次只培训其中的部分内容。这种方式很快被开发负责人否决了，他们认为开发资源本来就很紧张，这么反复集中占用开发时间很可能导致业务延期。另一种是全体普及最常见安全漏洞的安全编码培训，然后根据安全测试工作的执行结果，筛选出已触发特定漏洞的特定人群，针对性编制培训课件对他们进行定向培训。这种方式受到了开发负责人的普遍认可。

很快，小祁针对 Java 和 PHP，分别开发出了常见安全漏洞的安全编码培训，并且详细讲述了每种漏洞的形成原理、问题代码示例和安全编码方法。常见安全漏洞的来源主要来自对安全测试工作历史结果的分析和归纳，如果新建安全团队缺少历史数据，前期可以选择 OWASP Top 10 的漏洞清单作为培训列表。小祁最后选择的安全漏洞包括：

- 注入
- XSS
- CSRF
- SSRF
- URL 重定向
- XXE
- 文件上传
- 越权问题
- 并发问题
- websocket 劫持
- 请求重放问题
- 非预期输入（如负数、溢出等）

这已经是最优的安全开发与编码培训方案了吗？当然不是！为了降低开发人员的学习门槛和编码成本，安全团队在一段时间后推出了安全开发 SDK，其中封装了一些常见的安全编码方法。使用安全开发 SDK 后，开发人员不再需要根据自己对安全的理解编写安全处理过程，只需要在适配场景中直接调用现成的安全方法就可以大幅减少相关漏洞的产生，真正实现了开发效率和安全性的双赢。与此同时，安全开发与编码培训也可以转向培训安全开发 SDK 的使用方法，实现在更短的培训时间内完成更多风险防范方法的培训和宣贯。

> **小贴士**
>
> 在安全团队成立初期，一般很难足够的能力或精力来制定安全编码规范，更别提自己开发安全 SDK。幸运的是，陌陌安全与风控团队开源了他们的安全编码规范和开发 SDK——rhizobia，并且同时发布了 Java 语言版本（rhizobia_J）和 PHP 语言版本（rhizobia_P），包含内容已非常详尽，因此本节不再详细叙述具体的安全编码方法和示例。读者可以访问 https://exl.ptpress.cn:8442/ex/l/20a79066 下载、修改和应用 rhizobia。

7.4　安全培训有效性评估

尽管现在的安全培训与意识宣贯体系看起来已经非常完善，但是小祁自己并不满意。她做过一个简单地推算，培训课件的开发、宣贯材料的编制、现场培训的组织、线上培训的录制以及培训讲师的授课这些培训工作累加起来需要占用安全团队数十人/天的资源，如果计算全公司员工参与安全培训时间的总和，那么这是一笔数字极其巨大的人力资源成本。以一个 2000 人左右规模的中型企业为例，仅完成一轮时长 30 分钟的安全意识培训全面覆盖，就需要消耗 125 人/天、约 5.5 人/月的人力资源成本，而当前的安全培训计划需要部分员工每年参加多轮不同的普及培训和定向培训。但是与易于精确计算的高额成本形成鲜明对比的是，安全培训和意识宣贯的实际收益很难量化评估，甚至连主观判断的依据都很难找到。

为了解决难以衡量 ROI 的问题，小祁设计了一套由 3 个评估维度组成的安全培训有效性评估指标。3 个评估维度分别是覆盖情况指标、测量反馈指标和实际效果指标，具体如表 7.2 所示。

表 7.2　安全培训有效性评估指标

评估维度	评　估　点
覆盖情况指标	每项安全培训覆盖的部门数（或比例）
	每项安全培训覆盖的员工数（或比例）
	每个部门参与培训的员工数（或比例）

（续）

评估维度	评估点
测量反馈指标	每项安全培训的匿名调查满意度
	每项安全培训的课后测试达标率
	每个部门的匿名调查满意度
	每个部门的课后测试达标率
实际效果指标	参与培训前后钓鱼测试邮件的识别量对比
	参与培训前后安全咨询或异常反馈量对比
	参与培训前后审计发现的违规操作量对比
	参与培训前后安全开发 SDK 的调用量对比
	参与培训前后开发每百接口漏洞数量对比

覆盖情况指标主要用于评估安全培训和意识宣贯体系的落地执行情况，参与培训的部门和员工数量（或比例）越大，培训的全局收益就可能越大，但这种对应关系仅仅是可能存在，因为最终收益还取决于他们所属岗位的分布、对培训内容的掌握以及面对实际风险时的反应等多种因素。因此，在覆盖情况指标中，还必须考虑参与培训员工所属岗位的分布情况，也就是每个部门参与培训的员工数（或比例）。在这项指标中，应该重点关注易触发安全事故的敏感部门的培训覆盖情况，如果这些部门的覆盖率极低甚至未覆盖，那么即使培训覆盖的部门和员工总数再高，培训的实际收益也会大打折扣。

同时，覆盖情况指标还可以帮助安全运营人员进行培训成本统计，参与培训的员工总人次越多，安全团队在培训宣贯方面的边际成本越低，但是企业付出的整体成本呈线性上涨趋势。安全运营人员必须充分考虑企业整体成本，适当放弃一些非必要的集中培训形式和培训内容。

测量反馈指标主要用于评估参与培训员工对培训内容的主观感受和客观掌握情况。对于主观感受可以通过满意度调查问卷来收集，为了尽可能提高结果的真实性，问卷应该采用匿名的方式来收集反馈。主观感受的收集结果不仅可以用于评估培训内容的设定和编排是否合理，更重要的是它可以为后续培训宣贯工作的优化提供指导和参考。客观掌握情况可以通过课后测试来衡量，测试问题应该选择最重要的培训内容，而不是刻意刁难参与培训的员工。另外，测试结果和正确答案应该告知答题者，这样即使他在测试时回答错误，也可以在知晓结果后再次学习正确的方法和流程。

同样，满意度和测试结果也应该区分不同的部门进行统计，统计结果不仅可以反映出当前存在的缺陷和不足，而且可以深度挖掘出那些安全意识、技能或态度存在明显问题的部门和个人，从而进一步推动安全宣贯工作的不断优化甚至安全管控制度的持续完善。

> **小贴士**
>
> 为了有更好的培训效果,是否可以将安全培训的参与情况和测试结果纳入企业员工的转正或晋升体系中呢?
>
> 这需要综合考虑当前企业安全的实际情况、各级管理层对安全的支持力度、安全团队在企业运营中的所处角色以及安全培训涉及内容的必要性。尽管加入转正和晋升的约束可以迫使员工加强对于安全培训的重视,但是在条件并不成熟甚至自身能力严重不足的情况下,在一个非决定性的工作环节(安全培训并不直接决定安全防控水平)施加过多的利益威慑,由此产生的推进阻力和抵触情绪可能会给后续安全工作带来更大的困难。
>
> 如果各方面条件都已经成熟呢?那么这是个好主意!

实际效果指标是安全培训宣贯工作相关收益的直接体现,但是受限于实际情况,员工安全技能和意识的上升或下降都无法实现精确量化。一个员工的安全意识在培训或宣贯后到底提升了多少,真正面对风险的时候他是否会按照要求执行理论正确的处理操作,这个恐怕连他肚子里蛔虫都不会知道。幸运的是,我们还是可以通过一些可量化的指标数据基本准确地评估出培训收益。

- 安全团队可以在全体员工范围内随机抽样发送钓鱼测试邮件,然后评估培训后是否有更高比例的员工能够准确识别和及时举报钓鱼邮件。必须注意的是,钓鱼测试邮件不能真的收集和存储受欺骗用户提交的口令等敏感信息。
- 记录和统计其他团队员工咨询安全问题或反馈疑似安全事件等异常情况的数量和频率,相关数据的变化可以在一定程度上反映出员工对安全的认知和重视情况。但是如果重复咨询和无效反馈过多,应该考虑改进培训宣贯的内容。
- 跟踪和分析安全审计结果,观察因为不了解或不知晓制度流程而导致的违规事件数量或比例是否出现下降,对于违规问题较为集中的条款或部门可以推进专项培训。
- 如果已经发布并且在安全培训中推广安全开发 SDK(如 rhizobia),那么可以通过自动化方法统计代码仓库中各个项目对于安全开发 SDK 的集成和调用情况。
- 记录和统计安全测试结果,分别计算同一批员工在培训前后 3~6 个月每百个接口产生的漏洞数量对比,以及已参加培训和未参加培训的两批员工在 3~6 个月内每百个接口产生的漏洞数量对比。尽管这两组对照数据存在很大的偶然性,但是随着样本总体的增大,这种偶然性也可以在一定程度上相互抵消。

结合安全培训有效性评估指标,大部分企业的相关负责人基本已经可以针对安全培训和意识宣贯工作作出收益是否符合预期的评价。如果收益明显低于预期,必须从培训的内容、形式和匹配度等各个角度分析具体原因,这种现象如果长时间无法改善,就应该考虑通过减少培训时间或者缩小培训范围来降低培训成本,在培训毫无收益的极端情况下甚至可以考虑取消安全培训。

第 8 章

基础安全与权限

随着 M 公司步入安全发展的稳健阶段，我也迎来了安全团队成长的第一个瓶颈期。因为长时间没有发生重大安全事故，所以高级管理层普遍认为目前的安全管控已经可以满足业务发展需求，因此无须在安全方向上继续增加资源投入。但是我自己非常清楚，当前的安全技术防护体系依然存在很多问题和隐患，随时有可能出现安全水平的整体回退甚至爆发新的安全事故。我这样认为有一下 3 点原因。

首先，由于我们在安全发展初期高度追求效率，还没来得及建立经验沉淀和知识分享机制，所以当前的安全技术防控高度依赖团队成员的个人能力和经验，如果关键岗位因离职、疾病等发生人员变动，相关工作可能出现暂停甚至被迫重新开始的窘境。

其次，在安全发展初期，我们为了快速消除大量迫在眉睫的安全风险，大多采用"头痛医头，脚痛医脚"的安全评估和整改策略，对安全威胁的防范总是依赖某个具体环节上的某条具体策略，一旦出现单点上的故障或疏忽，整个安全技术防护机制都可能随之崩溃。

最后，有限的资源在有限的时间内不可能完全消除安全风险，安全发展初期其实是用 20% 的时间解决了 80% 的问题，剩下的那 20% 的问题往往更加隐蔽，需要我们用 80% 的时间来发现和解决它们，长期未发生重大安全事故很可能只是表象。

只有在稳健阶段妥善地解决掉这些问题，企业安全才有可能发展进入成熟阶段。要解决这些问题，就必须把各个方向、各个层面的安全工作有机结合起来，建立标准化、流程化、体系化的安全闭环管控机制，实现安全工作的持续优化和稳定运转。这同时也意味着安全工作必须更加全面、深入和精细，因此也必须投入更多的资源来执行。

考虑到目前高级管理层对 M 公司安全状况的感知，我并不打算立即申请扩充安全团队，而是计划分步完善安全技术防护体系，通过持续产出明确的可见收益逐步改变高级管理层对于安全"已经无事可做"的认知，然后再选择合适的机会申请新增资源。

> **小贴士**
>
> 稳健阶段是决定安全团队是否能够进一步壮大的关键期,也是大部分安全团队的瓶颈期。一方面企业增加安全投入的边际收益明显降低,另一方面很少有安全负责人能够让高级管理层真正理解残余风险——即使是员工恶意删除线上数据这种大家都理解的风险,在真正发生前也只不过是"别的公司"的谈资。在大部分企业,这个阶段安全团队能够成功扩编的概率都很低,反而更容易进入一种"不出事故是应该,出了事故就是失职"的境地。
>
> 这时候安全负责人必须避免陷入自怨自艾的恶性循环,而是应该把注意力集中到体系化建设和深度风险的挖掘这两个方向上,其中前者在提升防控的同时展现出更强的管理能力,后者在消除风险的同时揭露进一步加强安全防控的必要性,两者都可以帮助安全团队提升整体认同感,以及企业增加安全投入的可能性。

结合当前团队成员的知识结构和工作经验,我决定优先在安全攻防工作的基础上,启动基础安全及员工权限的优化和完善工作。

8.1 SDL

SDL 是 security development lifecycle(安全开发生命周期)的缩写,它的核心是把安全融入软件开发的整个生命周期中。SDL 最早由微软提出,并且可以通过微软官方网站(https://exl.ptpress.cn:8442/ex/l/1a6865cd)获取到大量的详细材料和相关资源。正式实施 SDL 的时候,必须充分考虑业务开发的实际流程和安全团队的资源情况,尽可能避免盲目模仿,否则 SDL 可能无法落地和执行。

M 公司是一家中等规模的互联网公司,和大部分企业相似,安全团队可接触的内部开发流程划分为需求设计、技术方案设计、开发编码、功能测试、上线运维和下线回收 6 个环节。因此,安全工作也应该融入这 6 个环节,各环节对应的安全工作如表 8.1 所示。

表 8.1 SDL(自研)工作表

内部开发环节	安全工作
需求设计	• 需求安全评审 • 安全意识培训
技术方案设计	• 技术方案安全评审 • 安全技术基础性培训

（续）

内部开发环节	安全工作
开发编码	- 白盒代码审计 - 安全编码规范 - 安全开发 SDK - 安全编码培训
功能测试	- 上线前渗透测试 - 上线前漏洞扫描 - 差异部分白盒代码审计
上线运维	- 安全应急响应 - 定期渗透测试 - 持续漏洞扫描 - 恶意代码防护 - 新公布风险跟进 - 入侵检测与防护 - SRC 风险与情报收集 - API、域名和开放端口变更监控 - 其他安全监控、防护和审计措施 - 安全意识与技术基础性培训
下线回收	- 数据销毁 - 安全归档 - 安全审计 - 安全意识与技术基础性培训

对大部分安全团队而言，SDL 涉及的大部分具体工作都很容易理解，无须展开详细解释，但是在白盒代码审计方面普遍缺少思路和经验。

因为可以直接检查代码逻辑和编码方式，白盒代码审计可以发掘出很多黑盒安全测试难以检测出的潜在风险。然而尽管目前市面上已经存在很多白盒代码审计工具，比如商业的 checkmarx 和开源的 exakat 等，但是无一例外地需要投入远超黑盒安全测试的人力资源进行分析和确认，所以安全团队几乎不可能针对所有项目开展白盒代码审计工作。

一个可行的办法是进行有差别的白盒代码审计。在实施差别审计前，需要提前准备三方面的工作。

- 联动白盒代码审计工具、代码仓库（如 git、svn 等）和部署系统，确保白盒代码审计工具可以读取全部代码，感知线上变更以及 diff 出变更前后的代码差异，并且可以分别发起针对整个代码仓库所有代码的全盘检测，针对指定项目代码的项目检测和针对变更代码部分的差异检测。
- 制定全面检测和精确检测两种白盒审计规则，其中全面检测规则追求召回率，也就是尽可能多地发现风险，可以接受相对较高的误报；精确检测规则追求准确率，也就是尽可能准确地发现风险，可以接受相对较高的漏报。
- 确定业务风险偏好与优先级，把业务划分为至少 3 个等级。最高等级是安全事故可能导致极其重大影响的重点保护业务，比如支付、提现和用户个人信息等极少数的业务；中间等级是安全事故可能导致相对重大影响的常规保护业务，比如重点保护业务以外的核心业务等不多的业务；最低等级是安全事故不会导致重大影响的一般及边缘业务，比如非核心功能和内部论坛等大量业务。

准备好这些工作之后，就可以开始执行有差别的白盒代码审计了。总体原则是在重点保护业务上投入更多的人力资源以发现更多的风险，在一般及边缘业务上采取尽可能准确的方法来减少人力资源的投入。具体方法可以参考表 8.2 执行。

表 8.2　有差异的白盒代码审计

	人工阅读代码	全面检测规则	精确检测规则
重点保护业务	差异检测	项目检测	全盘检测
常规保护业务	不执行	项目检测	全盘检测
一般及边缘业务	不执行	不执行	全盘检测

白盒代码审计任务可以按需发起，也可以定期执行，还有一种可选的方式是在监测到代码合并或上线变更时被动触发，具体如何操作应该根据业务的风险偏好和安全的资源配给来决定。

在好的 SDL 实践中，几乎每一项安全工作都不会独立运作，而是各个工作环节都能够有机结合起来，形成如图 8.1 所示的闭环管控流程。

8.1 SDL

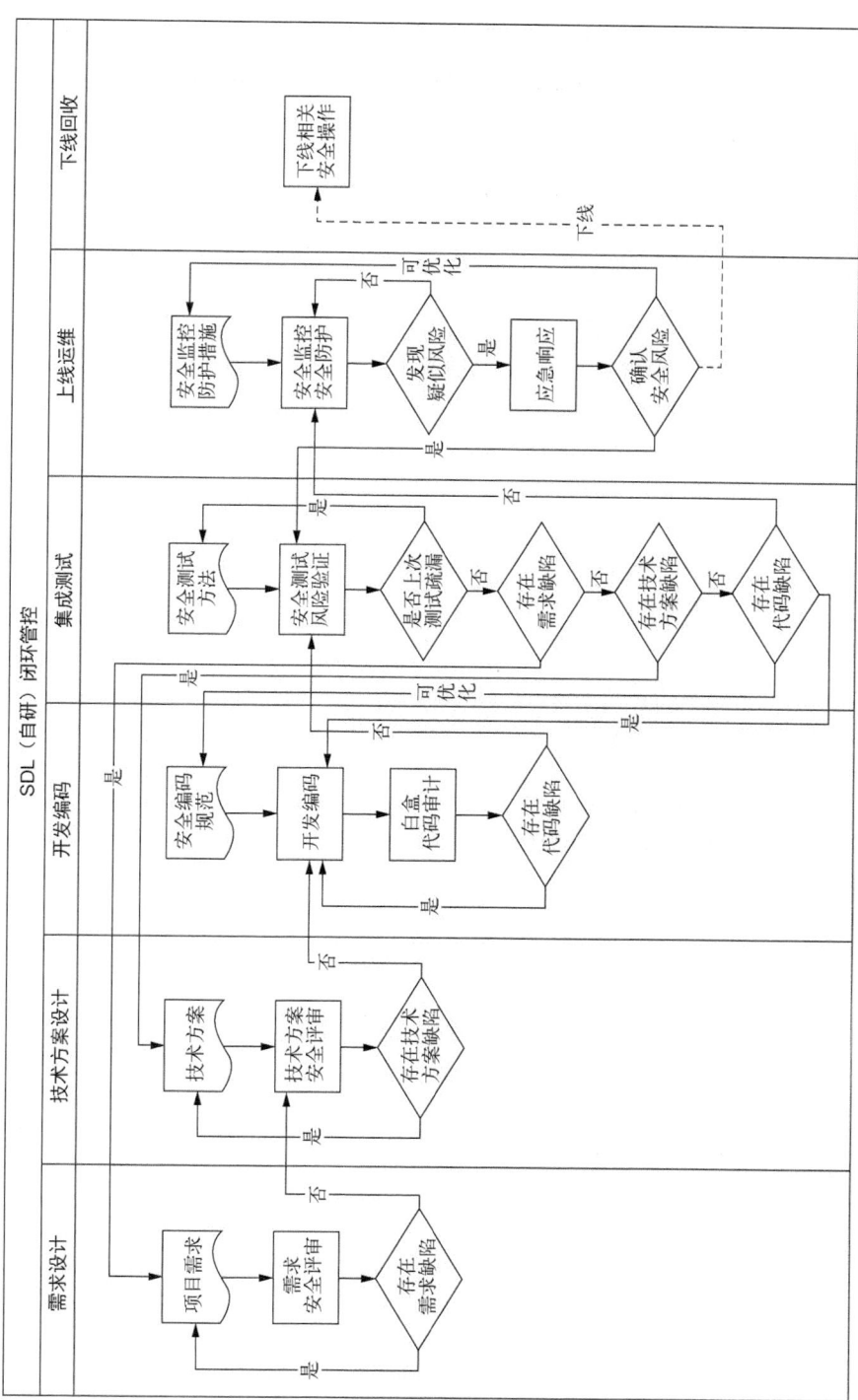

图 8.1 SDL（自研）闭环管控

图 8.1 中各个环节的安全工作不仅可以相互补充，而且后面的工作输出可以帮助优化前面的工作输入，比如黑盒安全测试发现的编码逻辑问题可以用于补充白盒代码审计规则，SRC 收集到的安全漏洞可以用于提升安全测试技能和方法，等等。SDL 闭环管控通过不断地重复检测、反馈和优化的闭环过程，实现整体安全水平的持续提升。

> **小贴士**
>
> 闭环管控并不局限在安全工作中，它是一个常见的管理概念，源自于 PDCA 循环。PDCA 把质量管理划分成计划（plan）、执行（do）、检查（check）和处理（act）4 个阶段，通过不断重复这 4 个阶段来实现持续优化。实际上，几乎任何领域的管理者都可以通过闭环管控来实现绝大部分工作的持续提升。
>
> 另外，上面的 SDL 闭环管控图并未完全包含所有 SDL 需要执行的工作，但是并不代表只有图 8.1 中的工作才能互相产生关联。比如安全培训并未出现在图 8.1 中，但是安全培训既可以改善其他任何一项工作，又能够根据其他任何一项工作的实际情况调整和优化培训内容。

自主开发的系统可以通过 SDL 加强安全水平，那些外部引入（如商业产品、开源工具等）的系统、设备、软件和服务应该怎么办呢？当然还是可以按 SDL 的思维来处理！

和自主开发不同，外部引入的过程分为需求分析、技术选型、采购或引入、实施部署、上线运维和下线回收 6 个环节，其中需求分析、上线运维和下线回收 3 个环节的安全工作与自主开发 SDL 相似，但是在技术选型、采购/引入和实施部署环节会存在一些差异，具体情况如表 8.3 所示。

表 8.3 SDL（引入）工作表

内部开发环节	安全工作
需求分析	● 需求安全评审 ● 安全意识培训
技术选型	● 技术方案初步安全评估 ● 安全技术基础性培训
采购/引入	● 签订《第三方合同安全责任条款》（限采购） ● 签订《第三方人员保密协议》（限采购） ● 供应方安全能力评估 ● 安全意识与技术基础性培训

（续）

内部开发环节	安全工作
实施部署	- 上线前渗透测试（可选） - 上线前漏洞扫描 - 版本及补丁管理 - 安全意识与技术基础性培训
上线运维	- 安全应急响应 - 定期渗透测试（可选） - 持续漏洞扫描 - 恶意代码防护 - 新公布风险跟进 - 入侵检测与防护 - SRC 风险与情报收集 - API、域名和开放端口变更监控 - 其他安全监控、防护和审计措施 - 安全意识与技术基础性培训
下线回收	- 数据销毁 - 安全归档 - 安全审计 - 安全意识与技术基础性培训

在通常情况下，企业会采购大量的商业产品，互联网等行业企业还可能引入大量的开源工具，但是安全团队不可能也没必要对所有的外部引入项目本身的安全进行深度检测。合理的安全管控方式是尽可能选择更安全的产品，划分更安全的区域，使用更安全的配置以及实施更安全的版本和补丁管理等。对于采购引入的商业产品，必须通过签署《第三方合同安全责任条款》和《第三方人员保密协议》的形式，从法律层面建立对供应商安全风险识别、处置和惩戒等方面的约束。

由于技术选型环节可能需要调研大量同类外部产品，但是最后仅选择其中一款产品甚至在没有合适产品的情况下停止项目，所以在技术选型阶段，应该避免在技术方案初步安全评估工作上投入过多资源，只需要关注主要的架构安全风险和明显的逻辑安全缺陷即可。另外，对商业产品等外部资源（不包含开源项目）执行安全测试类工作，必须提前获得供应商授权，避免产生不必要的冲突和纠纷。

面向外部引入资源的 SDL 同样可以建立相互补充、交替检验的可持续改进的闭环管理流程，如图 8.2 所示。

116　第 8 章　基础安全与权限

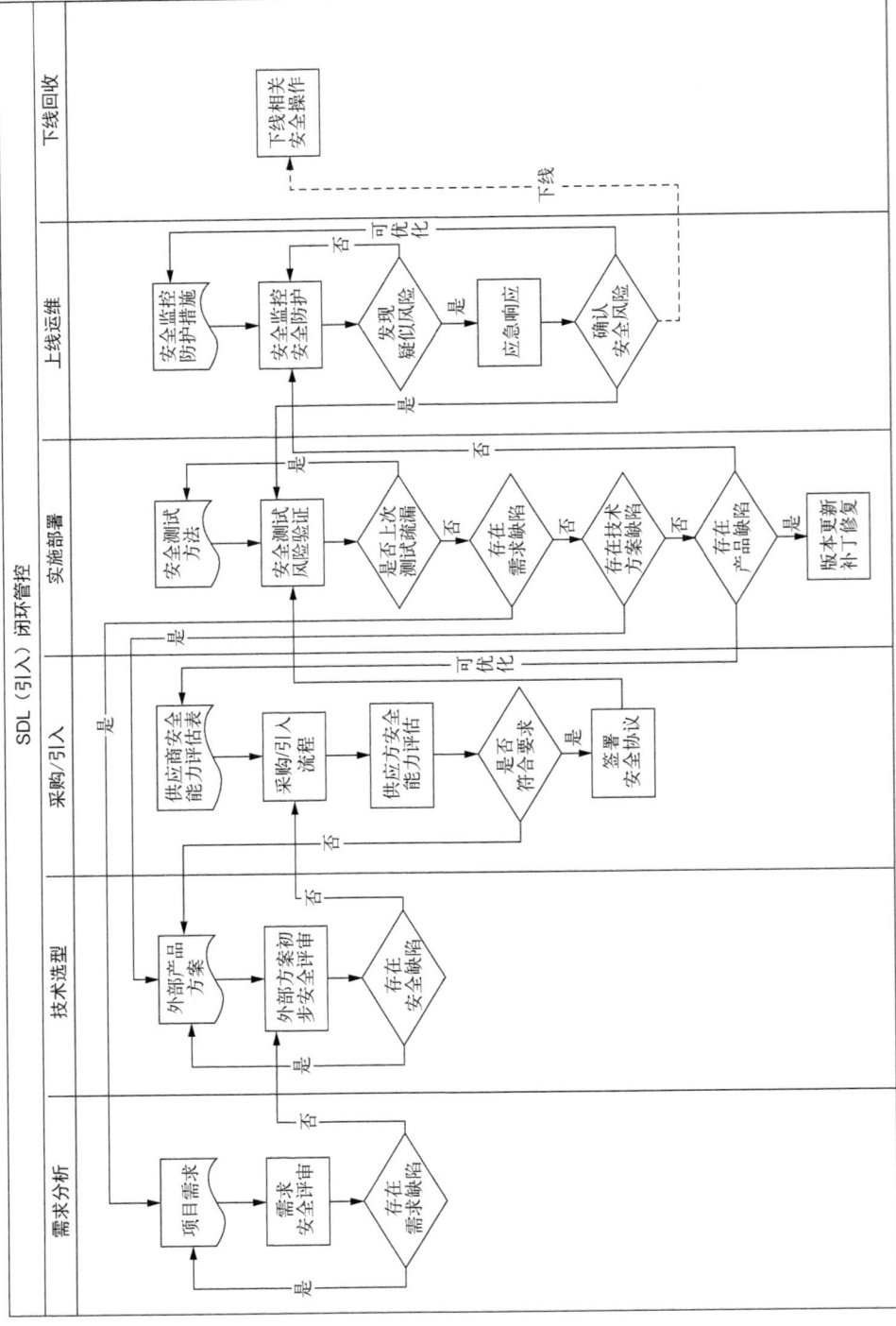

图 8.2　SDL（引入）闭环管控

8.2　网络安全

网络安全是基础安全中最重要的领域之一。网络不仅承载了数据传输的重要功能，而且可以通过合理区域划分，将安全事故的影响限制在尽可能小的范围内，甚至出现某些安全风险无法在短期内彻底消除的情况时，网络安全措施可以成为一种成本更低并且易于实施的补偿控制措施。

尽管网络安全已经是一个老生常谈的问题，各种概念、理论和产品也已经相对成熟，但是在大部分企业，网络安全规划和方案的落地过程要比想象中困难得多。在网络安全工作的推进过程中，安全团队很容易遭遇4个方面的问题。

首先是历史遗留问题导致理想化的网络安全规划无法落地。除了极少数创始人对安全极其重视的企业，企业一般在发展到一定阶段后才会成立安全团队，这时候企业的网络结构已经成型并且长时间使用。如果要在此时调整网络拓扑，往往需要付出采购大量冗余设备甚至中断业务的高昂代价，相关成本难以被企业高级管理层接受。

其次是与运维团队利益冲突导致的推进阻力和执行困难。网络架构的设计、实施和维护职能实际上归属于运维团队，但是网络安全规划和方案一般由安全团队来制定和推进。在网络安全整改过程中，安全团队不仅需要揭露运维团队在网络工作中的各种错误和疏忽，而且需要推动运维团队执行大量运维绩效指标之外的执行工作。另外，整改过程可能触发网络事故的巨大风险也是运维团队消极对待网络安全整改工作的主要原因之一。

再者是网络攻击和防护成本的极度不对等导致的资源投入两难。以极为常见的基于流量的DDoS攻击为例，发起一次成本为几十元到数百元的攻击，清洗的成本可能要高达上万元甚至数十万元，这种攻防成本的极度不对等再加上攻击发生的概率、时间和程度都无法预估，直接导致在网络安全上投入多少资源变成了一个非常棘手的问题。

最后是人才严重短缺导致的网络安全规划和方案不完整问题。目前大部分安全团队的人员技能构成以安全测试和系统加固为主，很少有人对网络规划、网络协议和网络设备具备深入了解。因此，他们制定的网络安全规划和方案难免存在一定的局限性，最常见的情况就是整体过于理想化，但细节缺失或不可执行。

考虑到上面这些问题，我决定放弃理想化的网络规划和方案，从实际情况出发，分成4块推进网络安全工作。

第一块是结合当前情况划分网络区域并设置访问控制措施。理想化的网络规划是为不同安全防护等级的业务划分安全域，如果已经投入运行的网络结构不符合安全标准但可以满足业务的稳定运营，那么就不太可能以牺牲业务稳定性为代价来调整网络拓扑。一种可行性相对较高的简单划分方式是把整个网络划分为生产环境、开发测试环境、办公环境和互联网4个大的区域。

如非必要，生产环境应该尽可能减少对已有线上业务网络拓扑的改造，相关的安全控制可以通过交换机的 ACL 等访问控制措施来补偿实现。但是有几种情况是必须考虑独立划分安全区域甚至迁移已有线上业务的：

- 新上线的重点保护业务；
- 与高风险业务混合部署的重点保护业务；
- 对部署环境有监管合规要求，且整体网络不合规代价大于迁移成本的特定业务。

如果企业将开发测试机和生产服务器混合部署在同一个环境，那么还必须考虑划分独立的开发测试环境（也可以根据需要分别设立生产、测试、开发等环境），并将开发测试设备迁移到对应的环境中。开发测试环境的迁移成本一般不会太高，但是收益却十分明显：一方面可以降低对于开发测试设备的安全资源投入，另一方面还可以大幅减少联调测试导致的安全事故。

无论哪个环境，都应该基于"最小授权原则"实施访问控制，简单地说就是只允许访问必需的资源和服务。网络访问控制可以通过很多不同的工具和方法来实现，在正式实施时，应该结合起来利用它们，这样在某个环节出现问题的情况下可以互相补充。表 8.4 列举了一些常见的访问控制和隔离技术。

表 8.4 常见访问控制和隔离技术

OSI 模型对应层	访问控制和隔离技术	依赖工具
应用层	黑/白名单	反向代理
传输层	扩展 ACL	防火墙、交换机、路由器
传输层	NAT	防火墙、交换机、路由器
网络层	标准 ACL	防火墙、交换机、路由器
网络层	黑洞路由	交换机、路由器
网络层	子网划分	交换机、路由器
数据链路层	VLAN	交换机
数据链路层	802.1x	交换机
物理层	物理隔离	任何物理线路和设备

> **小贴士**
>
> 802.1x 是一种基于端口（指交换机端口，并非 TCP、UDP 等协议端口）的网络接入控制协议，经常被应用于办公设备接入认证和授权。通过合理地应用 802.1x，首先可以确保只有通过认证的设备才可以接入办公网，然后根据认证账号将员工设备切换到相应的 VLAN。结合 ACL 等其他访问控制措施，可以实现针对员工及其所属部门网络权限的精准分配，而且不受物理地点以及有线或无线网络形式的约束。

尽管防火墙和交换机都可以设置 ACL，但是在实现机制上却有所不同。大部分防火墙具备状态检测和会话机制，即使只设置了针对请求的单向规则，也不会影响相关响应的接收；但是交换机大多不具备这样的能力。比如我们设置两条 ACL 规则：

- 允许 10.0.0.1 到 8.8.8.8 的 DNS 请求；
- 拒绝 8.8.8.8 到 10.0.0.1 的所有通信。

如果应用在防火墙，10.0.0.1 可以通过 8.8.8.8 正常执行 DNS 查询操作，只是因为状态检测和会话机制确保了 DNS 响应的正常通过。但是换作大部分交换机，这个查询操作将无法完成，因为 10.0.0.1 无法接收到 8.8.8.8 的响应。

第二块是针对网络中的异常流量建立识别能力和清洗机制。尽管网络安全已经经历了漫长的发展过程，攻击手段和防护技术一直处于"魔高一尺，道高一丈"的对抗演进中，但是监测和防护工具的类型和实现机制一直没有发生太大的变革。受篇幅限制，我只列举一些常见的网络安全风险及其对应的识别工具和部署方案。

1. DDoS 攻击

DDoS 是目前最常见而且最有效的网络攻击方式，其中大部分攻击通过发送高达数百"十亿位每秒"（Gb/s）的网络流量拥塞受攻击目标的带宽资源（如 UDP Flood 等），也有一部分攻击利用大量异常请求耗尽服务器处理资源（如 C&C 攻击、SYN Flood 等）。

目前市面上存在一些自行部署在 IDC 的抗 DDoS 产品，在应对小流量攻击时，这是一种性价比相对较高的预警和解决方案，但是如果攻击流量已经超过 IDC 出口带宽，那么这种设备就无法发挥作用了。实际上，在遭遇大规模 DDoS 攻击时，运营商会在上游设置黑洞路由，直接丢弃所有目的地址为受攻击目标的流量，尽量确保其他未受攻击业务能够正常运转。

防范 DDoS 攻击最有效的方式是采购具备抗 DDoS 能力的高防 IP，目前一些大的云厂商和专业安全公司有相关的服务。高防 IP 可以清洗上百甚至上千"十亿位每秒"（Gb/s）的 DDoS 攻击流量，而且不需要用户提前采购预备带宽资源。但是高防 IP 通常价格偏高，在经常遭受大流量攻击的情况下，很可能产生极其高昂的防护费用。另外，对于基于 HTTPS 的服务，必须把 SSL 证书上传到高防 IP 才能支持如 C&C 这类应用层攻击的识别和清洗。

如果不愿意泄露 SSL 证书，或者采用了非通用的加密算法和通信协议应该怎么办呢？可以采用高防 IP 和抗 DDoS 设备混合部署的形式来识别和清洗攻击流量。利用高防 IP 清洗掉大部分的垃圾流量之后，再由内部部署的抗 DDoS 设备对解密后的流量进行进一步识别和清洗。如果希望在高防 IP 上进一步降低支出，一种方案是可以直接采用类似游戏盾的智能调度方案，另一种方案是可以采购少量的备用高防 IP 在发生攻击时再自行调度和切换。

2. 扫描和攻击流量

有很多不同的工具可以用于监测扫描和攻击流量，比如 IDS、IPS、WAF 和具备应用层分析能力的防火墙等，甚至蜜罐系统和很多安全日志分析工具也能实现这样的功能。这些工具大多原理成熟并且应用简单，但是依然需要注意两方面的问题。

一方面是实施部署问题。

从理论上来说，IDS 等检测型设备旁路部署于出口、核心或汇聚层并镜像尽可能完整的流量，这样可以尽可能全面地发现风险和异常。但是在实施过程中，必须充分考虑设备的吞吐能力，如果集中节点的流量超出了单台设备的处理分析能力，应该考虑采用多台设备，将其分布式部署到流量相对较小的下游节点。即使单台高端设备可以满足集中处理的需求，但是如果其价格及其他成本远高于分布式部署中低端设备成本的总和时，也应该优先考虑后者。另外还有一种情况是集中节点包含加密流量，检测设备无法进行解密时，也应该考虑分布式部署方案。

对于防火墙、IPS 和 WAF 等阻断型设备，一般以串联部署的方式接入网络。无论是直接串入线缆的物理串联还是通过路由实现的逻辑串联，都会不可避免地引入新的单点故障风险，因此，串联部署必须提前考虑高可用冗余配置以及设备的 bypass 特性。目前市面上存在一些宣称具备旁路阻断能力的设备和产品，它们的实现原理大多有两种：一种是与其他网络设备联动设置 ACL，这种需要在旁路设备上保管其他网络设备的认证或授权，实际上在实现阻断能力的同时又增加了一个新的风险点；另一种是在检测到攻击行为后，向受攻击目标发送 TCP reset 包来重置会话，这种方式仅适用于标准 TCP 协议，对基于 UDP 等其他协议的攻击无效，而且 reset 包的延迟也可能对阻断效果造成影响。

阻断型设备实施部署的另一个问题是，容易因为误报对业务造成负面影响，因此在启动阻断策略前，必须经过充分的观察和验证。避免错误阻断的有效方法是设备上线后仅开启记录模式，在观察期内逐步梳理通信需求以及排查误报，等线上规则长时间不出现误报后再切换成阻断模式。除了阻断规则，安全工程师对网络安全设备性能参数理解不到位也很容易引发业务异常。以防火墙为例，缺乏网络经验的安全工程师在技术选型阶段有可能只考虑当前出口流量所需的吞吐量指标，忽略掉了并发连接数和新建连接数等其他指标，这就可能导致一些带宽消耗不大但是需要大量保持长连接或频繁新建连接的业务无法正常提供服务。对于并发连接数和新建连接数要求特别高的服务，建议考虑通过交换机 ACL 来实现针对 IP 和端口的访问控制，因为采购满足条件的防火墙的费用可能非常高！

另一方面是告警有效性的问题。

数十年的技术发展依然没能妥善解决网络攻击检测中准确率和召回率互相冲突的问题。过于狭隘的检测规则无法全面发现安全风险，但是过于全面地启用检测规则可能产生海量的无效告警，导致安全团队在告警分析等后续工作效率大幅降低。无效告警主要包含两种类型，一种是因为准确率不足导致的误报，正常的业务请求被认定为网络攻击；另一种是检测准确但无须启动后续处理的告警，一次漏洞扫描就可以引发大量这种告警，但是如果目标系统不存在相关漏洞，那么理论上就无须理会这些告警。

对一个资源有限的安全团队来说，可以通过四方面的工作来改善告警有效性：首先可以选择告警有效性更高的检测产品，比如部分可以通过结合分析请求和响应初步判断攻击是否成功WAF，以及嵌入业务流程的RASP等；其次是停用不涉及的检测规则，比如在单纯的Linux生产环境中，就可以停用与Windows和Unix相关的攻击规则检测等；再者可以采集多方数据进行关联分析以判断攻击造成实际影响的概率，比如关联IDS告警、漏洞扫描结果和CMBD资产及版本信息可以确认大部分基于漏洞和低版本的攻击影响等；最后应该建立告警白名单管理机制，将已经排查的误报和无效告警加入告警白名单，降低对白名单告警的响应和排查要求。

3. 异常对外访问

之所以要单独介绍对外访问，是因为很多安全团队仅仅关注从低安全区域（比如互联网、办公环境等）到高安全区域（比如生产环境等）的网络访问请求，默认从高安全区域到低安全区域就是安全的。实际上，很多攻击都会利用到对外访问不受限的网络控制缺陷，比如反弹式木马、间谍程序以及相当一部分的数据泄露和APT攻击都会主动对外发起请求，因此必须同等重视对外访问的安全管控，只允许必需的连接和请求。

异常对外访问的检测可以采用不同的方法。基于流量镜像分析的检测可以感知到详细的请求响应和安全威胁，但是在网络结构复杂或大流量的环境中，处理成本相对较高；基于本地Agent的检测可以发现具体的网络连接，但是实施成本和推进阻力都会相对较大；基于DNS请求的检测实施起来极其简单，但是无法察觉未经DNS服务器（如修改hosts、直接IP通信等）的网络通信。具体采用哪种方法，应该根据相关网络和安全资源的实际情况来决定。

异常对外访问的控制主要依赖防火墙、交换机ACL、应用代理等工具来实现。要执行这项工作，安全团队必须详细梳理各个业务的对外访问需求，然后通过白名单的方式限制对外访问的范围。对于办公环境中没有固定对外访问需求的终端设备，可以考虑部署上网行为管理等工具进行授权和管控。

4. ARP欺骗

ARP欺骗是一种非常常见的网络攻击形式，它的实施成本极其低廉，但是在网络窃听（嗅探）、篡改（中间人）、拦截（拒绝服务）和仿冒（伪装）等方面却发挥着重要作用，很多病毒木马、局域网管理工具和很多已经渗透到内网的进一步攻击会利用到 ARP 欺骗。

由于 ARP 协议发起的二层广播无法穿透到其他 VLAN，所以 ARP 欺骗的检测需要在各个 VLAN 部署探针，这样的实施成本非常高，并不建议采用。相反，ARP 欺骗的防范更具可行性。ARP 欺骗的主要防护方法有 3 种：第一种是根据业务需求划分尽可能小的 VLAN，这样可以有效控制 ARP 欺骗的影响范围；第二种是在交换机静态绑定 MAC、IP 和交换机端口，这样可以使发起欺骗攻击的 ARP 请求失效，但不适用于三者映射关系经常改变的业务场景；第三种是启用交换机安全策略，比如思科交换机的 security-port 功能，限制每个交换机端口只允许一个或几个 MAC 通信，同样也能在一定程度上抑制 ARP 欺骗。

5. APT 攻击

APT 攻击没有特定的攻击形式和方法，因此也没有特定的检测工具和方法，在这里提及 APT 攻击是因为网络安全的检测和防护必须作为 APT 攻击防控体系的一部分。

检测 APT 攻击的重要途径之一是建立健全的事件关联分析能力，具体的落地可以采购成熟的 SIEM 产品，或者自行收集相关信息进行关联分析，无论采用哪种方式，都需要投入大量的资源和成本。另一种行之有效的方式是部署蜜罐系统，以相对较低的成本发现一些针对性相对较弱的 APT 攻击。

第三块是全面筛查并替换不安全的网络协议和加密算法。早期有很多通信协议在设计时都没有充分考虑安全问题，因此导致协议或算法本身就存在安全隐患。事实上，TCP/IP 协议簇中的大部分协议是如此。虽然有些已经广泛使用并且已经成为事实标准的通信协议在短期内已经不可替代，比如 ARP、IP、TCP、UDP 等，但是还是有相当一部分应用层协议可以替换成更安全的选择。表 8.5 是一些企业中常见的不安全协议举例。

表 8.5 常见不安全协议

协议类型	不安全协议	相对安全的替代协议
应用协议	HTTP	HTTPS
	FTP	HTTPS SFTP 加密的 SMB
	IMAP POP3 SMTP	启用安全连接
加密传输与密钥交换协议	SSL v3	TLS
	IKE v1	IKE v2
运维管理协议	SNMP v1/v2	SNMP v3
	TELNET	SSH

（续）

协议类型	不安全协议	相对安全的替代协议
动态路由协议	RIP v1	RIP v2 OSPF EIGRP
接入协议	WEP（Wi-Fi）	WPA2-Enterprise
	PPTP（VPN）	IPSec VPN SSL VPN

除了协议本身存在安全缺陷，如果协议或应用启用了不安全的加密算法，也可能导致产生新的安全隐患。与此同时，不少与信息安全相关的监管要求和行业标准（如 PCI DSS）都明确禁止使用弱加密算法。表 8.6 是一些常见的弱加密算法举例。

表 8.6 常见弱加密算法

算法类型	弱加密算法	相对安全的替代算法
对称加密算法	DES	AES、3DES、SM4 等
非对称加密算法	RSA1024	RSA2048、ECC、SM2 等
散列算法	MD5、SHA-1	SHA256、Bcrypt、SM3 等
流加密算法（对称）	RC4	产品提供的其他选项

第四块是加强网络设备安全管控并合理启用安全配置。即使前面的 3 步工作已经完善落地，但如果网络设备本身存在安全问题或者配置缺陷，那么攻击者依然可以完成恶意操作。尽管网络设备安全管控更接近于系统安全工作，但是考虑到网络设备的维护一般由网络团队执行，这块工作还是放在网络安全中来讨论。

网络设备安全管控首先要解决网络设备的认证、授权和审计问题。网络设备管理不规范的企业大多采用统一的本地账号执行维护操作，而且一般不会记录操作日志，甚至可能出现运维员工离岗后依然长期知晓设备口令的情况。要解决这样的问题，最好的方法是部署 AAA 服务器实现集中的认证、授权和审计。AAA 服务器既可以采购商业产品，也可以利用 radius 和 ldap 产品自行搭建，无论采用哪种方式，都应该对用户口令的复杂度和有效期采取强制要求，并且依据"最小授权原则"严格控制每个用户的操作权限。网络设备的操作日志应该实时转发到日志服务器，并且确保网络设备的操作人员不具备日志服务器的写权限（包括但不限于写入、追加、修改和删除）。

大部分网络设备运行着自己的操作系统和应用程序，而且他们也会出现安全漏洞，这些安全漏洞可能导致网络设备被绕过认证、非法操控或拒绝服务，等等。因此，网络设备必须遵从 SDL（引入）流程，建立准入控制、安全评估、补丁更新和下线回收等安全机制，并且通过这些机制实现以下 4 个目标。

- 只有经过授权并且没有已知安全缺陷的设备才可以接入企业网络。
- 及时跟进新公布的安全风险，验证线上网络设备是否受其影响。
- 及时升级必要的系统版本或补丁，消除已知安全风险并避免操作故障。
- 及时清除、销毁敏感数据，避免设备返厂维修或下线处置导致的数据泄露。

另外，网络设备如何进行配置也会直接影响到网络安全，而且网络运维人员极易在与安全相关的参数配置上产生疏忽。第一种常见疏忽是不需要认证或配置过于简单的认证措施，网络设备有多处需要配置认证措施，比如 HTTP SERVER、VTY、CONSOLE、ENABLE、SNMP 和多种动态路由协议等，对网络缺乏了解的安全团队往往将弱口令或空口令的检查重点放在 HTTP SERVER 和 VTY 上，但是被忽略的其他功能如果被攻击者利用，一样可以造成极其严重的安全事故；第二种相对较多的缺失是网络运维人员不启用必要的安全功能，比如思科交换机创建本地账户不启用"services password-encryption"并且不使用"password 7"导致配置文件泄露本地账户及口令，配置 STP 时不合理设置 RootGuard 和 BpduGuard 导致非预期的拓扑变化，接入交换机不启用 security-port 导致 ARP 欺骗攻击门槛降低等；第三种尤为普遍的问题是网络运维人员对网络接入没有任何控制，既没有停用无人使用的端口，又未对接入端口设备启用 802.1x 认证，这就导致潜入机房或办公区域的非授权人员可以随意接入内部网络并访问内部应用和服务。

通过上面的 4 种工作，可以基本构建出如图 8.3 所示的网络安全管理框架，并且实现相对健全的网络安全防护能力。

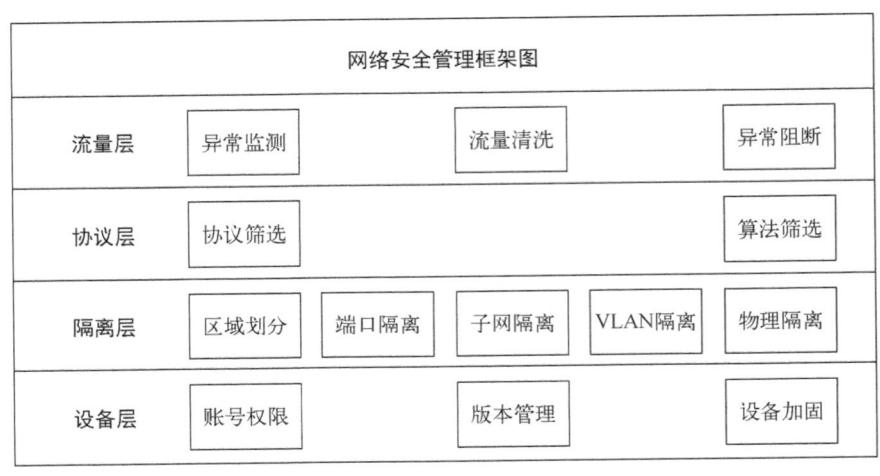

图 8.3　网络安全管理框架图

当然，网络安全管理框架的落地并不会特别顺利。为了减少网络安全工作的推进阻力，首先必须避免安全规划理想化，尽可能基于当前结构进行适度改造，这样不仅更容易被各方接受和支持，同时也可以确保自己的有限精力可以集中到更重要的业务和工作上，从而减少非必要环节的资源和人力投入。另外，即使在安全领域，安全团队也必须避免对网络运维人员提完要求就指手画脚，而是应该想办法帮助他们提升工作效率并减少人为失误。以网络设备配置为例，相关的安全注意事项可以编成《网络设备配置标准》，然后将部分通用的安全配置写进自动化配置脚本，这样无论安全还是运维都可以获得明显的效率提升。

8.3 系统安全

关于系统安全应该覆盖的范围没有一个公认的定义，每家企业的安全团队都可能根据自己的实际情况作出调整，有些可能特指操作系统，有些可能会同时覆盖操作系统、数据库和中间件。考虑到 M 公司的团队职能划分情况，我把系统安全的覆盖范围定义为操作系统、数据库、中间件、应用容器和部分运维维护的外部引入系统，我这么定义是因为这些系统和软件大多由运维团队安装维护，并且安全风险的管控措施高度相似，基本都可以参照图 8.4 所示的系统安全管理框架分为四大块来执行。

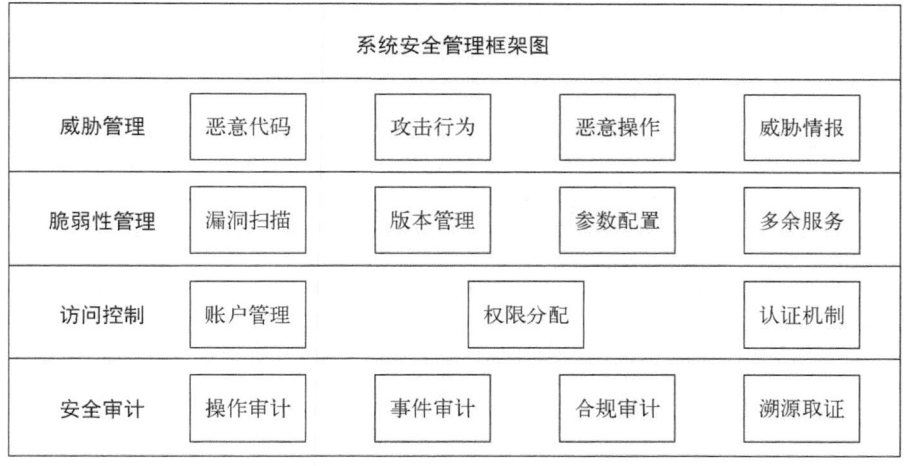

图 8.4　系统安全管理框架图

威胁管理的目标是及时发现和处置那些可能或已经对系统造成负面影响的行为，企业中常见的系统安全威胁主要包括恶意代码、攻击行为、恶意操作、违规操作和误操作。恶意操作、违规操作和误操作仅仅在执行动机上存在差异，但是在行为模式上具有高度的相似性，因此我把它们放在一起分析和处置。

恶意代码有很多不同的形态。常见的病毒、蠕虫、木马和勒索软件等有害程序基本可以通过安装企业级防病毒软件满足防控要求，对于不适宜安装防病毒软件的服务器和其他设备，可以考虑通过 IDS、IPS、防毒墙等工具对网络流量进行检查和过滤，不过这类工具一般吞吐能力较差且容易造成高延迟，因此如果选择串联部署必须充分考虑性能问题。至于令人头疼的 rootkit，可以使用一些专用的检测工具，同时也可以通过校验关键文件的完整性和监测敏感进程线程，实现一定的检测能力。另外，对于 webshell 一类的恶意代码，传统的基于特征的检测效果已经极其有限，因此必须尽量选择一些具备动态分析能力的检测工具。

> **小贴士**
>
> 　　实施完整性检测最简单有效的方法是周期性计算关键文件的散列值，并比对结果和标准值是否匹配，这种方法同时适用于可执行文件和配置文件，而且只需要消耗少量的性能和时间。虽然无法体现出具体的差异在哪，但是一个文件发生未经授权的变更就已经可以构成安全事件了，安全团队可以在收到告警后执行进一步的排查确认工作。
>
> 　　使用散列值校验完整性的一个常见问题是既然 MD5 已经不安全了，那么是否必须改用其他散列算法呢？实际上，MD5 和 SHA-1 算法的不安全在于利用算法缺陷提高了散列值的碰撞率，但是提升后的概率依然很低。要确保篡改后的文件和原文件散列值相同，而且恶意程序还能正常执行或篡改配置还能被正常解析，这样的概率是极低的。因此截至目前，MD5 还可以被用于完整性校验，但是如果条件允许，还是建议改用如 SHA256 等更安全的算法。

　　针对系统的攻击行为可能远程发起也可能本地发起，部署 HIDS（host-based intrusion detection system，主机入侵检测系统）可以同时对两种类型的攻击进行有效检测。但是在通常情况下，HIDS 都会面临较大的实施阻力，主要来自运维对于稳定性和性能损耗等方面的担忧，这种担忧可以理解，毕竟 HIDS 需要在每一台设备上安装一个功能复杂并且高权限的 Agent。如果 HIDS 无法落地，还是可以通过一些其他措施实现系统攻击的检测能力。对于大部分的远程攻击，IDS、IPS 等网络安全设备可以实现一定程度的感知和防护。至于本地攻击和另外一部分远程攻击，则需要结合进程、线程、文件、网络连接、系统日志和操作日志等一系列信息进行详细分析，才能挖掘出隐藏的攻击行为。

　　恶意操作、违规操作和误操作的检测至今依然是个棘手的问题，除了 rm -rf / 这种可以造成全局性破坏的指令，几乎无法区分它们和正常运维操作之间的区别。尽管理论上可以要求运维人员提前报备生产执行指令，但是在绝大部分公司这种管理要求都不可能真实落地。另外，怀有恶意的攻击者可以运行编译后的程序执行恶意操作，这样也可以绕过敏感指令的检测机制。因此，与其花费大量的精力提升敏感指令的检测能力，不如直接减少危险指令执行的可能性和影响，具体可以从以下几个方面入手。

- 实施严格的权限控制，限制每个用户的影响范围和破坏程度。

- 利用指令别名功能（比如 Linux 的 `alias`）增加危险指令的判断能力。
- 在敏感系统禁用或重命名危险指令，比如 Redis 的 `FLUSHALL` 和 `FLUSHDB` 等。
- 建立操作审计能力并实施威慑，减少非授权操作的发生概率。
- 特别敏感的操作，可以安排双人执行，其中一人负责检验操作是否正确。

除此之外，安全团队还应该建立与系统安全相关的威胁情报收集与分析能力。系统安全重点关注两方面的威胁情报：一方面是安全漏洞尤其是 0day 漏洞的公布情况，这可以帮助安全团队尽快完成安全漏洞修复工作，从而降低攻击成功和恶意代码侵入的可能性；另一方面是自己尚未察觉但实际上已经发生的安全事件，这类威胁情报实际上是对安全监控体系的补充和延伸，同时也有助于及时启动应急响应工作，避免安全事件给企业造成更大的损失。获取系统安全威胁情报主要有两条途径：一条是关注安全行业信息，相对可靠的方法是自动爬取各类安全通告，然后与 CMDB 中的系统名称和版本进行比较，最后针对受影响范围向安全团队推送威胁告警；另一条就是充分发挥 SRC 的威胁情报收集功能，有偿收集与企业相关的安全威胁与安全事件信息。

与威胁管理紧密相关的就是脆弱性管理，只有依赖这块工作不断消除和减少企业系统的安全缺陷和隐患，才能真正降低安全威胁带来的负面影响和损失。系统的脆弱性可能来源于很多不同的方面，比如系统本身的安全漏洞、不安全的参数配置、不必要的功能服务、不合理的权限分配以及有缺陷的认证机制等，考虑到具体的工作性质，这里把与认证、授权和鉴权相关的问题划入访问控制工作中统一管理，脆弱性管理重点关注安全漏洞、参数配置和功能服务。

漏洞扫描的实施相对简单，也有很多相关的产品和工具可以选择，由于针对系统的漏洞扫描大多基于特定的软件版本和漏洞特征，所以在扫描结果上一般不会出现太大的差异（差异较大的情况一般出现在 Web 安全扫描中）。部署漏洞扫描工具首先必须关注的是网络连通性，为了得到全面彻底的扫描结果，必须确保漏洞扫描工具可以正常访问所有扫描目标系统的服务和端口，并且带有攻击特征的数据包不会被其他网络安全设备中途拦截。其次应该合理设置扫描速率，过高的并发速率不仅可能过度消耗目标系统处理性能导致服务异常，而且爆炸式的请求量可能耗尽途经网络设备的新建连接能力导致大面积网络异常。另外还需要注意扫描插件和规则的筛选，几乎所有的漏洞扫描工具，配备了庞大齐全的漏洞特征库，而安全团队需要关心的仅仅是其中的一部分。因此建议只选择能对系统造成实质影响的高危漏洞，并且排除掉其中的破坏性扫描插件，这样可以在漏洞扫描结果分析工作中节省出大量的时间和精力。最后就是建立漏洞扫描白名单，白名单分布在不同的节点发挥着不同的作用：漏洞扫描工具上的白名单用于排除误报和已经被接受的安全漏洞；网络安全设备和目标系统上的白名单对漏洞扫描工具的扫描请求放开限制；安全监控和日志审计系统上的白名单避免漏洞扫描对正常监测审计工作造成干扰，等等。

如果漏洞扫描和威胁情报发现了系统安全漏洞和缺陷，那么就应该启动相关的整改工作。由于系统安全覆盖的系统基本是外部引入，所以漏洞的整改方式主要是版本升级或者补丁修复，这就需要执行系统安全中的版本管理工作。系统升级和补丁安装必须充分考虑业务的稳定运营,但是相关操作普遍需要重启系统或服务,而且在变更失败的情况下,有一定概率会对业务造成负面影响。因此,安全团队应该推动建立定期和紧急两种变更机制,并认真评估变更的必要性和紧迫性,对于非紧急的安全问题,应该优先采取定期集中变更的方式来修复,尽可能减少变更对业务的频繁影响。与此同时,无论是紧急变更还是临时变更,都应该经过严格的测试、灰度和验证过程,最大限度降低变更过程和结果不符合预期的可能性。图 8.5 是一个可供参考的版本和补丁变更管理流程。

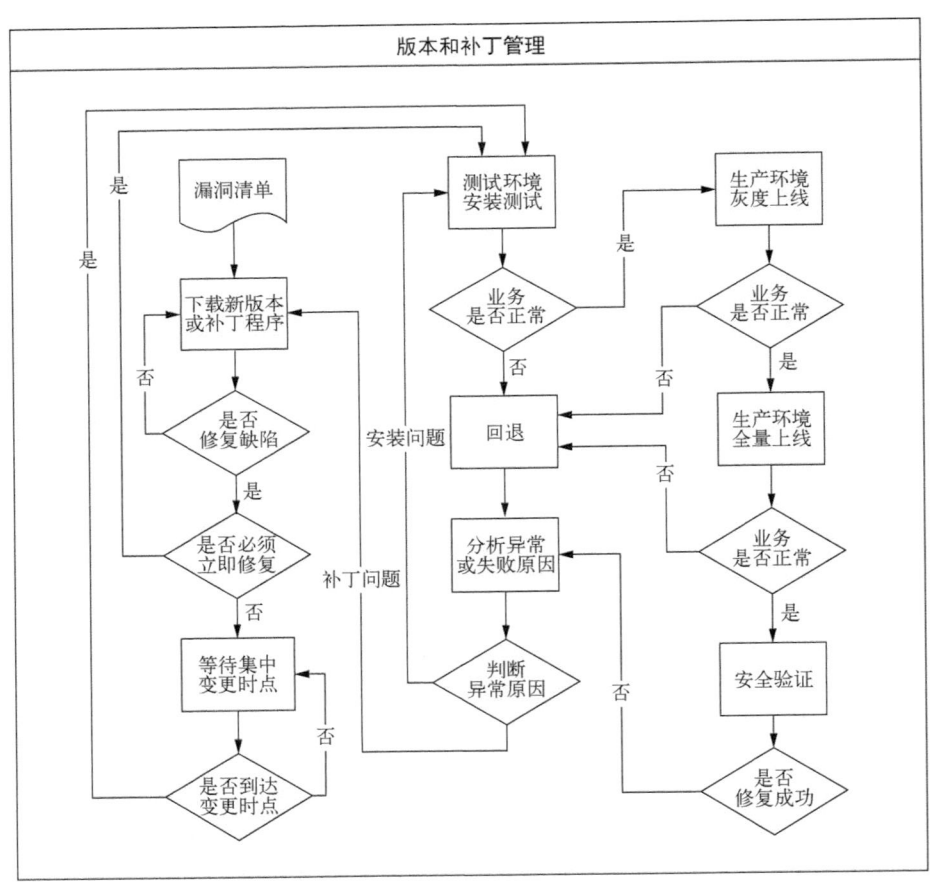

图 8.5 版本和补丁变更管理流程

不安全的参数配置是引发系统脆弱性的常见原因之一,但是通过合理地配置参数,也可以大幅减少安全风险。参数配置通常涉及大量的系统类型和维护人员,为了确保相关工作的快速推进和准确落地,安全团队可以分 3 步实施参数配置的安全管控工作。第一步是制定并发布各类系统对应的安全基线或配置标准,尽管网络上已经有很多现成的资料,但是安全团队必须深入理解和充分测试每项参数的具体意义以及相关调整可能带来的影响，避免盲目照搬导致的无效变更或系统异常。第二步是建立配置核查与纠正机制，对于标准化系统，这步工作可以实现自动化，参数配置的自动检测有两种方案：一种是对配置文件进行完整性校验，这种方案效率较高但无法判断具体缺陷，因此也无法完成自动纠正；另一种是精确匹配配置内容，这种方案可以明确具体缺陷并自动纠正，但是编写匹配和纠正规则时，必须充分考虑配置文件的解析方式，避免读取无效配置引发误判，或自动纠正引发系统异常。第三步是加强培训宣贯和惩戒，必须通过培训和宣贯使维护人员熟悉他们自己责任范围内系统对应的安全基线和配置标准，并且知晓违反标准可能遭受的惩罚，通过适当的威慑减少人为失误或疏忽导致的不安全参数配置。

减少系统脆弱性的另外一个有效措施是关闭或禁用不必要的服务和功能。为了图方便在系统实施过程中安装并默认启用所有功能和组件的现象非常常见，但是其中大部分并非业务需要，这些多余的服务和功能会导致三方面的安全风险：一是它们可能带来新的安全漏洞，漏洞扫描工具更擅长于发现已经公布的安全漏洞，因此当前的安全评估结果并不能保证它们的绝对安全；二是没有实际应用的服务和功能更容易产生参数配置缺陷，甚至可能连运维人员自己都不知道这些服务的存在，因此他们基于默认参数运行也就不足为奇了；三是它们很可能成为攻击者收集信息和成功入侵的突破口，即使没有可以直接利用的安全漏洞或者配置缺陷，它们也依然可以被利用于暴力破解、资源消耗这类无法完全杜绝的攻击类型。对于标准化的系统可以将必须禁用的常见多余服务写进安全基线和配置标准，而非标准的系统则需要安全团队根据自己的安全知识和工作经验仔细排查并逐步完善安全基线和配置标准。

实施访问控制的核心思想是确保只有获得授权的用户才可以访问必需的系统和资源，在系统层面主要通过认证、授权、鉴权和权限控制来实现。系统访问控制应该遵循"权限最小化"原则，在实际操作中，主要实施方向是账户管理、权限分配和认证机制。

首先必须确保系统账户的创建、变更、禁用和删除都是合理的，这就必须建立账户管理机制。账户管理主要分为审批和审计两个层面。审批用于确保每一个账户的变更都是合理的，账户审批节点至少应该包括账户所有者的负责人和所属系统的负责人，对于高权限或涉及敏感信息的账户，应该设置更严格的审批流程——如果普遍存在管理者随意审批的情况，那么应该考虑把安全团队加入审批节点。对于部分与特定职务或特定事件强关联的账户变更操作，比如默认为运维人员创建系统账户和停用离职员工账户等，可以通过制度进行统一规范和描述，避免大量重复审批导致的工作效率低下。审计用于确保账户变更的实际情况与审批结果一致，推荐的实现方式是实时分析系统日志，并将结果与审批单、离职单和在岗人员清单等数据进行对比，这种方式高度依赖日志系统的稳定性和可靠性，实施过程中必须把中断日志的操作和事件纳入异常和告警清单。另外也可以通过在系统上执行指令或爬取数据的形式来执行检测，采用这种方式必须充分考虑安全因素，避免检测工具成为攻击跳板或脚本编码问题导致的误操作。

在系统安全工作中，账户和权限的管理往往密不可分。系统的权限分配主要有两种形式，一种从账户或者角色出发，指定每个账户或者角色可以执行的操作和访问的资源，大部分应用系统都采用了这种分配逻辑；另一种是从功能或者资源出发，指定自己可以被哪些用户或者角色使用和访问，一些常见的操作系统比如 Linux、Windows 都可以使用这种方式对特定文件分配权限。这两种分配形式没有本质上的区别，在很多系统中也可以混合使用，但是无论哪种形式都应该严格遵循"最小化授权"原则。对于前一种基于用户或角色的权限分配形式，可以把相关的权限审批和审计工作同账户管理工作合并在一起执行，因为两者具有高度的关联和共性；而后一种基于功能或资源的形式则可以通过变更管理进行审批和审计，由于相对更加复杂，这种权限分配类型的安全审批和审计工作可以只针对敏感资源开展，检测方式既可以分析权限变更相关的日志，也可以执行命令检查具体文件的权限属性。

认证机制是访问控制中极易出现疏忽和缺失的环节，在条件允许的情况下，企业内部系统应该尽可能启用结合 OTP（one-time password，一次性口令或动态口令）的双因素认证机制。传统的认证方式主要是基于口令或密钥，两者在实际应用中往往没有想象的安全：员工可能在不同的互联网平台使用相同的口令，导致攻击者可以用社工库中的口令直接登录内部系统；员工也可能把密钥备份到网盘、U 盘甚至邮箱等其他位置，只要有一处发生泄露，密钥就失去了意义。结合 OTP 的双因素认证可以有效地解决这个问题，目前商业产品和开源工具都提供了 OTP 方案，如果使用基于软件的动态令牌，那么必须保管好种子密钥，否则"动态"就形同虚设了。实施结合 OTP 的双因素认证必须避免过于频繁地认证需求，否则就会影响工作效率和员工体验，对于操作系统、数据库、中间件等这类生产系统和组件，可以将 OTP 双因素认证设置在维护它们必须经过的堡垒机或跳板机上，认证成功后继续访问其他系统只需要进行原有的单因素认证（口令或密钥）；对于员工办公使用的应用系统，可以通过部署 SSO（single sign-on，单点登录）系统实现一次认证就可以无痕切换访问各个系统并获取相应授权。如果系统条件不允许启用双因素认证，那么必须对口令或密钥的复杂度、有效期和重复周期进行强制约束，并且建立针对暴力破解、撞库的监控措施。

安全审计是系统安全的最后一道防线，通过审计不仅可以发掘成功绕过防护措施的安全攻击和不符合制度要求的违规事件，而且审计结果可以反向推进安全防护机制的不断提升和完善。根据审计目标的不同，可以把审计工作分为操作审计、事件审计、合规审计和溯源取证 4 个方向，但是 4 个方向在方法和内容上没有明确的区分边界，彼此之间经常会出现交叉和重叠。

操作审计主要目标是挖掘已经执行的恶意操作、违规操作和误操作，而且无论其是否执行成功，同时对恶意或企图违规的执行人进行威慑以降低相关事件发生的可能性。操作审计的第一个执行难点是如何获取操作记录，应用系统的操作日志最好由应用自身功能提供，因此在需求分析和技术选型时应该把日志纳入考虑范围，如果已经投入使用的应用系统无法满足日志需求，也可以通过容器日志（如 get、post 等）实现一定的审计能力，这些日志在生成、转发和存储时务必过滤或者脱敏其中的敏感信息（如 session、口令等）；操作系统可以通过堡垒机或跳板机集中记录指令或录屏，对于 Linux 等操作系统也可以在本地部署命令审计工具，但是操作系统的操作审计存在一定局限性，比如编译后的可执行文件就很难明确到具体操作；数据库虽然自身提供相关的审计能力，但是由于性能消耗过大的问题很难在大流量系统上启用，比较简单的方式也是通过堡垒机或集中的数据库操作平台来审计，当然这种方式同样也面临着相同的局限性，另外一种方式是直接通过数据库网络流量做分析，这种方式也需要关注性能问题。

事件审计重点关注未被监控或拦截的安全事件，明确其是否造成实际损失并优化完善安全监控和防护机制。部分安全事件的审计比较简单，它们可能来自独立的系统和系统，比如暴力破解导致的认证失败，或者未经授权的账户或敏感文件变更等，这些都可以通过简单的匹配规则确认事件是否发生；但是也会存在一些极其隐蔽的安全事件，需要关联多个系统多个层面的行为记录和事件日志才有可能挖掘出来，这种情况就需要安全团队建立完善的安全信息与事件分析能力，最后落地成 SIEM 系统。SIEM 具有一定的复杂度和局限性，无论多么优秀的 SIEM 也无法承诺检测到所有的安全事件，因此无论自研还是采购，安全团队都应该根据业务的风险偏好和实际需要逐步推进项目，绝不能在一开始盲目乐观求快求全，否则很可能在消耗大量资源和时间后发现效果不如预期。

合规审计则是确保满足企业内外部监管要求准确执行的检查和威慑，审计依据主要包含涉及地区的法律法规和监管政策，以及企业内部制定发布的策略、制度、规范、标准和流程。系统的合规审计主要关注两个方面：一方面是设计和实施是否符合要求，比如个人信息存储和传输是否符合当地法规、参数配置是否符合内部安全配置标准，等等；另一方面是操作和行为是否满足规范，比如系统变更是否执行了相应的审批和上线流程、账户权限分配是否满足职责分离策略，等等。部分合规审计可以通过自动化的方式执行，比如账户权限变更可以直接匹配电子工单、职责分离策略可以匹配员工岗位，等等。对于无法自动化的审计内容，可以采用抽样的方式进行审计，避免消耗过多的资源和时间。

溯源取证一般由具体的安全事故触发，是一个基于某个具体问题顺藤摸瓜的过程，最大的困难点在于如何确保相关痕迹不被攻击者自行清理。一个可行有效而且必须实施的方案是日志异地存储，安全团队应该建立专用的独立日志服务器，推动所有与安全相关的日志实时转发到异地日志服务器，并且确保日志来源系统的访问用户（包括攻击者）和维护人员无法变更异地日志内容。另外，在发现安全事故后，应该尽快完成现场保存工作，避免其他操作给溯源取证带来干扰——即使没有人员操作，系统不断生成的日志和其他磁盘写入也会不断降低成功恢复被删除痕迹的可能性。

说了很多系统安全相关的工作，那么到底从哪儿开始入手呢？由于大部分安全团队会优先建立SDL,并且系统安全整体也遵循SDL(引入)流程,所以在资源有限的情况下,从脆弱性和威胁管理入手然后逐步穿插扩充到访问控制和安全审计是一种可行性相对较高的选择。

8.4 员工权限

员工权限是最容易产生安全问题但同时也是合理管控后收益最明显的环节之一,因此有必要启动专项工作进行规划和推进。员工权限管控主要有两大目标:一是确保员工账户全生命周期内的权限分配合理性,二是通过建立职责分离策略减少内部舞弊确保重要数据和关键信息的可控可信。

员工账户全生命周期管控需要全程跟踪员工从入职到劳动关系终止期间所有账户及权限的变更过程,包括但不限于创建、新增、减少、禁用、恢复和删除,同时针对其合规性、合理性和安全性进行监督、检查和惩戒。员工账户全生命周期通常包含入职、工作、转岗、休假、停职和劳动关系终止等不同环节,其中每个环节都有可能发生账户或权限上的变化,因此安全管控也必须融入这些环节,形成如图8.6所示的员工账户全生命周期管控流程。

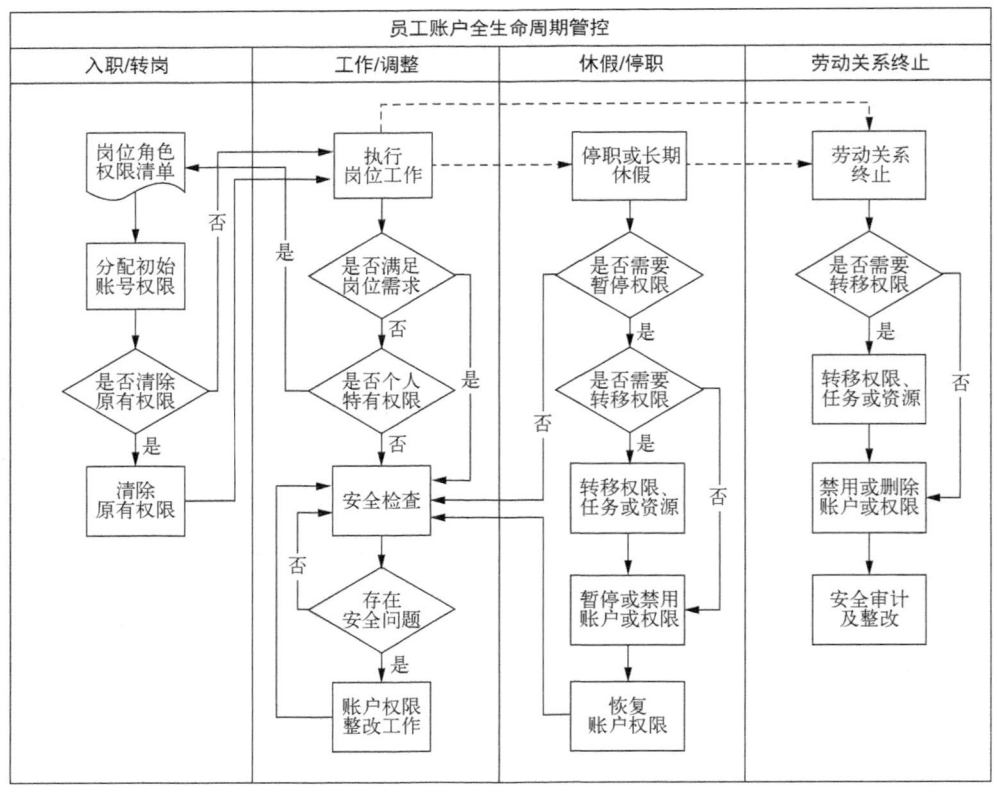

图8.6 员工账户全生命周期管控

安全团队可以分5步建立起相对完善的员工账户全生命周期管控流程。

第一步是制定并发布账户权限管理制度，明确账户及权限的分配要求、审批流程和惩戒标准。账户及权限分配要求必须至少遵循"最小授权"原则，对于一些相对敏感或者属于特定监管合规范围（如SOX404）的系统，还需要考虑权限不相容矩阵。审批流程应该至少包含账户持有者上级负责人和账户所属系统负责人两个审批节点，如果涉及敏感数据或影响较大的权限，还可以考虑增加安全或其他更高层级的管理人员参与审批。惩戒标准是确保制度落地执行的必要条件，惩罚设定必须适度，过于严厉的惩罚难以落地执行，但是过于宽松的惩罚无法树立威慑效果。另外，制度还必须明确各个团队及员工在账户及权限管理中的角色和义务，比如人力部门必须配合执行惩戒、各级负责人必须执行审批和审阅义务，等等。

第二步是全面梳理权限分配现状，进一步建立岗位角色权限清单。这是整个权限管控中工作量最大也最为复杂的一部分工作，执行过程需要对企业内所有信息系统的账户、权限和角色进行摸底，同时归纳总结出各个岗位对应的角色及其共性权限。由于企业通常部署或实施了大量的信息系统，并且每个系统内部的权限结构都十分复杂，所以安全团队的有限资源实际上不可能完成全部的权限梳理工作。所以，安全团队可以重点关注敏感数据或影响较大的权限，在资源允许的情况下再逐步扩充到其他系统和权限，或者将梳理工作分发给各个系统负责人，由他们协助完成采集和梳理。这步工作最后可以输出两张表，一张是账户、岗位、角色和权限的对应表，用于检查权限是否合理并推进后续整改工作；另一张是岗位、角色和共性权限的对应表，用于权限的初始分配、自动化检查、定期审计和审阅等工作中。

第三步是推进账户及权限的集中管控，以及完善的日志记录和存储能力。尽管分散式的账户及权限管理从理论上来说也可以实施安全管控策略，但是那样需要投入大量的时间和精力，而且极易出现遗漏或疏忽。实现集中式账户管理的常见方案之一是AD域，它可以实现Windows操作系统账户及权限的集中管控，大量应用系统和设备也都可以通过LDAP实现AD域账户统一认证，而且在提供相对完善的账户安全管控策略的同时还具备相对简单低廉的实施过程和运维成本。对于AD域无法解决的应用系统授权需求，最理想的方案是实施部署SSO系统，在实现权限集中管控的同时，还可以最大限度减少员工重复认证的次数，提升内部系统的用户体验。实施SSO时，需要注意一些特别敏感的数据比如员工个人的薪资、住址及健康等隐私信息必须设置二次认证，避免员工SSO登录后被其他人员操作窃取敏感信息。对于生产及测试环境的操作系统和数据库等系统和设备账户，可能因为安全、可行性等各方面的原因不会实施集中的账户及权限管理，这种情况下必须处理好各个分散系统账户及权限的自动采集和日志记录工作。

> **小贴士**
>
> 部署和使用 AD 域必须注意两个安全问题。
>
> 首先 AD 域 LDAP 默认对所有用户开放读权限,这意味着任何一个 AD 域用户可以读取整个域的组织结构、机器列表、账户列表及关联属性,因此攻击者获取任意员工账号以后就可以拿到整个域拓扑。避免该风险可以限制用户权限,但是相关操作很容易导致 LDAP 服务异常,因此上线前必须经过严格测试;另一个方法是尽可能减少 AD 域中敏感信息,相关的组织架构和员工信息交由人力资源和 SSO 等其他应用系统存储和维护。
>
> 其次是 Windows 服务器日志文件大小存在限制,超出指定大小后日志会被循环覆盖,导致早期日志丢失无法执行分析和审计工作。由于集中认证授权后域控服务器会频繁产生大量日志,所以必须及时备份和转发相关日志。由于 Windows 本身不支持 syslog 等转发机制,实现相关需求必须安装第三方软件,此前必须严格执行功能测试、性能测试、兼容性测试以及恶意代码筛查工作。

第四步是实施自动监测与纠正措施,及时发现和处置未经授权的账户及权限变更。实施自动监测的前提是企业已经建立相对完善的账户及权限审批流程和员工岗位管理机制,并且相关数据和流程都已经电子化。满足这些条件之后就可以通过对比变更日志、审批工单、在岗员工名单和员工岗位变更流程等数据发现存在异常的账户和权限,比如未经审批的账户及权限变更、已离职却依然可以登录的账户和已转岗但没有清除的原岗位权限,等等。自动监测既可以由变更日志触发,即发现某个账户或其权限发生变更后,再检测是否存在相应的审批单或岗位变动;也可以由岗位变动触发,这种是在检测到转岗、离职等情况后再检测账户及权限是否做出相应调整。另外,自动监测在数据匹配时必须注意排除干扰因素,比如某账户曾经获得某项授权后又被清除,当监测其再次获取相同授权时,不能因为匹配到曾经的历史审批工单就判定正常。对于一些权限几乎不会出现变化的特定岗位或者对应岗位非常明确的敏感权限,在监测到异常后还可以结合第二步工作输出的岗位、角色和共性权限对应表实施自动纠正。

第五步是建立定期审计与审阅机制,多方面保证员工账户及权限的合规性、合理性和安全性。定期审计由安全团队执行,必须详细分析和深入挖掘账户及与权限相关的违规行为和异常事件,审计项包括但不限于:

- ❏ 账户及权限变更是否经过审批和授权(合规性判断)
- ❏ 账户及权限分配是否满足制度规范和职责分离要求(合规性判断)
- ❏ 账户及权限分配是否为工作实际所需(合理性判断)
- ❏ 账户及权限是否已过期或失效(合理性判断)

- 账户及权限是否存在安全隐患（安全性判断）

定期审阅则是由各个系统负责人执行，审阅人仅需要基于自己对系统功能和员工权责的认知判断账户及权限的合理性，其审阅内容包括但不限于：

- 账户及权限分配是否为工作实际所需（合理性判断）
- 账户及权限是否已过期或失效（合理性判断）

实际工作中对审计的要求和期望相对更高，可以一定程度上接受审阅工作的有限性。另外，如果账户及权限总体数量庞大，那么无论审计还是审阅都可以采取抽样的方式开展工作。

职责分离策略通过为不同岗位不同职能的员工分配不同的权限，形成相互合作相互约束甚至相互监督的关系，从而降低内部舞弊的可能性。实施职责分离的根本目的是确保无法由同一个人完成所有的舞弊操作，主要管理工具是权限不相容矩阵。权限不相容矩阵应该从岗位、角色和人员等不同的维度进行设置。

首先必须为不同的岗位分配不同的职能和权限。一般企业内部的重要运营岗位都已经处理好了相关的分离工作，比如财务和出纳、采购和验收等，这些已经超出了安全团队的知识范围，而且一般也不由安全团队推进和监督。但是大部分初创期和发展期的企业在技术体系内部没有考虑职能及权限的分离，权限管理也相对混乱，这就很容易发生某个研发、运维或数据库管理员修改业务数据后抹去所有的痕迹，导致难以发现舞弊行为，甚至发现了也无法搜集证据定位责任人的情况。要解决这样的问题，可以实施表 8.7 中的权限不相容矩阵。

表 8.7 技术体系岗位权限不相容矩阵

	操作系统特权	数据库特权	代码写权限	应用后台特权
运维工程师	有	不可有	不可有	不可有
数据库管理员	可有	有	不可有	不可有
研发工程师	不可有	不可有	有	不可有
应用系统管理员	不可有	不可有	不可有	有

其次是在同一系统创建不同权限的角色实现相互制衡。最常见的实施方法是"三权分立"，或者也可以叫"三员管理"，它的核心是由不同的人员担任管理员、操作员和审计员，管理员只能分配账户权限（根据实际情况确定是否可以维护系统参数），操作员可以执行权限允许的业务操作，而只有只读权限的审计员则只能完成审计工作。"三权分立"本质上是表 8.8 所示的权限不相容矩阵。

表 8.8 系统"三权分立"权限不相容矩阵

	管理账户	业务操作	读取日志	变更日志
管理员	有	不可有	可有	不可有
操作员	不可有	有	可有	不可有
审计员	不可有	不可有	有	不可有

最后是各个团队内部可以根据员工具体工作内容的不同建立职责分离和权限不相容矩阵。比如分别安排不同的员工负责业务服务器和相应异地日志服务器的运维工作，避免同一个员工在业务服务器执行恶意操作后又登录异地日志服务器清除记录；分别安排不同的员工负责安全项目和安全审计的执行工作，避免同一个员工在审计中发现自己项目的问题后刻意隐瞒甚至销毁证据，等等。这种相同岗位同类型工作按不同员工进行职责分离的实施没有通用的权限不相容矩阵，安全团队可以提供如何建立权限不相容矩阵的建议指引，并推动其他团队完成重要岗位的职责分离工作。

由于职责分离需要在同一件工作中投入更多的人力资源，通常企业不可能在所有岗位和系统启动相关工作，而是圈定出最为重要和关键的业务建立权限不相容矩阵。建议执行职责分离的范围包括但不限于涉及财务或能影响到财务数据的业务和系统、涉及个人信息和敏感数据的业务和系统以及其他相关监管要求指定范围的业务和系统。

第 9 章

监管合规与应对

随着整个社会对信息安全的认知和关注日益增强,各国政府在网络安全尤其是隐私和个人信息保护方面的监管呈现出稳步趋严的形势。近几年,不少企业开始设置并重视专职的安全合规岗位,以应对监管主体多维化、规范标准精细化、要求条款严格化、惩戒力度加大化的监管合规要求。

监管主体多维化主要体现为多个政府部门分别对企业信息安全工作进行指导和监督。例如网信办(国家互联网信息办公室)对互联网应用系统中发布的内容信息进行监测和监督;工信部对国家关键信息基础设施安全、用户个人信息安全、网络数据安全及互联网的安全体系建设进行保护和监督;公安机关作为公共信息网络安全监察部门对企业信息系统安全保护工作进行指导、检查和监督,以及组织实施信息系统安全评估与审验工作;由网信办、工信部、公安部、国家市场监督管理总局联合成立的 App 违法违规收集使用个人信息专项治理工作组负责对非法收集、使用个人信息的行为实行打击和整治,等等。原有的政府关系部门很难顺利完成安全专业领域相关信息的传递和解释,只能依赖专业的安全合规人员。

规范标准精细化是指信息安全监管的要求愈发深入和明确,以我国监管网络环境为例,为落实《网络安全法》,网信办、工信部、公安部及全国信息安全标准化技术委员会等机构先后发布了涉及各个信息安全领域的规范和标准。在个人信息保护方面,《网络安全法》第四十二条规定,"网络运营者不得泄露、篡改、毁损其收集的个人信息;未经被收集者同意,不得向他人提供个人信息"。这是一条相对概括的法律条款,2018 年 5 月 1 日开始实施的《信息安全技术 个人信息安全规范》则对个人信息安全保护做出了更细致、更具体的指导和解释,该规范修订版本于 2020 年 10 月 1 日开始实施。另外,2019 年 3 月 1 日发布的《App 违法违规收集使用个人信息自评估指南》、2019 年 11 月 28 日发布的《App 违法违规收集使用个人信息行为认定方法》又在更具体的应用场景中进一步给出了更加明确和可落地的细节信息。相关规范和标准的发布呈现出越来越频繁、专业的趋势,配置专职的安全合规人员负责政策的跟进、解读和落地自然也就变得更加重要。

要求条款严格化是监管趋严的直接结果和表现。以部分企业必须开展网络安全等级保护（后简称为"等保"）建设工作为例，2019年10月1日开始实施的等保2.0相比此前长期执行的等保1.0，不仅在覆盖范围和适应场景上进行了补充，而且在测评结果上更加严格与精确。不同得分在等保2.0和等保1.0中分别对应的测评结果如表9.1所示。

表9.1 等保1.0与等保2.0得分与测评结果对比表

分数/结果	等保1.0测评结果	等保2.0测评结果
<60	不符合	不及格
60~69	部分符合	
70~79	部分符合	中
80~89	部分符合	良
90~99	部分符合	优
100	完全符合	

不仅及格分数门槛有所提高，而且在具体的评分标准也变得更加严格。一个明显的变化是，一些在等保1.0标准下测评结果为部分符合得分在85以下的企业，在等保2.0的测评结果可能会出现不及格的情况。

惩戒力度加大化是各项监管要求落地执行的最基本保障。根据《中华人民共和国刑法》第二百五十三条之一"【侵犯公民个人信息罪】违反国家有关规定，向他人出售或者提供公民个人信息，情节严重的，处三年以下有期徒刑或者拘役，并处或者单处罚金；情节特别严重的，处三年以上七年以下有期徒刑，并处罚金。"在2019年11月1日发布的《最高人民法院、最高人民检察院关于办理非法利用信息网络、帮助信息网络犯罪活动等刑事案件适用法律若干问题的解释》中，进一步对严重、特别严重进行了量化描述，并且明确惩戒对象为直接负责的主管人员和其他直接责任人员。

放眼全球，对数据和个人信息的安全防护也被提到前所未有的高度。欧盟于2018年5月25日发布了被称为"史上最严的数据保护条例"的GDPR，针对面向欧盟用户的个人信息收集、使用等行为进行约束和监督。GDPR正式实施一个月后，被称为全美最严厉隐私保护法案CCPA出台，并于2020年1月1日起正式生效。

M公司是一家在中国运营、计划在纳斯达克（美国）上市并且面向全球用户的互联网企业，因此必须同时遵循中国、美国和其他各个地区的监管要求。安全合规团队在仔细研究国内外信息安全相关的法律条款和各项监管要求后，决定首先从中国的《网络安全法》和个人信息保护要求、美国的SOX404和CCPA、以及欧盟的GDPR着手开展监管合规工作，在基本符合它们的要求之后再逐步覆盖到其他用户相对较少的地区（如新加坡）的相关法律法规。

9.1 网络安全法与个人信息保护

凡是在中国境内运营的企业,遵守《中华人民共和国网络安全法》以及其他中国法律法规是最基本的底线。

《网络安全法》的核心重点内容体现在3个领域:个人信息保护、网络运行安全和监管机构协作机制。其中个人信息保护主要规范了信息主体所享有的权利,个人信息保护的要求以及发生个人信息违规事件发生后的投诉、举报和处理机制等;网络运行安全主要规范了网络安全保护的义务和责任,网络关键设备和网络安全专用产品设备的使用要求,以及网络安全事件应急预案的执行要求等;监管机构协作机制主要包括所有的系统都应按照等级保护制度要求履行信息安全义务,按照监管要求进行安全评估检测与安全事件上报等。具有关键信息基础设施的公司,在网络安全运行方面的安全要求比一般公司更为严格和细化。

如果企业不履行《网络安全法》规定的网络安全保护等义务,则会根据具体的违反惩罚条款对其实施相应的惩罚。因为处罚标准提升到了法律层面,从而可以更有力地监督和保证企业网络安全义务的有效履行。

《网络安全法》把个人信息的安全防护作为核心内容之一,这点非常容易理解。随着近年来信息技术尤其是大数据技术的广泛应用和普及,越来越多的个人信息被不规范地采集、共享和使用,并由此造成了不计其数的负面事件和影响。因此,通过《网络安全法》把个人信息保护明确为法律层面的企业义务是非常必要和有效的。

个人信息包括但不限于个人基本信息、个人身份信息、个人生物识别信息、网络身份识别信息、个人健康生理信息、个人教育工作信息、个人财富信息、个人通信信息、联系人信息、个人上网记录、个人常用设备信息和个人位置信息。

为了规范个人信息在收集、保存、使用、共享、转发、公开披露等环节中的相关行为,遏制个人信息非法收集、滥用、泄露等现象,保障个人的合法权益及社会公共利益,全国信息安全标准化技术委员会在2017年12月29日正式发布了国家标准GB/T 35273-2017《信息安全技术个人信息安全规范》,并于2018年5月1日正式开始实施。该规范基本定义了个人信息及敏感个人信息的范围,规范了个人信息的安全保护原则,对个人信息的收集、保存、使用、共享、转让、公开披露的环节进行规范,并首次提出了隐私政策的内容和发布要求。此规范实施后,以互联网为代表的大部分相关企业重新修订和发布了隐私政策,中等规模以上企业基本可以参照此规范的附录D进行编制和修订。

2019年1月25日,中央网信办、工信部、公安部、市场监管总局四部门召开新闻发布会,联合发布《关于开展App违法违规收集使用个人信息专项治理的公告》。为切实治理个人信息保护方面存在的乱象，四部门决定自 2019 年 1 月至 12 月，在全国范围组织开展 App 违法违规收集使用个人信息专项治理。随后就出现了大量 App 因强制授权、过度索权、超范围收集个人信息等问题被要求限期整改甚至强制下架的现象。为了避免类似问题的发生，可以根据 App 专项治理工作组于 2019 年 3 月颁布的《App 违法违规收集使用个人信息自评估指南》在企业内部进行自查自纠，具体可参考表 9.2。

表 9.2　App 违法违规收集使用个人信息自评估表

评估项	评估点	现状	是否符合	责任部门	处置建议	完成时间
隐私政策的独立性、易读性	是否有隐私政策					
	隐私政策是否单独成文					
	隐私政策是否易于访问					
	隐私政策是否易于阅读					
清晰说明各项业务功能及所收集个人信息类型	是否明示收集个人信息的业务功能					
	业务功能与所收集个人信息类型是否一一对应					
	是否明示各项业务功能所收集的个人信息类型					
	是否显著标识个人敏感信息类型					
清晰说明个人信息处理规则及用户权益保障	App 运营者的基本情况					
	个人信息存储和超期处理方式					
	个人信息的使用规则					
	个人信息处境					
	个人信息安全保护措施和能力					
	对外共享、转让、公开披露个人信息规则					
	用户权力保障机制					
	用户申诉渠道和反馈机制					
	隐私政策时效					
	隐私政策更新					
	隐私政策等文件是否存在免责等不合理条款					
收集个人信息应明示收集目的、方式、范围	是否向用户明示收集、使用个人信息的目的、方式、范围					
	若使用 Cookie 及其同类技术收集个人信息，是否向用户明示					
	若存在嵌入第三方代码插件收集个人信息的功能，是否向用户明示					

(续)

评估项	评估点	现状	是否符合	责任部门	处置建议	完成时间
收集使用个人信息应经用户自主选择同意，不应存在强制捆绑授权行为	收集个人信息前是否征得用户自主选择同意					
	是否存在将多项业务功能和授权打包，要求用户一揽子接受的情形					
收集个人信息应满足必要性要求	实际收集的个人信息类型是否超出隐私政策所述范围					
	收集与业务功能有关的必要信息，是否经用户自主选择同意					
	是否收集与业务功能无关的个人信息					
	是否在用户明确拒绝后继续索要权限、打扰用户					
	App更新是否更改系统权限设置					
支持用户注销账号、更正或删除个人信息	是否支持用户注销账号					
	是否支持用户查询、更正或删除个人信息					
及时反馈用户申诉	是否及时反馈用户申诉					

2020年1月6日发布的《App违法违规收集使用个人信息行为认定方法》为认定App违法违规收集使用个人信息行为提供了参考依据。该方法明确了哪些行为被认定为未公开收集使用规则，哪些行为被认定为未明示收集使用个人信息的目的、方式和范围，哪些行为被认定为未经用户同意收集受用个人信息，哪些行为被认定为违反必要原则收集与其提供的服务无关的个人信息，哪些行为被认定为未经同意向他人提供个人信息，哪些行为被认定为未按照法律规定提供删除或更正个人信息功能或未公布投诉、举报方式等信息，等等。对于需要发布App的企业，合理的安全合规处理方式是首先参照《App违法违规收集使用个人信息自评估指南》进行自评估，然后再依据《App违法违规收集使用个人信息行为认定方法》复核校验，确保符合App个人信息安全合规要求。

> **小贴士**
>
> 　　如果在 App 开发过程中嵌入了第三方 SDK，那么第三方 SDK 的功能和安全状况也应该纳入整体评估中。但是实际情况中很多企业往往不具备对第三方 SDK 进行信息安全评估的资源和条件。
>
> 　　在这种情况下，对于商业合作引入的第三方 SDK 可以通过合同条款作出约束，明确第三方 SDK 可以采集的数据范围以及在何种限制下使用这些数据，同时对违反合同的行为加强惩罚。对于无法签订合同条款的第三方（如开源、免费等）SDK，则需要尽可能全面、深入地开展前期调研和舆情监控工作，在具备条件的前提下甚至可以委托专业机构对其进行测评。

　　在当下，互联网已经与新生代儿童的生活、学习等密不可分。我们既要保证儿童通过互联网学习知识、开阔眼界的权力，同时也要保护儿童在网络空间的合法权益不受侵害。为了保护儿童个人信息安全，促进儿童健康成长，国家网信办发布的《儿童个人信息网络保护规定》于 2019 年 10 月 1 日开始施行，主要保护不满十四周岁的未成年人的个人信息。相比一般个人信息保护，儿童个人信息保护提出了更高的要求：在取得用户同意环节，要求儿童用户监护人同意；要求专门的儿童个人信息保护规则和用户协议，并需要网络运营者指定专人来负责儿童个人信息保护工作；明确了征求同意过程中，应当同时提供拒绝选项；要求存储儿童个人信息时，应当采用加密措施等，此规定充实了我国儿童个人信息网络保护的法律依据，也是个人信息保护一个重要的里程碑。

　　等级保护是《网络安全法》的另一个重点关注领域，也是中国信息安全保障的基本制度。在《网络安全法》实行之前，只有部分重要行业和重要系统必须按要求开展等级保护定级工作，如政府、金融、能源、通信、公共事业，等等。但是自从 2017 年 6 月 1 日《网络安全法》实施之后，所有的网络运营者都必须执行网络安全等级保护制度。

　　M 公司作为一家互联网企业，自然属于网络运营者的范畴，必须依法开展等级保护实施、备案和测评工作。安全合规团队最先要做的就是选定合适的测评机构。等级保护测评机构必须具有国家颁发的等级保护测评资质，获得资质的测评机构推荐目录可以通过网络安全等级保护网查询获取。测评机构的选择非常重要，这决定了后续工作是否可以顺利、准确地推进和执行。因此，安全合规团队需要提前接触备选测评机构，大致了解其测评能力、沟通风格和过往案例，避免正式采购后出现难于沟通甚至错误评分的情况。

　　正式选定测评机构并采购安全测评服务之后，就可以正式启动测评工作了，其主要流程一般分成定级、备案、初测、整改、终测和监督检查六步走。

第一步是确定企业所有信息系统的安全保护等级。信息系统的定级一般由系统的使用、运营单位根据《GAT 1389—2017 信息安全技术网络安全等级保护定级指南》自主确定信息系统的安全保护等级，定级对象的运营使用单位应组织专家召开专家定级评审会出具初步定级建议，并在通过上级主管部门审核后到公安机关备案，如果公安机关备案审查不通过则需要运营使用单位重新组织定级工作。对于专家评审会的组织、上级主管部门的对接等具体流程，安全合规团队可以参照测评机构根据实际情况给出的建议执行。

信息系统的安全保护等级由等级保护对象受到破坏时侵害的客体和对客体造成的侵害的程度两个要素决定，具体定义如下。

第一级（自主保护级）：信息系统受到破坏后，会对公民、法人和其他组织的合法权益造成损害，但不损害国家安全、社会秩序和公共利益；监管方式为自主保护。

第二级（指导保护级）：信息系统受到破坏后，会对公民、法人和其他组织的合法权益产生严重损害，或者对社会秩序和公共利益造成损害，但不损害国家安全；监管方式为政府职能部门指导下保护。

第三级（监督保护级）：信息系统受到破坏后，会对公民、法人和其他组织的合法权益产生特别严重损害，会对社会秩序和公共利益造成严重损害，或者对国家安全造成损害；监管方式为政府职能部门监督保护。

第四级（强制保护级）：信息系统受到破坏后，会对社会秩序和公共利益造成特别严重损害，或者对国家安全造成严重损害；监管方式为政府职能部门的强制监督和检查下的严格保护。

第五级（专控保护级）：信息系统受到破坏后，会对国家安全造成特别严重损害；监管方式为政府协助下由主管部门和使用单位实施专门控制和保护。

定级要素与信息系统安全保护等级之间的关系也可以简单地用表 9.3 说明。

表 9.3 信息安全等级保护系统定级表

业务信息安全被破坏时所侵害的客体	对相应客体的侵害程度		
	一般损害	严重损害	特别严重损害
公民、法人和其他组织的合法权益	第一级	第二级	第三级
社会秩序、公共利益	第二级	第三级	第四级
国家安全	第三级	第四级	第五级

上面的描述主要参照等保 2.0 定级标准，当公民、法人和其他组织的合法权益受到特别严重损害时，等级保护对象被定义为三级，而等保 1.0 标准中将相同情况定义为二级，这也是等保 2.0 比 1.0 更为严格的表现之一。

另外，在等保备案过程中经常看到 S2A3G3、S3A2G3、S3A3G3 这样的信息系统等级描述，它们都代表信息系统被定义为等保三级，但是具体有什么区别呢？其中 S 表示业务信息安全，是指保护数据在存储、传输、处理过程中不被泄露、破坏和免受未授权的修改的信息安全类要求；A 表示系统服务安全，是指保护系统连续正常的运行，免受对系统的未授权修改、破坏而导致系统不可用的服务保证类要求；G 则表示基本要求类，它的定级取 S 和 A 的较大值，表示该系统的最终保护等级；S、A、G 后面的数字代表相应类的定级。以 S2A3G3 为例，定级过程是根据业务信息安全受到破坏时所侵害的客体和对客体的侵害程度，确定出业务信息安全等级 S2；根据具系统服务安全受到破坏时所侵害的客体和客体的侵害程度，确定出系统服务安全等级 A3；因此 G 在 S 和 A 之间就高取值为 G3，最终定级为三级 S2A3G3。

第二步是在确定信息系统保护等级后向公安机关备案。一般选择企业注册或办公所在地的市级及以上公安机关进行备案，不同地区、不同机构的备案流程和所需材料可能存在差异。一般是先通过在等保备案注册平台填写单位信息提交公安机关进行审核，审核通过后根据系统要求线上提交备案资料，一些常见的提交材料包括但不限于：

☐ 信息系统安全等级保护备案表
☐ 信息系统安全等级保护定级报告
☐ 网络与信息安全承诺书
☐ 公司营业执照复印件
☐ 公司法人身份证复印件
☐ 法人授权书
☐ 被授权人身份证复印件
☐ 公司办公地证明
☐ 公司服务器托管协议
☐ 网络安全等级保护应急联系登记表
☐ 专家评审意见
☐ 行业主管部门审核意见
☐ 系统使用的安全产品清单及认证、销售许可证明（三级及以上等级系统适用）
☐《信息安全工作管理制度》（三级及以上等级系统适用）
☐ 单位拓扑图及说明（三级及以上等级系统适用）
☐《信息安全等级保护备案证明使用承诺书》（互联网金融行业适用）

审核结果一般在 10 个工作日左右公布，对于定级不准的情况，需要重新定级和备案，如果备案资料顺利通过审核，公安机关会出具等保备案证明。

第三步是在完成定级备案之后执行等保初测。等保初测由测评机构负责，内容包括但不限于与定级系统相关的现状调研、制度查阅和系统检测。这个阶段安全合规团队主要负责协调企业内部相关部门和人员配合测评过程，并且通过以下几个方面促进和控制测评过程：

- 帮助测评机构与内部员工更好地理解对方的沟通术语和需求；
- 检查测评机构的理解是否与实际情况一致；
- 确保企业敏感数据不被测评机构访问和获取。

初测结束后，测评机构应该出具整改问题清单及整改建议，并且给予网络运营者一定时间进行整改。在一般情况下，二级系统每年需要进行一次等保自查，三级系统每年至少执行一次等级测评，四级系统每半年至少执行一次等级测评，五级则应当依据特殊安全需求进行等级测评。

第四步是根据初测结果进行系统整改。对于信息安全管理及技术层面未达到安全等级保护要求的情况，测评机构应该出具整改问题清单，要求企业进行整改。整改问题清单的样式如表 9.4 所示，其中问题、整改建议和风险等级由测评机构填写，整改状态由安全合规团队推动和更新。

表9.4 整改问题清单

系统名称：

序号	问题	整改建议	风险等级	整改状态
1				
2				
...				

部分地区的公安机关可能要求在下发等保备案证明后的 30 个工作日（或更短时间）内反馈等保测评报告，这样就导致整改周期只有一到两周，如果问题比较复杂，很难在这么短的时间内完成整改。所以，对于这些地区的企业，可以考虑基于测评机构经验大致判定系统定级后提前启动初测工作，给整改预留出时间。此外，通过等保终测并不需要完成所有问题的整改，对于一些风险可控、整改复杂并且对终测结果影响不大的问题可以考虑延期整改甚至直接接受。具体的执行方案可以参考测评机构的意见和建议。

第五步是在企业完成必要的问题整改之后，由等保测评机构复核整改情况并出具最终测评结果。等保终测后会输出《等级保护测评报告》，经测评机构和网络运营单位企业共同确认之后，根据等保备案流程，将其提交到相应的公安机关备案。此阶段安全合规团队需要执行的工作与初测阶段高度相似。

第六步是长期持续的监督检查。在等保测评最终通过之后，网络运营者依然有义务持续接受公安机关的安全监督、检查、指导，并且如实向公安机关提供有关材料。例如受理备案的公安机关每年都会对三级信息系统进行检查，检查方式包括现场检查和非现场检查两种。如在检查的过程中发现不满足等保要求项，公安机关会下发整改通知书，责令网络运营单位限期整改。

9.2 SOX404

2001年，美国发生了举世震惊的"安然事件"。安然公司曾是世界上最大的能源、商品和服务公司之一，但这个拥有上千亿资产的公司却因财务造假、公司治理等问题向纽约破产法院申请破产保护。此事件不仅严重挫伤了美国经济的元气，而且重创了投资者和社会公众的信心，因此引起了美国政府和国会的高度重视。为了减少财务欺诈事件发生，提高企业披露信息的准确性和可靠性，更好地保护投资者，2002年7月30日，美国发布了萨班斯法案（Sarbanes-Oxley法案，也就是我们所说的"SOX"），强制所有在美国上市的企业必须遵循相关条款，并对企业财务报表内部控制的有效性进行评估和报告。

SOX成为在美国上市的必要条件后，引起了已在美国上市和计划在美国上市企业的高度重视，相关的合规投入也随之大幅增加，比如设立专职的内控和审计部门、聘请外部审计机构、以及针对不合规项实施整改，等等。内控责任部门一般参考COSO内部控制框架来构建一个全面且实施有效的内部控制机制，审计责任部门则根据SOX合规要求对财务报表内部控制的有效性、真实性进行评估并出具报告。

SOX404是萨班斯法案的404条款，主要覆盖内部控制的管理评估。它明确了管理层对于财务报表及与其相关的内部控制制度的有效性的责任，并要求管理层对此发表书面声明，以实现通过加大控制力度来提升上市公司决策人的相应责任，同时达成改进企业治理情况、提高企业财务信息质量、建立投资者对美国资本市场的信心等一系列目标。

在通常情况下，企业会建立专职的内审部门负责协调和监督与SOX相关的内控、合规和审计工作，安全合规团队则主要负责SOX404中IT（本章中"IT"泛指信息技术）内控部分的推进、落地和审计工作。这样分工的主要原因在于以下几点。

- 由安全合规团队承接具体的流程制定、风险整改和项目管理工作，更有利于维持内审部门的独立性和客观性，避免出现内审部门"既当裁判又当运动员"的不合理情况。
- SOX404关注的IT风险大部分为信息安全风险，交由安全合规团队负责更有利于整体排查、分析和控制这些风险，从而实现管控措施最优化和重复投入最小化，在一定程度上降低企业全局合规成本。
- 通常内审人员知识背景以合规审计为主，对具体的技术细节缺乏了解，与IT技术人员沟通存在一定障碍。因此，对合规和技术均有所了解的安全合规团队可以有效减少沟通成本，大幅提升推进效率。

在企业内开展SOX合规工作，首先必须确认好合规范围，这是后续一系列相关工作可以正常推进和执行的前提和基础。如果合规范围设置过大，那么对非关键系统和流程的过度管控很可能导致企业运营效率大幅降低，在一定程度上提升整体运营成本并降低企业竞争力；如果合规范围设置过小，那么可能无法满足 SOX 合规要求，并由此引发相应的财务欺诈风险、合规风险和法律风险等。

由于 SOX 合规的根本目标在于确保在美上市企业财务数据的可信可控，所以其合规范围自然也就围绕财务数据展开。安全合规团队作为 SOX 整体工作中参与、配合、协作的角色，在范围界定中主要协助完成可能影响财务数据的信息系统的确认工作。常见的 SOX404 合规系统范围包括但不限于：

- 财务管理系统
- 供应商管理系统
- 支付系统
- 人力资源管理系统
- 其他与财务无直接关联但其数据可能影响到市场评估的系统

最终确认的信息系统记录在如表 9.5 所示的 SOX404 系统范围梳理表中，定期开展再梳理和再确认工作，确保 SOX404 合规范围的准确性，并同步至内审部门或其他 SOX 整体负责部门。

表 9.5　SOX404 系统范围梳理表

业务类型	业务描述	承载的系统	系统相关模块	接口对接情况	责任部门

在确定了合规范围之后，就可以基于范围内 IT 流程建立风险矩阵。SOX404 关注的 IT 流程主要涉及信息科技治理、计划组织、信息化建设、运行管理、监控评估 5 个方面，安全合规团队需要针对这 5 个方面的每个具体流程执行风险评估，评估方法包括但不限于员工访谈、发放调查问卷和参考风险知识库。一些常见的风险包括但不限于：

- 信息化制度不完整；
- 缺少必要的授权和审批流程；
- 不符合权限不相容矩阵；
- 存在无效的账户或权限；
- 缺少必要的风险评估环节。

根据风险评估的结果，安全合规团队需要推进责任部门采取合理的控制措施消除或降低风险影响。最终形成如表 9.6 所示的基于 IT 流程的风险矩阵。

表 9.6 基于 IT 流程的风险矩阵（样表）

序号	领域	流程	风险描述	控制措施	责任部门
1	信息科技治理	信息科技治理	无法保证 IT 资源分配的适当性，企业 IT 投资无法保持与企业战略和目标一致		
2	计划组织	信息化规划	可能导致 IT 发展偏离业务战略，影响公司业务发展		
		信息技术架构	可能导致 IT 发展偏离业务目标，无法满足业务需求，影响公司业务发展		
		信息技术人员配备	可能无法有效为业务需求创造和提供信息技术服务		
		信息技术风险管理	可能无法分析和传达信息安全风险及其对业务过程和目标潜在的风险		
3	信息化建设	项目管理	对信息化建设项目的进度及交付结果无法进行保证		
		应用系统开发	可能导致系统无法充分支持业务运行		
		系统测试和发布	没有对新系统进行充分测试，并严格发布管理，可能导致新系统无法达到预期结果		
		相关设施和资源获取	可能导致无法以及时、有成本效益的方式获取所需的信息技术设施和资源		
4	运行管理	服务水平管理	可能无法保证业务系统运行的可靠性、可持续性和安全性，无法保证业务需求的实现，影响集团业务发展		
		IT 资源容量和性能管理	可能无法保证 IT 资源的性能和容量满足业务系统的需求，影响业务系统的稳定性和 IT 资源的使用效率		
		确保系统安全	无法保证业务系统安全、稳定运行，无法保证业务数据的安全性、保密性和完整性		
		事件管理	无法保证对系统的需求变更、故障解决等请求得到有效的处理，影响业务运行和发展		
		配置管理	可能无法保证配置的变更和版本管理的安全性和完整性，影响业务系统的安全稳定运行		
		变更管理	可能对生产环境稳定性和完整性造成不利影响		
		物理环境管理	可能无法降低因设备和人员造成的业务中断的风险		
		运维管理	可能无法保持业务稳定运行，无法保证业务数据安全		
5	监控评估	监控评估内部控制系统	可能无法掌握内部控制运行情况，IT 运行可能无法达到预期效果		
		监控评估外部监管合规要求	可能无法有效保证 IT 管理的充分性，无法及时发现并处理存在的合规问题和风险		

在实际情况中，上述每个领域所涉及的 IT 流程会因公司 IT 职能不同而有些许差异，因此实际的表格会有所不同。另外还有一点值得注意，如果某个全局流程不符合 SOX404 条款，但是又不希望统一修改后降低全局效率，那么可以在制度和流程中针对范围内和范围外两种场景分别制定不同的管理要求，在满足合规要求的同时兼顾到整体效率。

安全合规团队在 SOX404 合规中的另一项重要工作执行检查和审计。尽管内审部门和外部审计机构也会定期执行几乎相同内容的审计工作，但是他们的审计结果将作为一种评价认定——内审部门评价认定 IT 体系的工作情况交付高层管理者或董事会，外部审计机构评价认定企业整体管理状况交付监管部门或公众。而安全合规团队执行的检查和审计则以发现和处置问题为目标，及时降低风险的同时也可以为 IT 体系获得更好的评价认定。

执行与 SOX404 相关的检查和审计时，需要收集相关流程的留痕资料并根据样本大小执行全量或抽样检查。具体审计项、审计结果及沟通结论通过表 9.7 进行记录和跟踪。

表 9.7　SOX 审计合规检查表

IT 流程	控 制 点	控制要求	现有措施	责任部门	是否合规
信息科技治理	IT 治理框架	建立 IT 治理框架，使其与公司的整体治理和控制环境相一致			
	IT 项目交付价值	评估、指导和监督关联 IT 项目的计划、服务和资产，确保交付的 IT 功能和服务的最大可能价值			
	IT 资源的投资、使用和分配	评估、指导和监督 IT 资源的投资、使用和分配情况，确保 IT 资源分配的适当性，符合战略目标和业务需要			
	风险特点	评估、指导和监督 IT 风险偏好，确保采取适当的风险管理活动，将风险控制在可接受的范围内			
信息化规划	业务需求识别、分析、变更、审核	业务部门提出需求，完成可行性研究报告，提交相关部门审核；IT 部门汇总业务需求形成 IT 项目计划，报领导审批			
	IT 规划评估	IT 部门在编制 IT 规划或 IT 年度计划时对当前 IT 能力进行评估，评估报告提交业务和 IT 部门负责人审核确认			
	IT 规划执行监督	IT 部门定期报告 IT 年度战略计划执行情况，如发生实际和计划偏离情况，及时进行纠正			
信息技术架构	对新技术方向和变更技术方向进行评估与确认	IT 部门根据业务发展需要和 IT 能力，编制技术方向计划，并根据对当前技术方向的跟踪情况，及时对计划进行调整			
	基础设施架构	基础设施架构符合公司业务发展的实际，并要得到相关领导的审批			
	统一技术规范	IT 部门根据公司业务发展的需要，在公司发布统一的 IT 技术标准，并根据技术发展的趋势，适时对技术标准进行更新			

（续）

IT流程	控制点	控制要求	现有措施	责任部门	是否合规
信息技术人员配备	组织架构及岗职	IT应有完善的组织架构以及各部门的岗职			
信息技术风险管理	风险评估	按照既定的评估标准，对识别出的风险进行评估和风险等级的划分。风险评估的结果要经相关部门和领导审批			
	风险处理	针对不同等级的风险，分别采取不同的风险应对措施，同时要经相关部门领导审批			
项目管理	业务需求识别、分析、变更、审核	业务部门提出需求，完成可行性研究报告，提交相关部门审核			
	项目变更	为每个项目建立项目计划变更控制方案，以便所有项目基线（如成本、进度、范围和质量）的变更都能被适当的评审			
应用系统开发	开发、测试、生产人员分离	严格限制部署系统权限，发布上线人员不能是开发人员和测试人员			
	开发环境与生产环境分离	公司应设置独立的开发环境、测试环境和生产环境			
	需求确认	将业务需求转化为软件开发总体设计说明书，并经IT部门和业务部门审核通过			
	详细设计	详细设计说明书应符合总体设计，并经过IT部门和业务部门审核通过			
	设计变更	开发过程中出现重大技术偏差时应进行再评估，并重新进行总体设计			
	需求变更	当前系统出现需求和功能重大变化时，应按照新系统开发流程实施			
	开发标准	开发应遵循统一的开发规范、文档标准、质量要求、预算要求和时间要求等			
	开发过程管理	需求、设计、开发期间，记录和跟踪每个节点的状态			
系统测试和发布	测试方案制定	由业务部门及技术部门一同制定和确认测试方案，并经领导审批			
	系统测试	制定完善的测试方案对功能、性能、兼容性方面进行测试，保证测试的全面性			
	测试结果确认	测试结果应由业务及技术确认，并由业务反馈是否满足要求			
	安全测试	系统上线前应经过安全测试，由安全负责人确认是否达到上线要求			
	发布流程	应建立系统上线控制流程			
	系统验收	业务部门会同IT部门制定最终验收方案，明确验收通过标准			

（续）

IT流程	控制点	控制要求	现有措施	责任部门	是否合规
业务连续性	业务连续性相关管理办法	IT部门应牵头制定各类IT系统和基础设施应急预案			
	应急演练	定期对应急演练进行演练，演练应包括全部应急人员，并有分阶段的演练计划、演练方案和评估报告存档			
	数据备份	应有明确的异地备份的策略；应保证异地备份数据的安全，应保证异地备份数据定期得到测试和更新，保证备份数据的有效性			
服务水平管理	服务水平协议	应根据各系统的业务要求、硬件需求和数据安全需求提出系统运维服务的请求，IT部门应对系统的运维请求进行需求分析，与业务部门约定服务水平管理的流程，并明确双方的责任和义务			
IT资源容量和性能管理	定期进行IT资源的性能和容量预测	应定期评估当前服务器的性能和容量，监控服务器硬件设施的性能和空间容量，当出现异常时应及时报告和处理，调整当前的硬件配置			
确保系统安全	应用层面账号权限新增	为业务系统添加用户权限角色/权限需要经过适当的审批			
	操作系统、数据库账号权限新增/修改	数据库和操作系统账号新增和修改需要经过适当的审批			
	转岗人员权限变动	转岗人员的权限应进行梳理，并及时对不符合转岗后职责的权限进行禁用			
	离职人员权限禁用	员工离职时，应及时禁用其所拥有的全部应用系统、操作系统、数据库、网络设备等账号和权限			
	系统角色的新增/修改	系统角色的新增/修改需要经过适当的审批			
	权限定期审阅	应用系统、操作系统、数据库、网络设备等用户权限应进行定期审阅			
	超级用户授权	超级用户账号需要经过适当的授权，且3个层面超级用户职责分离			
	超级用户日志定期检查	超级用户日志应进行定期检查，检查结果需要保留			
	密码策略	密码设置与所处环境、风险等级相匹配			
	网络安全	网络环境应该进行适当的设置，以保证系统的安全。恰当设置防火墙策略，安装入侵检测等安全防护设备，定期实施漏洞扫描			

（续）

IT 流程	控 制 点	控制要求	现有措施	责任部门	是否合规
	网络设备、安全设备账号权限新增/变更	网络设备、安全设备账号权限开通/变更需要经过适当的审批			
	数据全生命周期安全需求	根据数据的级别和类别制定数据全生命周期安全管理制度			
	敏感数据的访问与获取	对敏感数据的访问与获取应进行合适的审批			
事件管理	事件分类、分级	应该按照业务重要性和事件严重程度对事件进行分类、分级			
	建立事件处理流程	应建立事件处理流程，明确事件处理过程中每个环节的责任人和职责			
配置管理	建立配置库	应建立配置库，将网络设备、数据库系统、操作系统、中间件系统、业务系统的配置统一进行管理			
	建立配置基线	每一个配置文件或配置项的变更应保留变更前的基线，作为变动后返回的检查点			
	对配置库的变更和升级进行记录	所有配置文件或配置项的变更应详细记录			
变更管理	自开发系统变更需求	程序变更需求需要经过适当的审批			
	外购系统变更需求	程序变更需求需要经过适当的审批			
	操作系统/数据库变更需求	程序变更需求需要经过适当的审批			
	技术测试	系统变更需要经过技术测试，完整的测试流程需要被正确记录			
	功能性测试及用户接受性测试	系统变更需要经过用户验收测试，完整的测试流程需要被正确记录			
	安全测试	涉及资金交易的程序变更需要经过安全测试			
	变更上线审批	系统变更上线前需要经过上线审批			
	开发、测试、上线人员分离	严格限制部署系统权限，发布上线人员不能是开发人员和测试人员			
	系统变更清单定期复核	程序变更完成后，管理层需要定期复核程序移植到生产环境之前都经过了合理的测试和审批			
	开发环境与生产环境分离	公司应设置独立的开发环境、测试环境和生产环境			

(续)

IT流程	控制点	控制要求	现有措施	责任部门	是否合规
物理环境管理	IT办公地点进行物理安全防护	根据业务需要制定IT场所、区域、物理资产的访问控制策略,并严格实施			
	机房、数据中心进行物理安全防护	根据相关标准,设置门禁、入侵报警、监控、电力、消防、烟尘、防水、电磁防护、照明等的安全措施			
运维管理	运维流程	建立运维制度、明确运维内容、轮班计划、交接手续和升级流程等			
	监控记录	监控基础设施、应用系统的运行情况,完整记录运营日志			
监控评估内部控制系统	监督评价	持续开展内控监控,记录监控的工作过程,并根据监控结果确定开展专项监督评价的范围和频率,形成监督评价报告提交管理者审阅			
监控评估外部监管合规要求	合规评价	获取并报告IT政策、标准、流程的合规情况			

SOX404合规自查的关键在于采用同内审部门和外部审计机构高度一致的评估方法和判断标准,只有这样才能最大限度地减少各个部门重复整改和企业整体合规成本。

通过一段时间的检查和审计之后,安全合规团队应该主动总结历史问题清单中的聚集特征,比如经常性出现问题的流程、部门和操作等,尝试从中挖掘深层次的根源成因,然后更彻底更有效地实施控制措施。以企业中非常常见的审批人不关注申请内容随意执行审批操作为例,安全合规团队可以从加强惩戒和在SOX404范围内特权权限申请流程中加入安全审批节点来降低相关风险。另外,由于SOX404合规中涉及的账户审阅、操作审阅等审阅工作与基础安全以及后期的数据安全工作高度关联,所以这部分工作也可以增加安全审阅环节。由于安全合规团队对业务相关的需求和操作仅仅存在片面了解,所以账户审阅和操作审阅的主体依然应该由业务负责人完成,安全审阅环节只能发挥"补充"而不是"替代"的作用。

尽管SOX404的合规要求和过程看起来似乎非常复杂,但是实际的建立过程一般是通过采购外部测评和咨询服务(如安永、德勤、毕马威、普华永道等)来完成,安全合规团队在建设过程中主要承担沟通、协调和推进职能。第一轮测评完成后,外部测评和咨询机构通常会提供问题清单和整改建议,然后交由内审部门整体推进和分发。对于缺乏SOX404经验的安全合规人员,由外部机构协助建立的过程实际上也是一次不可多得的学习过程,因此可以尽可能多地跟进参与测评和整改过程,熟悉和掌握内外审审计方法和标准,为后续自查自审自纠工作积累知识和经验。

> **小贴士**
>
> 不同的企业、不同的内审部门、不同的安全团队对安全合规在 SOX 中的角色和职能可能有着完全不同的理解和观点。本书中所述的内审部门整体负责、安全合规协助 IT 内控部分的分工方式并不代表绝对适用于所有企业。
>
> 但是从整体情况而言,内审部门和安全团队在 SOX404 的 IT 内控方面有着高度一致的共同目标——通过建立有效措施控制风险,而且面临着相似的困难和阻力。因此,结合双方优势,共同推进有效果、有价值的控制措施落地更符合企业的整体利益。对于未能参与到 SOX404 合规工作中的安全团队,应该更主动、更积极地尝试与内审部门沟通协作,多参与、多配合、多协助,在达成合规目标的同时达成公司信息安全目标,防范信息安全风险。

9.3 GDPR 与 CCPA

网络的开放性和包容性使得个人数据更加公开化和全球化。为了应对数字时代个人隐私和数据安全保护的新挑战,欧盟委员会于 2016 年 5 月 4 日正式发布 GDPR,其明确规定了企业如何收集、使用和处理欧盟公民的个人数据,并成为目前最全面、最严格的个人信息保护法规。

GDPR 将结合了法规适用的属地主义与属人主义原则,极大扩充了它的适用范围。其属地主义原则表现为:在欧盟境内设立数据控制或处理机构,不管其对个人数据处理的行为是否发生在欧盟境内,都受 GDPR 的约束。其属人主义原则表现为:不管企业在欧盟内有没有设立机构,只要其对欧盟数据主体提供了商品、服务,或对其进行了监控,就受 GDPR 的约束。广泛的适用范围和严厉的惩罚措施使得 GDPR 成为史无前例最严格的数据安全条例。

那么,GDPR 合规工作应该如何推进呢?

首先必须从治理架构层面入手,确定主管监管机构并设立 DPO(data protection officer,数据保护官)。如果企业组织覆盖多个 EEA(european economic area,欧洲经济区)成员地区,那么应该确定其中一个当地监管机构为主要监管机构。DPO 一般由独立权责的人员担任,以确保其履行职权的过程中不受其他部门的干扰。企业应该成立 GDPR 个人信息保护小组协助 DPO 推进工作,该小组通常由安全、法务、业务、政府关系和公关关系等部门的人员构成。

其次需要根据 GDPR 重点关注内容对企业个人信息保护情况进行梳理和评估。GDPR 重点关注的内容包括隐私声明、告知同意、数据主体权力、信息安全、跨境传输、事件响应机制、供应商管理等,具体要求如表 9.8 所示。

表 9.8　GDPR 和 CCPA 监管要求对比表

关注项	关注内容
隐私声明	隐私声明中应明确告知数据主体个人信息收集的目的、方式、范围、数据主体权力、个人信息存储期限等 GDPR 要求告知的内容
告知同意	在收集和处理个人信息前应告知并获取数据主体同意
数据主体权力	数据主体有权行使被访问权、纠正权、遗忘权、数据可携带权、限制处理权、反对权及与自动化决策相关的权力；建立或确立一个渠道用于接收及反馈数据主体的权力要求
信息安全	通过在企业、组织内实施一系列技术控制手段以实现对数据的妥善保护
跨境传输	原则上禁止将欧盟公民的个人信息向欧盟以外的国家转移，仅在符合 GDPR 中规定的例外场景或为个人信息提供充分保护时方可进行跨境传输
事件响应机制	制定隐私数据泄露处置方案，包括上报与通告机制
供应商管理	与供应商明确数据控制者、处理者的定义和安全性保障要求

根据这些关注内容，然后从业务流程入手，基于业务功能和场景对个人数据进行梳理。具体可以使用表 9.9 对个人数据情况进行梳理和记录。

表 9.9　GDPR 个人信息梳理评估表

业务	功能	收集信息	信息密级	收集方式	收集目的	是否征得同意	是否必要	是否合规共享	是否安全保护	是否行使权力	是否合规保存	是否合规跨境	是否合规响应

安全合规团队可以通过访谈公司核心业务人员、阅读产品需求书和说明书等方式了解业务流程或产品功能，对其收集和使用的个人信息的内容、方式、目的、范围、密级等进行确认。然后再根据 GDPR 要求对其是否征得数据主体同意、是否必要、是否合规共享、是否安全保护、是否行使权力、是否合规保存、是否合规跨境等情况进行评估，下面针对每个评估项列举一些主要的评估内容。

- **是否征得数据主体同意**。针对需要用户"同意"的场景，必须明确"同意"收集、存储、更新的方式。如果数据主体不满 16 周岁，则必须由其监护人同意或授权。
- **是否必要**。针对提供的业务服务和功能，评估是否必须收集相关个人信息。如果应用为电子邮件软件，则可判断收集用户健康数据为非必要数据。
- **是否合规共享**。如果数据主体的个人信息因为业务需求需要共享给第三方，那么必须明确告知数据主体共享的目的和方式，并且获得其同意。
- **是否安全保护**。对个人信息全生命周期进行安全防护，从收集、使用、分享、披露、销毁和留存等过程对个人信息进行安全管理。对高密级的个人信息，在传输、存储等环节也需要进行安全防护，比如对身份证、手机号、银行卡账号、地理位置等信息的传输和存储必须加密。

- **是否行使权力**。用户有权查看、修改、删除自己的个人信息，并有权反馈与个人信息相关的问题，所以需要建立投诉渠道，比如邮件、电话等。针对数据主体的投诉必须在30天内进行反馈。
- **是否合规保存**。个人信息数据的保存期限不得超过实现及处理业务目的所需要的时间。
- **是否合规跨境**。GDPR对数据跨境传输的限制主要针对欧盟外国家，但也提出了多种合规路径。
  - **欧盟"白名单"**。对于宏观法制现状、数据保护条约、监管机构设立情况等满足充分保护标准的国家和地区，与欧盟之间的相关数据传输不需要特殊授权。
  - **欧盟政府协议**。目前通过官方充分性认定的司法管辖区包括安道尔、阿根廷、加拿大（仅包括商业组织）、法罗群岛、根西岛、以色列、马恩岛、瑞士、乌拉圭、日本和韩国等。
  - 既不属于"白名单"也未签订相关的政府协议的国家和地区，需要通过以下方式之一满足GDPR合规要求。
    - 标准合同范本。欧盟委员会提供了标准合同条款（standard contractual clauses，SCC），根据传输主体类型不同分为C2C（数据控制者之间）和C2P（控制者与处理者之间）两种。
    - 约束性企业规则（binding corporate rules，BCR），它允许在特定的企业集团和国际组织范围内自由传输数据。
- **是否合规响应**。企业必须在发现违规事件的72小时内，向监管当局和受到违规事件影响的个人通报数据违规行为。

完成以上评估后就可以启动整改工作了。有效的整改包含两个方面，一方面是直接根据评估结果中的不符合项进行整改，另一方面是针对造成这种结果的流程和机制进行完善和改进。前者很好理解，后者包括但不限于完善产品需求设计流程，在产品、服务设计之初就增加隐私数据保护需求；规范第三方与数据共享相关的规范和隐私条款，并对第三方的个人信息保护能力进行评估。

最后是根据调整后的隐私框架编写和发布《隐私声明》，并根据监管要求和实际情况的变化持续更新和完善。《隐私声明》通常由法务部门和安全团队共同制定，主要涉及以下几部分必须包含的内容：

- 如何收集和使用用户的个人信息
- 如何使用Cookie和同类技术
- 如何共享、转让、公开披露用户的个人信息
- 如何保护用户的个人信息
- 用户如何管理自己的个人信息

- 如何处理未成年人的个人信息
- 个人信息如何在全球范围转移
- 隐私政策如何更新
- 如何联系

除此之外,安全合规团队必须针对涉及个人信息的员工开展专项安全意识培训工作,确保其明确知晓与个人信息相关的义务和处置方法。

继 GDPR 之后,2018 年 6 月 28 日,美国加利福尼亚州正式发布 CCPA,并于 2020 年 1 月 1 日正式生效,以保护本州居民的隐私权益。

尽管 CCPA 和 GDPR 之间存在许多相似,但绝对不能画上等号。为了便于理解两者之间的不同,更好地采取应对措施,降低合规风险,我们将两者的主要区别梳理成表 9.10。

表 9.10 GDPR 和 CCPA 监管要求对比表

区别项	GDPR	CCPA
保护对象	欧盟居民	加州居民,包括长期居住在加州或定居加州但暂时居住在加州之外的人
适用企业	任何在欧盟境内设立机构的企业和对欧盟内的数据主体进行个人数据处理的企业,适用范围广	处理加州居民个人数据的营利性实体,且要求其至少符合下面情形之一,适用范围小。①年度总收入超过 2500 万美元;②商业目的购买、出售、分享超过 50000 个消费者、家庭或设备的个人信息;③通过销售消费者个人数据取得的年收入超过总收入 50%
惩罚机制	最高处以 2000 万欧元或上一财年全球营业额 4%的行政处罚(以较高者为准)	每次合规事件(每个用户)最高处以 7500 美元的罚款,使公司面临生死存亡的问题
个人信息定义	已被识别或者可被识别的自然人信息,如姓名、身份证、地理位置等	比 GDPR 宽泛,能够直接或间接地识别、描述与特定的消费者或家庭相关或合理相关的信息,包括但不限于真实姓名、别名、邮政地址、唯一的个人标识符、在线标识符、互联网协议地址、电子邮件地址、生物信息、商业信息、地理位置数据以及教育信息
个人权益的规定	个人对其数据享有获取、修改、限制处理、删除等权力	比 GDPR 宽泛,有权要求企业披露收集的个人信息的类别和具体要求,有权要求企业删除收集的有关消费者的个人信息,有权要求企业披露收集个人信息的目的及与之共享信息的第三方,有权选择不出售个人信息等
未成年人个人信息保护	至少 16 周岁才可以自行同意授权	若未成年人未满 13 周岁,则只有在其父母或者监护人授权的情况下,企业才能向第三方出售该未成年人的个人信息;若未成年人已满 13 周岁但未满 16 周岁,则只要其自己明确授权,企业就可向第三方出售该未成年人的个人信息
数据跨境的约束	在用户明确同意、履行用户与企业之间的合同所必须,经评估后可进行数据跨境	无约束
维权途径及响应	30 天内响应	45 天内响应

CCPA 的合规实施步骤和方法可以参考 GDPR，在实施过程中关注这些差异点进行适当调整即可。值得关注的是，尽管 GDPR 和 CCPA 在条款上高度相似，但是它们的执行规则有着本质上的区别：GDPR 是监管法规，其执行规则为白名单机制，也就是如果没被允许的行为全部禁止；而 CCPA 更侧重规范数据的商业化利用，所以执行原则为黑名单机制，也就是如果没被禁止全部允许。也正是因为适用范围和执行机制的区别，实际上 CCPA 的严苛程度远低于 GDPR。

> **小贴士**
>
> 由于 GDPR 和 CCPA 合规成本较高，所以建议在启动评估和整改工作之前先调研符合它们适用范围的用户数量和分布，如果这批用户数量极少，并且没有继续拓展相关市场的企业战略和计划，那么放弃相关用户和市场也是可行途径之一。当然这并不意味着企业可以降低对于个人信息保护的自我约束和标准，而是特殊背景下追求 ROI 的理智选择。

9.4 合规检查表与自动化

随着合规工作的逐步开展与外部监管的稳步加强，企业需要遵循的法规和标准越来越多，很多条款高度相似但又存在一些细节上的差异，与此同时企业内部的业务和系统也在快速地变化和迭代，纯粹依赖人力推动的安全合规工作开始暴露出越来越多问题。

1. 人力成本过高。安全合规需要大量重复地执行资料调阅、政策解读、合规检查、结果记录和整改推进工作，因为人员流动、记忆遗忘和监管要求等影响，其中部分工作甚至需要多次重复。这些重复工作需要投入大量的人力跟进，而且机械性操作居多；

2. 易产生主观偏差。因为工作经验和专业能力存在差异，不同的安全合规人员可能对相同监管要求产生不同的解读，因此持有不同的判断标准并给出不同的评价结果，轻则引发业务方反感，重则影响外部监管的审计结论；

3. 易产生人为错误。海量的制度文档、账号清单、系统日志、审批流程和操作记录等材料在调取、查阅和分析的过程中极易发生疏忽，而且在进一步引发问题之前这种疏忽很难发现和校验；

4. 易隐瞒不合规事实。瞒报可能发生在任何环节，被检查对象可能不按要求提供材料甚至伪造材料，检查人员也可能故意包庇被检查对象。另外，安全合规人员自己也可能成为被检查对象。

我们可以分两步解决上面的问题：第一步是建立合规知识库，全面梳理监管要求和内部制度，统一合规检查标准；第二步是建设安全合规管理平台，形成集资产库、知识库、审批流、自动检查、定期审阅和工作跟进等合规功能于一体的自动化管理工具。

9.4 合规检查表与自动化

前期的合规知识库可以用表 9.11 所示的"合规检查表"来记录和展示，其中合规要求描述具体的一条不可继续细分的管理要求，然后在表中分别记录它隶属哪一个控制点、在哪些外部法规和监管要求被提及、在哪些内部制度中被覆盖、以及采用什么标准检查是否合规。"合规检查表"的建设难点在于全面、深入地梳理监管法规和内部制度，建设初期投入人力资源较大，但是建立之后可以大幅降低对于其他安全合规人员的知识门槛要求。当然，还需要建立监管法规更新跟踪机制，确保"合规检查表"始终与最新监管法规保持一致。

表 9.11 合规检查表（样表）

管理要求	控 制 点	监管法规	内部制度	检查标准

但是，简单的表格很难满足复杂的管理需求，如果希望从长远的角度获得更高的管理效率和 ROI，那么就应该建设安全合规管理平台，把一些重复的机械性工作自动化，把一些烦琐的流程精简化并电子化。安全合规平台的功能架构如图 9.1 所示。

安全合规管理平台功能架构图

- 系统功能
  - 自动检查：规则配置 / 适用模板 / 其他
  - 工作跟进：问题跟踪 / 一致性评价 / 任务管理 / 其他
  - 定期审阅：账号审阅 / 操作审阅 / 其他
  - 资产库：资产清单 / 适用法规 / 合规状态
  - 知识库：合规检查表 / 常见问题与解决方案 / 监管法规 / 内部制度
  - 审批流：账号及权限类审批 / 变更审批 / 资源审批 / 数据审批 / 其他
- 系统管理：账号管理 / 权限管理 / 报告管理 / 审计管理
- 数据支撑：系统信息 / 人力信息 / 流程信息 / 合规要求

图 9.1 安全合规管理平台功能架构图

资产库是安全合规管理平台的关键基础组件之一，所有合规检测和评价工作都是围绕资产展开。如果条件允许，资产信息应该尽可能由安全合规管理平台自动采集获取，减少人工采集和录入过程中可能产生的错误，并且通过自动化的方法提升资产更新的准确性和及时性。

资产库应该以资产清单的形式提供展示、查询、创建、修改和删除资产条目及其各项属性的能力，属性信息至少包含名称、类型、型号、版本、位置（如IP）、所属业务、责任部门和责任人等信息。为了提升合规管理效率并满足自动化检查等需求，资产还需要录入适用监管法规、适用内部制度、合规状态和审阅对象等附加属性，这部分属性无法通过自动化措施填充，必须人工梳理、更新和维护。

知识库由《合规检查表》扩展而来，其存储和提供的信息是安全合规工作的基本原则与指导。基于系统实现的《合规检查表》在查询上要比表格灵活很多，至少可以基于以下维度中的一到多种随意组合搜索查阅。

- 根据管理要求中的关键词模糊搜索，如"日志""备份"等。
- 根据安全控制点查询，如"个人信息保护""变更管理"等。
- 根据适用系统查询，如"操作系统""数据库系统""网络"等。
- 根据适用国家和地区查询，如"中国""欧盟""新加坡"等；
- 根据适用场景查询，如"新App上架""数据跨境传输"等。

这种灵活组合的查询能力一方面大幅提升了安全合规人员的学习和检查效率，另一方面又为业务方自查自纠提供了可能——业务方可以根据自己的场景和运营地区获得所有的合规和检测要求。当然，刻板的管理要求和实际的运营状态不可避免地出现差异和冲突，安全合规团队可以总结落地推进过程中的经验和方案，形成《常见问题及解决方案》录入知识库，为业务方和经验相对较少的安全合规人员提供指导。当然，安全合规管理平台也应该录入和管理各项监管法规和内部制度的原始文档，以便在需要深入分析的时候快速查询和分析。

审批流是一把双刃剑，用好了可以加强内部控制减少风险，用不好可能大幅降低企业运营效率，因此，制定审批环节时必须充分考虑企业的实际运营情况，在满足监管红线和内控目标的前提下，尽可能避免过于繁杂的审批流程。与合规相关的主要审批流包括账号及权限类审批、变更审批、资源审批和数据审批等，如果企业内部已经存在其他审批流系统，那么安全合规管理平台不必重复开发相关功能，但是需要接入审批数据以便进行自动检查、定期审阅和工作跟进。

自动检查是安全合规管理平台的核心模块，也是实现降低人力成本、减少人工错误的关键功能。自动检查模块需要预先配置检测规则并组合成不同监管要求或内部制度的适用模板，然后根据资产清单自动适配并执行相应的检查工作。用于自动检查的常见规则配置包括但不限于以下几项。

- **权限不相容矩阵**。比如要求开发人员、应用系统特权管理员、数据库系统特权管理员和操作系统特权管理员互不相容，可以通过自动采集人力资源和组织架构信息、应用系统账号权限清单、数据库系统账号权限清单以及操作系统账号权限清单进行匹配，快速检测出一人多职的情况。
- **岗位变动**。当员工发生入职、转岗、停职和离职等情况时，其权限也应该随之发生相应变化。通过自动监控人力资源和组织架构的变更信息并与各个系统的账号权限清单进行对比，即可高效筛查出未对权限进行及时调整的岗位变动情况。
- **未授权操作**。对于执行特征相对固定的操作可以实现自动化检测，比如创建、变更和删除账号，可以直接将账号操作指令、账号权限清单或账号变更日志与账号权限审批工单的数据进行对比；对于无法进行自动检测的操作，可以自动筛选出关键或敏感指令，以提高人工检查和审计的工作效率。
- **不合规参数**。大部分主流操作系统、数据库和中间件的配置参数都可以实现自动化检测。执行不合规参数检测必须提前制定各个系统和应用的安全配置基线，不同的监管要求可能涉及不同的参数要求，当业务需要同时满足多个合规要求时，参数应该从严取值。

每一条规则都对应到具体的管理要求，实际的合规管理不太可能梳理规则与资产的一一对应关系，那会导致工作变得十分复杂。更合理的方式是规则与监管要求关联，监管要求再与资产关联。在自动检测模块中，我们用适用模板来组合监管要求对应的所有规则，再将适用模板应用到具体的资产上。适用模板建议根据监管要求或内部制度命名，比如等保三级、等保二级、SOX404、GDPR，等等。

> **小贴士**
>
> 　　就技术可行性而言，自动检测模块也可以实现自动纠正功能，即检测到不合规问题后，由程序直接对问题项进行修改，这种逻辑在岗位变动和不合规参数等方面非常容易实现。但是，现实情况中经常存在很多特例情况，简单粗暴的处置很可能导致更大的故障和损失，因此除非具备十足的信心，否则并不推荐落地自动纠正方案。

定期审阅是指由业务负责人周期性地审阅业务系统运行状态是否符合期望，SOX404等监管法规中存在关于账号审阅和操作审阅等方面的要求。定期审阅模块根据设定的周期自动筛选需要审阅的内容呈现给审阅人，记录相应的审阅结果并提供灵活方便的历史记录查阅功能，如果审阅发现问题，则触发问题跟踪流程。

定期审阅模块不仅可以把合规人员从繁杂的材料调阅和传递工作中脱离出来，而且可以通过合理的方式提高审阅人的工作效率和准确性。

- 高亮标识可疑账号。对于未经授权审批、不符合权限不相容矩阵以及发生岗位变动的账号，采用显著标识提示审阅人，并提供快捷处置按钮，在审阅人点击后自动生成相关账号的审阅意见（如删除、停用、保留等）。
- 高亮标识可疑操作。对于未经授权审批和其他存在明显异常特征的操作日志，采用显著标识提示审阅人，并提供快捷处置按钮，在审阅人点击后自动生成相关操作的审阅意见（如忽略、转交他人进一步确认等）。
- 筛选和抽样所有操作。通常存在海量的无法自动判断异常的操作日志，审阅人不可能完成所有的审阅工作，这种情况下可以由定期审阅模块筛选出写操作和敏感的只读操作，再经过自动抽样后再呈现给审阅人。抽样数量根据安全合规团队对于置信区间的要求计算获取。

工作跟进模块是安全合规团队用于提高效率并减少疏忽的内部管理工具。问题跟踪用于记录所有不合规问题及其整改状态，在接近整改完成期限时提醒安全合规人员复核验收，在整改超期后向相关负责人推送告警信息，等等。一致性评价用于生成、展示和存储检查报告、审计报告等合规产出，其中包括内部制度与监管法规的一致性、实际情况与内部制度的一致性、实际操作与审批内容的一致性，等等。任务管理则用于分发、记录和跟踪安全合规团队成员的主要工作任务，通过展示、提醒等功能减少延期和遗漏。由于外部监管环境的快速变化，工作跟进模块可能需要频繁更新一些其他工具。

利用安全合规管理平台大幅减少重复、机械性的人力工作，让安全合规人员有更多的时间和精力去关注监管法规的深入解读、内部风险的精确控制和运营效率的适度改善上，才是一个称职的安全合规团队努力的方向。

第 10 章

业务安全与风控

随着基础安全能力和监管合规水平的快速提升,各个业务方对于安全的信心也随之稳步提升,不再把安全能力视作业务发展的束缚。与此同时,M 公司的业务拓展战略变得更加激进和多元,不仅在电商、O2O、社交等多个领域展开尝试,而且对于用户的补贴和激励也越来越高。我知道这意味着 M 公司很快就要成为职业羊毛党等黑灰产眼中的香饽饽了,必须尽快启动业务安全防控工作。

由于业务安全问题的根源大多出自业务流程和产品功能的设计逻辑,所以业务安全风险的分析和检测通常需要安全工程师深入了解业务逻辑和流程,然后基于自己的知识和经验判断利用相关缺陷进行破坏或套利的可能性。不同于传统意义上的安全漏洞,业务安全风险不一定具备明确清晰的技术判断标准,因此很难通过标准化、单一化的技术手段对其进行发掘和测试,在自动化检测方面也普遍存在困难,甚至可能出现业务安全风险非常明确,但是因为业务需求导致风险无法被修复的情况。

> **小贴士**
>
> 目前对业务安全的范围定义还没有业界统一的标准。部分企业把应用层安全问题全部归纳为业务安全问题,包括应用层安全漏洞、业务逻辑和流程缺陷、资金风控问题、甚至可能包括内容安全问题等,也有部分互联网企业的业务安全定义只是简单地防范羊毛党(这些企业通常把相关的业务安全团队命名为风控团队)。
>
> 本书中将应用层安全漏洞管理工作归为基础安全,并且不包含内容安全等专业领域,将业务安全范围界定在业务逻辑和流程的缺陷方面。

也正是因为例如账号安全、恶意订单和羊毛党之类的一部分业务安全风险很难像某个具体的基础安全漏洞那样通过补丁或编码彻底修复,因此业务安全工作通常需要与黑灰产持续对抗,而这种对抗从本质上来讲是企业与黑灰产比拼 ROI 的过程——当今的黑灰产已经形成了专业化、规模化并且上下游分工的产业链，无论从技术能力还是作案经验上都对企业安全防护构成了巨大挑战，安全团队则需要衡量业务需求、企业损失、攻击者收益和双方对抗成本之间的微妙关系，找到四者间的最佳平衡，而不是一味地限制业务流程或者增加对抗投入。

由于 M 公司的创新业务自上线开始就遭受黑灰产的困扰，所以建立业务安全团队的申请很顺利地通过了 CTO 的批复。我对业务安全团队的职能定义如下。

- 负责业务需求安全评审。
- 负责因业务逻辑和流程导致的安全风险的排查和整改推进。
- 负责业务安全事件的监控、分析、响应和总结。
- 负责业务安全威胁情报体系的建设和维护。
- 负责与业务安全相关的系统（如风控系统等）的规划、设计、推进和运营。
- 当业务安全问题涉及具体技术安全漏洞时，与基础安全团队共担绩效目标。

考虑到不同业务环节的风险偏好和遭受攻击的普遍程度，我把业务安全的工作重心落在了账号安全防护、恶意订单与羊毛党对抗以及资金数据异常监控这 3 个方向上。

10.1 账号安全防护

账号安全问题是最常见的业务安全风险之一，也是绝大部分对外开放服务最易遭受攻击的业务环节。账号安全面临的风险主要有 3 种。

第一种是最为公众熟知的盗号。账户被盗通常威胁到用户的隐私、财务甚至人身安全，一旦发生大规模盗号事件，很容易对企业形象造成严重的负面影响，导致用户丧失信心、造成经济损失甚至承担法律责任。与盗号相关的主流攻击方式包括但不限于暴力破解、撞库攻击和社会工程学攻击（如钓鱼欺诈）。

第二种是与黑灰产密切相关的恶意注册。对于一些有利可图的平台，黑灰产可能通过注册大量账号来达成盈利目标，比如薅活动羊毛、刷人气排名、发垃圾广告和有组织实施欺诈等都需要使用到大量账号，尽管这些恶意账号不会直接对系统造成威胁，但是很可能对相关服务或平台的生态造成极大破坏。恶意注册一般采用自动化工具或脚本实现。

第三种是在企业运营部门和外部推广渠道出现以舞弊为目的的虚假注册，俗称"刷量"。对于有账户推广需求和运营经费的企业（以"to C"互联网企业居多），负责推广的员工和根据推广效果收费的渠道可以通过自行注册一些没有真实用户使用的账号非法获利，这种行为在行业并不罕见。虚假注册和恶意注册在实现方式上没有本质区别，只是实施人员和目标的不同。

针对这 3 种主要的账号安全风险，传统的防护方式主要依赖频率限制和图形等形式的验证码，但是随着黑灰产的专业化和规模化，他们所拥有的资源和技术实力已经可以轻松突破这些传统技术。比如他们可以操纵数十万的 IP 来绕过频率限制，可以自动识别和填充对抗能力较弱的验证码，也可以逆向破解协议直接模拟客户端操作，等等。要缓解这些风险，就需要引入业务需求安全评审、多因素认证、人机识别模型、账号可信度模型和行为识别模型，等等。

需求安全评审是业务安全的第一道也是最基础的防线，把业务安全问题提前到这个环节发现和处置，是整体成本最低、损失最小、效果最好的理想情况。业务需求安全评审主要从逻辑流程缺陷、安全控制需求、用户安全限制和用户宣贯引导 4 个方面进行评审、沟通和推进。

账户安全中常见的业务逻辑和流程缺陷包括但不限于下面几种。

- 分开提示"用户名不存在"和"密码错误"，为攻击者探索信息或进行下一步攻击提供有效信息（为与大部分用户理解一致，本章中口令统一使用"密码"表示）。
- 设置过于简单、易于获取和猜解的密码找回流程，比如默认提供"我父亲的名字""妈妈的生日"等密码保护问题，展示地理位置的应用把"常用地址"作为身份认证条件等。
- 在线教育等高价值用户类应用在注册、找回密码等流程中提示手机号是否注册，导致竞争对手可以利用该缺陷定向发送广告和优惠抢夺用户。
- 生态已经受到严重挑战的应用依然不设置注册门槛，或者设置存在明显缺陷的门槛，比如要求使用手机号注册，但注册完后可以立刻解绑并使用该手机号再次注册账号，等等。

在通常情况下，由产品部门出具的需求书中不会过多考虑安全问题，因此安全评审中业务安全人员必须关注并补充与账号相关的安全控制需求，主要手段包括但不限于下面几项。

- 加密存储与账户相关的敏感信息，避免内部员工或外部攻击者直接获取原始数据。
- 限制注册、登录、找回密码等环节的访问频率，频率可以从账号、IP、设备、地区等不同维度分别设置间隔和阈值。尽管部分黑灰产已经具备了突破频率限制的资源和能力，但是频率限制依然是提升攻击方成本的有效手段之一。
- 在注册、登录、找回密码等环节增加对抗能力较强的验证码。为了平衡用户体验和安全性之间的冲突，可以考虑正常情况下无须输入验证码，只有在检测到风险（如多次尝试错误或风险识别模型判断异常）的时候才弹出验证码。
- 采集必要的用户特征、设备特征和行为特征，为风险识别模型提供输入，并且建立可以根据风险识别模型判断结果执行相应操作的能力。
- 修改秘码或绑定手机前需要验证原密码或原手机号。
- 安全人员深度结合业务特点制定的其他安全需求。

> **小贴士**
>
> 验证码是账号安全防护中防范自动化尝试（人机识别）的重要手段。当前得以广泛应用的验证码主要从图形识别和行为识别两个维度进行验证，常见的类型包括文字输入、滑动拼图、数学计算、语音听写、图片点选、表单勾选、短信上行验证和无感知验证，等等。随着针对传统字符、图片图形和语音听写等类别的对抗技术日趋成熟，这些类型的验证码几乎已经完全失去防控意义，反而可能因为难于识别引发用户反感和抵触。一个有趣的例子是，2018年有开发者将Google著名的ReCaptcha语音验证码的语音直接利用Google、微软、IBM等公司提供的语音识别API拿到识别结果，然后自动输入完成了验证，并且达到了90%的准确率。
>
> 相对而言，当前更合理的方式是采用具备一定人机识别能力的滑动、点选或无感知验证码，它们不仅对抗能力更强，而且用户体验也会更好。但是对于大部分企业，雇用团队自行研发这种验证码并长期跟进对抗是一项ROI很低的工作，而采购一款成熟的商业产品只需要为数不多的经费——通常远低于招聘一名安全工程师的薪资支出。

除了业务逻辑和流程的严密性，账号安全还在很大程度上依赖用户自己的安全意识，比如避免使用过于简单的密码、不随意将密码和密码保护问题答案透露给其他人，等等。业务安全人员不可能直接教导用户，但是可以通过用户安全限制和用户宣贯引导，在一定程度上实现这个目标。

用户安全限制是在业务逻辑和流程中增加对于用户账号的基础安全限制，一些常见的限制措施包括但不限于：

- 限制密码复杂度、有效期和重复轮次；
- 限制session有效期；
- 限制登录位置信息；
- 强制启用多因素认证；
- 强制绑定手机、证书等辅助验证信息；
- 在发生数据泄露后强制修改密码。

对于面向员工的内部办公系统，可以要求强制启用部分必要的安全限制。但是对于部分对外业务（尤其是"to C"业务），这些限制措施可能与业务期望发生严重冲突，在这种情况下，安全负责人需要充分权衡之后在两者之间进行取舍。

如果无法采取强制的用户安全限制，那么还可以通过用户宣贯引导来提升用户的安全意识，同时引导用户自己启用更安全的保护措施或者执行更安全的操作。业务安全人员就具体的用户宣贯引导方案和产品部门达成一致后，需要将它们加入产品需求文档中。下面是一些常见的用户安全宣贯引导方式。

- ❏ 文档宣贯（如帮助文档、说明文档等）
  - 建议设置高强度密码
  - 建议用户定期更换密码
  - 建议用户安全地使用账号

- ❏ 应用内引导
  - 提醒用户密码设置过于简单
  - 引导用户完善辅助验证信息
  - 引导用户启用多因素认证功能
  - 对于长时间没有活动的设备，引导用户移除相关设备和权限

- ❏ 风险行为提示
  - 对方发来信息涉及账号、密码、支付等关键字时，提示用户注意欺诈风险
  - 检测到账号有多次密码尝试错误，或不在常用位置、常用设备或常用时段登录等异常行为时，向其绑定的手机或其他设备发送风险提示
  - 检测到账号存在疑似泄露风险后，引导用户修改密码等操作

当然，参与需求安全评审的安全人员必须深刻理解安全工作是以支撑业务发展为核心目标的，他们的工作职责是在平衡安全和业务之后尽可能地把风险控制在法律和业务可接受的范围之内，而不是为了所谓的"绝对安全"盲目地增加业务复杂度和用户门槛。

多因素认证是可以大幅提升账号安全水平的有效途径之一。在大部分情况下，造成账号被盗的 3 种主要途径——暴力破解、撞库攻击和社会工程学攻击（包括钓鱼、欺骗和搜集用户泄露信息等）都只涉及账号和密码，一旦加入多因素认证，即使攻击者获取了账号和密码，也无法完成登录操作，从而确保了用户账号的安全性。一些可用于多因素认证的数据包括但不限于下面几项。

- ❏ 短信、消息或邮件等形式的验证码
- ❏ OTP（One-Time Password，一次性口令或动态口令）
- ❏ 数字证书（软件或硬件形式）
- ❏ 生物特征（如指纹、人脸等）
- ❏ 设备指纹
- ❏ 其他通过特定算法获得的特征信息（如可信令牌）

以往对于多因素认证最大的担忧是严重影响用户的登录体验，对于短信验证码、OTP 和生物特征这类显示嵌入登录流程需要用户手动输入的认证方式确实如此。但是我们可以通过以下两种方案来消除和减少这种用户体验上的不友好。

一种方案是将设备指纹和可信令牌这类无须用户输入的特征数据作为认证因子。它的优点是用户感知不到双因素认证过程，缺点是在新设备等尚未获取设备指纹或可信令牌的场景中无法应用。目前大部分 App 应用了这种方案，以保证即使攻击者获取了用户密码也无法完成登录。

另一种方案是在风险识别模型检测到异常或用户执行高风险操作时才触发二次认证。比如在新设备登录、修改绑定手机号码、查询敏感信息、发起大额支付等场景中，要求用户在密码正确的前提下再次输入短信验证码、OTP 和生物特征等认证因子。

两种方案通常混合使用，比如 App 可以在新设备登录时采用短信验证码，验证通过后自动记录设备指纹并用于后续登录验证流程；在同一个 App 内执行大额支付时，再次要求输入短信验证码，等等。

业务需求安全评审和多因素认证可以有效地降低盗号风险，但是在对抗恶意注册和虚假注册方面的能力却非常有限。要进一步识别和控制这些风险，就需要分别用到人机识别、用户可信度和行为识别这 3 种模型。

人机识别模型用于发现和控制黑灰产或舞弊者通过自动化工具批量执行注册、登录、撞库和暴力破解等操作的问题。尽管验证码是一种应用更加广泛和普及的人机识别机制，但是在与专业化黑灰产实际对抗的过程中，一直处于"道高一尺，魔高一丈"的境地。黑灰产采用 AI 技术破解验证码，通过打码平台人肉验证，甚至对验证码供应商发起 DDoS 攻击迫使应用平台放弃验证码环节的情况屡见不鲜。而另一边，越来越复杂的验证码也越来越不被用户接受。因此，建立人机识别模型成为一个可行有效的补充选择。

建立人机识别模型首先必须获取必要的输入信息，包括但不限于下面几项。

- 用户设备环境信息

    - 客户端信息（版本、User-Agent 等）
    - 设备信息（如设备型号、ROM 版本、屏幕分辨率、MAC 地址等）
    - 状态信息（如网络状态、电池电量、调试状态等）
    - 传感器信息（如 GPS、陀螺仪、重力、加速度、压力、光线等）
    - 其他信息（如已安装的软件清单等）

- 用户交互操作信息

    - App 客户端触摸、滑动和点击数据等

- 浏览器鼠标轨迹、页面停留、滚动和点击数据等

❑ 客户端异常检测信息

- 状态异常信息（越狱/Root、多开、改机等）
- 恶意工具信息（模拟器、Hook 框架、设备修改器、外挂等）

采集这些信息前务必仔细查阅所属国家和地区的法律和监管要求，例如中国要求采集、使用和共享个人信息必须在《用户隐私协议》中明示并获得用户许可，以及实施合理的安全保护措施。

人机识别模型可以从 3 个维度来利用这些信息。

❑ 利用预设规则识别和阻断存在明显异常的请求，比如不正确的客户端版本、不匹配的设备型号和参数、不合理的传感器数据、使用模拟器登录等。
❑ 利用 CNN（convolutional neural network，卷积神经网络）对触屏或鼠标轨迹进行人机识别，判断终端设备上执行的操作是否符合生物特征。
❑ 利用图计算模型对海量信息进行聚类分析，从中挖掘异常群体和分类，利用挖掘结果又可以进一步提炼和补充预设规则。

人机识别模型最终输出某一个具体客户端由真人操作的概率，真人概率越低，业务流程中引入的控制措施就可以越严格，比如要求通过更加复杂的验证码、限制使用部分功能、甚至直接拒绝服务，等等。

账号可信度模型用于预测某个具体账号有多大的概率产生哪方面的恶意行为，以便提前对其采取合适的安全管控措施。账号可信度模型的本质是一套多维评分卡，通过对不同主体进行不同维度的打分，最后根据账号与各主体的关联度计算出标签和分值。

账号可信度模型中涉及的主体包括但不限于以下几项。

❑ 手机号码可信度
❑ 设备可信度
❑ IP 可信度
❑ 实名信息可信度
❑ 账号资料可信度
❑ 地理位置可信度
❑ 根据业务特点提取的其他特征

结合主动探测、历史数据、专家经验和威胁情报等信息，我们可以针对不同主体完成单维度打分，具体如表 10.1 所示。

表 10.1 可信度模型单维度打分表

主 体	打分维度
手机号码可信度	威胁情报输入：欺诈、SPAM、羊毛党、黄牛等 卡号类型识别：接码平台、海外号码、虚拟号等 历史数据提炼：恶意行为记录等
设备可信度	人机识别模型：模拟器、Hook、设备修改器等 历史数据提炼：恶意行为记录等
IP 可信度	威胁情报输入：僵尸网络、垃圾邮件、爬虫、攻击等 网络类型识别：代理、秒拨、IDC、云商、ADSL 等 历史数据提炼：恶意行为记录等
实名信息可信度	外部信息校验：合法的身份证校验、芝麻信用等 历史数据提炼：恶意行为记录等
账号资料可信度	行为识别模型：欺诈、色情、SPAM 聚集特征等
地理位置可信度	行为识别模型：不匹配的 IP 和 GPS 信息等 专家经验支持：不合理的单位时间位移等 历史数据提炼：恶意行为聚集地等

接下来需要综合各个单维度的打分计算出账号的整体标签和分值。标签表示账号可能存在的风险，一个账号可能同时存在多个标签，各个标签之间允许存在关联或交叉。以如下常见标签为例：被盗账号、羊毛党、欺诈、SPAM、网络攻击、批量注册、批量登录、群控。其中羊毛党、批量注册、批量登录和群控这 4 个标签很可能同时标识于同一账号。这种实现方式有利于更精细地分析和排查风险，而不是无意义的重复。

与标签对应的分值则是用于描述相应风险实际存在的概率或严重程度，这里提供两种分值计算逻辑作为参考方案。

一个简单的方案是实行分值预设和累加。以羊毛党标签为例，假设注册账号 A 使用的手机号来自接码平台加 20 分，检测出其设备为模拟器加 20 分，其使用的 IP 曾经多次被用于羊毛党活动加 10 分，那么账号 A 的羊毛党标签分值为 50 分；假设注册账号 B 使用的设备、IP 情况与 A 相同，但是发现其手机号在其他平台执行过羊毛党操作增加 50 分，那么账号 B 的羊毛党标签分值为 80 分；即账号 A 和账号 B 都存在成为羊毛党的风险，应该实施一定的管控策略，但相对而言账号 B 更高一些，可以采用更为严格的管控策略。这种方案的优点是实现简单，执行效率高，但是过度依赖打分维度和预设分值的全面性和准确性。

另一种方式是基于逻辑回归模型针对每个标签构建评分卡，自动计算各个标签的单维度分值。逻辑回归模型需要预先选定特征维度，然后通过分箱和 WOE（weight of evidence，证据权重）

转换等数据预处理操作初步衡量标签与各个特征维度的相关性，减少异常值和无效值对模型训练的干扰，然后再使用逻辑回归模型计算各个特征维度的回归系数，最后累加获得标签分值。逻辑回归模型通过计算历史数据获取关联性，因此分值可以更加合理准确，解决了预设分值方案过度依赖专家经验的问题，但是它对训练样本和分析能力提出了更高的要求，处于发展初期的企业和安全团队很可能不具备这样的条件。

预设分值和模型评分可以结合实际情况灵活混用，比如整体采用模型评分，但是对于一些亟待上线但样本数据不足的标签，可以临时采用预设分值。当同一个标签混合使用多种评分机制时，需要根据相应阈值对其进行归一化转换，避免分值差异过大导致业务方执行错误响应。

不同于人机识别和账号可信度模型，行为识别模型不需要搜集太多的环境状态和静态资料，而是直接通过账号执行的操作请求判断是否存在恶意可能性。账号行为识别模型主要从行为路径和行为模式两个方面区分异常群体。

行为路径是指账号为完成某项操作而触发的一系列业务事件。如果账号由正常用户持有和操作，那么这一系列业务事件通常是完整并且基于特定时序的。反之如果存在前序缺失、伴随事件缺失、事件失序、高频重复、规律重复等情况时，那么账号存在异常的概率就随之增大。这部分工作最大的难点通常在于如何梳理出需要关注的业务事件序列，如果只有少量需要关注的相对稳定的特定业务路径，可以直接采用人工梳理；但是如果业务复杂或者变更频繁，那么就需要考虑启用一些无监督学习模型来统计分析了。

行为模式识别的范围包括但不限于账号的事件分布、内容分布、时间分布和环境分布。事件分布主要分析账号触发的事件类型和比例是否与大部分正常用户存在明显偏差，比如羊毛党账号的操作通常集中在能够获利的相关事件上，等等。内容分布用于判断请求信息中的内容是否符合正常用户习惯，比如攻击者提交的数据通常在类型、长度和字符构成等方面均不同于正常用户，等等。时间分布覆盖响应时间、间隔时间、持续时间等多个方面，并从中分离出行为异常的用户，比如使用外挂的账号可以极长时间不间断地以超出人类极限的速度响应所有相关事件，等等。环境分布把关注点落在与账号相关的设备、IP 和地理位置等环境因素上，通过聚类分析挖掘出与之相关的恶意行为，比如利用大量分散 IP 持续、低频、批量地注册账号，等等。除此以外，行为模式还可以综合各方面的因素进行关联分析，挖掘出一些更为复杂和隐蔽的恶意行为。

行为识别模型的构建相对比较复杂，需要根据具体需求应用到很多不同类型的算法和模型，比如基于距离聚类的 K-Means 算法、基于密度聚类的 DBSCAN 算法、基于决策树的孤立森林算法、基于关联规则的 FP-GROWTH 算法和基于统计与概率的统计假设验证方法，等等。

人机识别模型、账号可信度模型和行为识别模型互相提供输入输出，在实际落地中可以分开独立建设，也可以整合在一起实现。无论采用哪种方案，都需要充分考虑落地可行性和将来的可扩展性。另外，如果无法接受模型进行线上实时运算的开销和延迟，那么通过离线计算提取出静态规则再应用到线上是一个相对折中并且成本较低的方案。

10.2 恶意订单与羊毛党对抗

作为另一类令人头疼的业务安全问题，恶意订单与羊毛党不仅给企业造成实实在在的经济损失，而且可能因为他们破坏运营生态，会对平台造成不可逆的负面影响。不同类型的业务通常面临着不同实现方式的恶意订单和羊毛党风险，其中比较常见的包括但不限于：

- 大量购买价格远低于实际价值（通常因为标错价格）的商品；
- 大量获取活动返利或高折扣优惠券（如新用户免费礼券等）；
- 通过大量账号操纵人气或排名（如头部排名奖励等）；
- 利用外挂或其他自动化工具获取优势（如抢红包外挂等）；
- IAP（in-app purchase，苹果内购）购买虚拟商品后恶意退款（如恶意获取游戏道具等）；
- 利用安全技术漏洞恶意牟利（如利用并发漏洞重复提现等）。

M 公司将安全技术漏洞定义为基础安全问题，因此业务安全团队在职责上不需要参与具体技术漏洞的检测和控制，但是必须建立及时有效的异常行为监控、威胁情报采集以及和基础安全团队之间的沟通与协作机制，确保因为技术漏洞导致业务安全问题时，双方能够快速响应并高效合作。

针对恶意订单与羊毛党的防控方法大体上与账号安全相似，也是通过业务需求安全评审、人机识别模型、账号可信度模型和行为识别模型等方法进行识别和控制，两者之间也相互提供信息输入和数据参考，但是它们在具体的关注点和处置细节上存在方向性的差异。

在需求安全评审环节，需要重点关注通过运营活动牟利的门槛、成本和收益，尽可能提高批量获利成本以降低专业黑灰产的参与兴趣，但是对正常的单个用户不造成明显影响。一些比较常见的控制措施包括但不限于以下几种。

- 限制同一账号、用户、设备或 IP 等的参与次数或频率，提升黑灰产使用大量账号参与活动的成本。
- 限制获利的转移，比如红包奖励不允许赠送或转发，避免多个账号小额获利汇集成大额提现或消费。
- 限制获利的提取，比如不允许多个账号提现到同一个支付宝账户或银行卡号，与上一条结合使用大幅提升黑灰产的提现成本。
- 限制单个账号的获利额度，比如将邀请一位新用户的奖励额度设置在黑市购买批量注册能力的价格之下。

- 限制大额提现的时效性，比如超过指定金额的提现请求可以滞后一定时间执行，以便给数据分析和人工审核预留出足够时间，从而更多地发现和阻断风险。
- 限制变现手续费门槛，比如针对虚拟礼物变现，设置较高的手续费，降低相关业务被用于洗钱或信用卡套现的风险。
- 在检测到疑似异常的关键环节添加对抗能力较强的验证码，减少通过自动化工具批量执行恶意操作的风险。
- 设立总奖金池（或库存）上限，在极端情况下保证最大损失可控。
- 在活动条款中明确业务安全限制，为后续采取法律手段提供依据。
- 业务安全人员深度结合业务特点制定的其他安全需求。

人机识别模型和账号可信度模型的输出结果可以直接应用于恶意订单和羊毛党防范。对于那些被人机识别模型判断为非真人操作，或者被账号可信度模型贴上羊毛党、黑灰产等异常标签的账号，可以考虑直接在与注册、登录和牟利相关的环节进行拦截或限制。对于抢购、抢红包这类时间竞争型的业务，尽管非真人操作并不会对业务造成经济上的损失，但是商品黄牛和红包外挂的泛滥很容易导致大量正常用户对平台丧失信任，因此业务安全层面也应该予以拦截和控制。

> **小贴士**
>
> 人机识别模型所需的客户端环境检测信息（如模拟器、Hook 框架等）在什么时机执行和上报是一个值得关注的问题。部分检测可能造成一定的延迟，如果每一次请求都执行和上报，那么很容易给用户造成运行"不顺畅"的卡顿感，这种感觉在抢购、抢红包等时间竞争型业务中尤其明显；但是如果只在注册、登录等环节一次性执行和上报，那么恶意用户将会更容易绕过这些检测，大幅降低他们的作恶成本。
>
> 因此，业务安全团队需要结合业务的风险偏好、逻辑流程和技术能力，尽可能优化客户端环境检测的内容、方式和效率，实现安全和业务之间的可接受的平衡。除此之外，也可以采用前置环节检测和抽样检测等折中方案来降低对用户体验的影响。

恶意订单与羊毛党行为识别模型的实现逻辑和算法与账号安全基本一致，甚至这两个方向的需求可以通过同一个模型计算和实现。但是当模型应用于恶意订单和羊毛党识别时，仅仅分析相关账号及其行为的恶意度是远远不够的，模型还必须关注到他们的善意度。这是因为恶意订单和羊毛党用户通常包括两种类型，一类是借此牟利的专业黑灰产，另一类则是偶尔捡漏占点便宜的正常用户。对于黑灰产，业务安全团队可以采取尽可能严格的措施最大限度地降低企业损失；但是对于偶发负面行为的正常用户，就不适宜采取一刀切的管理方式了，而是应该与业务部门充分沟通，探索更有助于业务长期收益的容忍和控制方案。

基于这方面的考虑，一个行之有效的方案是把行为识别模型扩展成用户信誉和价值体系。用户信誉和价值体系的核心思想是结合同一个用户（不一定是账号，同一个用户可能有多个账号）行为记录、行为模式和消费习惯，在条件允许的前提下还可以引入外部资源和评价（如芝麻信用分等），推测其作恶的概率和进一步为业务创造价值的可能大小。用户信誉和价值体系的分值可以通过正面行为加分、负面行为减分的方式进行累加，但是必须提前梳理清楚关键行为及其对应的权重和分值。

人机识别模型、账号可信度模型、行为识别模型以及用户信誉和价值体系提供了针对恶意订单和羊毛党的识别和判断能力，但是后续的处理和控制措施并不能只是简单的"允许"和"拒绝"。制定处置方案时应该注意以下几点。

- 大部分恶意订单和羊毛党操作不具备明确特征，因此不可避免地出现一定比例的漏报和误报，双方不能以绝对的准确和召回作为业务安全目标。
- 尽可能采取用户无感知或弱感知的拦截提示，减少因为误报导致的用户反感，同时避免黑灰产根据提示内容开发对抗方案，比如抽奖活动中向疑似羊毛党用户提示"未中奖"而不是"系统检测到异常"。
- 针对不同信誉和价值等级的用户建立不同的管控机制，对于高信誉、高价值的用户，考虑容忍一定的短期损失换取长期收益，具体的容忍梯度根据业务性质和用户价值决定，比如一个长期大额充值的游戏用户偶发一笔 IAP 退款可以不做扣除，维持其对该游戏的持续好感和消费。
- 提前与业务团队、客服团队沟通处理机制，并就客服话术和申诉流程达成一致，客服话术中应该且必须向用户透露具体的拦截原因和措施，避免黑灰产通过客服套取相关规则和信息。
- 业务安全不一定以彻底消除恶意行为为目的，这样很容易陷入不顾用户、不计成本的对抗泥潭。业务安全的防控目标更应该设定为在业务损失、防控成本和用户体验之间实现业务方和安全团队都可以接受的平衡状态。

恶意订单和羊毛党的防控是一个此消彼长的长期对抗过程，不存在一劳永逸的防控方案，业务团队和安全团队必须紧密协作，加强相互沟通和理解，不断地加强和完善与之相关的监控和防范机制。

10.3 资金数据异常监控

监控是业务安全防控工作中不可或缺的一部分，选择优先从资金数据着手是因为对大部分企业而言，真金白银的损失相对更难以承受，而基础安全的监控建设虽然可以或多或少地覆盖部分业务逻辑风险,但是对资金数据流的关注通常为零。当然,资金数据异常监控与账号安全、恶意订单等其他监控在建设思路和方法上高度趋同,其方案、技术和模型等落地形成的产出结果大部分可以横向应用到其他业务安全风险的监控中。

安全团队需要关注的资金数据异常监控是指从业务安全视角出发,主动发现和告警因为业务逻辑缺陷或技术安全漏洞导致的大额资金损失,不包含会计层面的清算、结算、核算和审计等异常。一些常见的风险包括但不限于:

- 大量的信用卡拒付(chargeback)和 IAP 退款;
- 外部攻击者或内部员工篡改余额等资金数据;
- 利用安全缺陷完成没有实际资金入账的虚假支付;
- 利用安全缺陷完成超出实际限额的消费或提现;
- 大规模的用户账户中的资金被窃取、转移或消费等;
- 涉及资金合作的第三方(如结算公司)因经营、法律等问题导致我方损失。

由于专业黑灰产可以操纵海量的账号、IP 和设备(设备指纹也可以伪造)分散地执行恶意操作,所以很难通过简单的几条规则和几个阈值实现有效监控,更合理的方式是从访问量、资金流、对账和黑白名单等 4 个层面着手,尽可能多地采集数据并进行关联分析,从而更全面、更深入地挖掘异常事件。

首先必须关注与资金相关的接口的访问量,比如支付接口、转账接口、消费接口和提现接口等,当发生涉及资金的大规模恶意行为时,这些接口的访问量通常会在单位时间内出现明显的上涨趋势。传统的访问量监控一般通过针对环比、同比或绝对值设定固定阈值来实现,对于访问量长期稳定并且波动较小的业务,这种监控方式是可以接受的。但是在实际生产运营中,业务的访问量并不稳定,而是呈现出有规律的波动现象,举个可能出现的例子:以一天为周期,可能凌晨至清晨逐渐下降,清晨至下午逐渐上升,下午至晚上快速上升;以一周为周期,可能周五至周六明显高于周一至周四;以一年为周期,可能夏季和秋季整体高于冬季和春季,但节假日又远高于工作日,等等。除此之外还有一些非规律的波动,比如因为长期经营策略导致的整体访问量持续上升或下降,或者因为短期运营活动引发的短暂大幅波动,等等。显然,传统的监控方案很难适配实际情况中的访问量变化,除非可以忍受频繁地调整阈值以及海量的误报和漏报信息。

资金数据异常监控需要的是同时满足下面 3 种需求的监控能力:

- 不需要频繁地人工干预(如调整阈值等);
- 如果访问量呈现规律的周期变化,报警条件也应该随之变化;
- 如果业务整体访问量出现趋势变化,那么资金接口的报警条件也应该随之变化。

在通常情况下，对于一个访问分布比较均衡的业务来说，各个接口的访问量的变化趋势是非常相似的。为了实现这种可以自动适配的精确告警能力，一个可行的解决方案是获取全局所有接口或关键接口的访问量数值，分别计算各个接口的同比和环比变化比例，放在一起进行聚类分析找出离散点，当离散点为与资金相关的接口时，立刻产生告警。为了减少偶发性峰值对同、环比计算造成的影响，可以采用过去一个周期（如 7 天）内同一时段的访问量的加权均值作为基数进行运算。这个方案的优点在于，一些刺激业务整体访问量增长的运营活动不会触发误报，也无须人工调整阈值，但是在业务流程过于简单、黑灰产可以操纵全局访问量的场景中，可能引发大量漏报。

如果业务中各个接口的访问量变化趋势缺乏相似性，那么就很难实现上面提到的第 3 种需求，同比、环比数值聚类的监控方案自然也就不再适用。但是如果接口的访问量具备一定的周期特征，那么就可以考虑使用 ARIMA（autoregressive integrated moving average model，差分整合移动平均自回归模型）或者 Prophet 模型等机器学习方法来构建具备一定预测能力的监控系统。

> **小贴士**
>
> ARIMA 模型是得到了广泛应用的基于时间序列的预测方法，它通过寻找历史数据之间的自相关性，并假设未来将重复历史的走势来进行预测。ARIMA 要求序列必须是稳定的，或者通过差分化后是稳定的，因此不适用于整体上有明显上升或下降趋势的情形。在训练过程中，输入数据中的极限值和缺失值很容易对其产生干扰。
>
> Prophet 模型是 Facebook 开源的一款时序数据预测模型，它可以处理具有季节性、节假日效应的数据。对于有较长周期的历史数据，它可以利用年月日等季节性、周期性趋势再加上假期影响去拟合非线性的趋势。Prophet 模型可以容忍合理范围内的历史数据缺失和异常，但是需要输入较长周期的数据进行训练。

除了与资金相关的接口的访问量，资金数据异常监控的另一个关注重点就是资金流，这是最直接但也最宏观的一部分工作。之所以说宏观，是因为如果独立地观察任何一笔资金流转，大概率都是难以察觉异常的，但是如果基于全局流转进行更广泛的观察或者基于历史数据进行更深入的剖析，那么有些情况就不那么正常了。资金流的监控需要从多种不同的角度入手：按维度可以分成交易额度、交易笔数和交易用户数等；按环节可以分成支付、转移、消费和提现等；按渠道可以分成银联、支付宝、苹果 IAP 和 PayPal 等；按币种可以分成人民币、美元、其他外币和虚拟币等；按额度可以分成极大额度、较大额度、一般额度和小额度等。资金流监控关注的主要异常包括但不限于：

- 突然大幅增长或降低的充值、转移、消费或提现流量；
- 突然大幅增长或降低的交易渠道、币种或地区；

- 突然大幅增长或降低的新用户、长期不活跃用户或标签用户；
- 突然大幅增长或降低的特定商品、特定卡券或特定行为；
- 突然大幅增长的与资金相关的新设备行为和投诉；
- 存在异常聚集特征的充值、转移、消费或提现；
- 不符合大部分用户（默认为正常）行为特征的资金行为；
- 不符合同一用户历史行为特征的资金行为；
- 涉及大金额的单笔交易或短期内连续多笔交易。

对于第 1~5 条基于时序波动的数据，之前资金接口访问量监控中提及的同比、环比数值聚类、ARIMA 模型和 Prophet 模型依然适用；对于第 6~8 条基于特征聚集或离散点的判断，可以选用合适的聚类算法实现相关需求；而第 9 条则更适宜基于历史数据和运营经验，直接设定固定阈值进行监控和报警。

对账是发现资金异常的最有效手段之一，通过收入与支出、整体与明细、记录与实际之间的核对，可以高效、精准地挖掘出具体的资金异常情况，帮助业务安全人员快速定位问题并采取补救措施。在条件允许的前提下，也可以根据对账结果的异常情况实施自动下架商品、自动封禁账户甚至自动暂停业务等操作。需要再次强调的是，业务安全人员不是也没有能力承担会计职能，因此相关对账能力的建设也只需要关注业务安全风险可能导致的问题和现象，一般从以下几个方面来考虑和实施。

- 收入永远等于支出加余额（或其他等价物）之和。收支监控需要分拆到多个层面实现，比如业务（或企业）的总收支、独立的业务系统、独立的企业账户以及独立的用户账户，等等。当出现安全漏洞或技术故障等问题，导致攻击者可以在无账单（或订单等）的情况下恶意充值、消费或取现时，利用收支监控可以快速定位到具体的账户。
- 余额永远等于账单（或订单等）的累加值，且不可能为负。在执行消费或提现操作时，通过累加历史账单核验当前余额数值是否正确，如果两者数值不一致，则产生告警并阻断本次操作。如果历史账单（或订单等）条目过多，可以通过分阶段记录历史累加值的方法来减少计算量；或者也可以采用闲时定期核算的校验方式。这种核算对于篡改余额等恶意操作具有极好的监控效果。
- 账单（或订单等）永远与实际的资金流转记录保持一致。其实现方式是自动核对多方账单、订单和日志等记录是否相符，比如外部渠道账单与内部收支记录、系统账单与银行流水、系统账单与运行日志、以及存在资金交互的内部系统之间的收支记录，等等。这些核对在系统故障、恶意操作、攻击事件和舞弊行为等方面都具备一定的监控效果。

上面的监控措施反复提到了账单、订单和日志，它们的完整性直接决定了监控工作的准确性和有效性。为了避免这些记录被恶意的内部员工或攻击者篡改，我们还需要建立异地存储和校验机制——把这些记录以仅可追加的权限同时存储到两个独立的服务器（或集群）上，由不同的两组人员分别独立维护，并确保没有任何一人同时或前后分时段掌握两边的写权限（包括创建、更新和删除等）；系统自动校验两边记录的一致性，发现差异时自动报警。异地存储和校验机制的目标在于通过职能分离的方式加强对于记录数据的完整性保护，减少恶意篡改或删除等风险。

黑白名单虽然简单原始，但依然是不可替代的监控补充功能之一。黑白名单可以基于支付账户、银行卡、身份证、手机号和用户账号等信息进行拦截和忽略，数据来源可以从历史记录中挖掘，也可以引入第三方实时黑名单或其他评价信息。

资金数据异常监控最大的难点在于第三方，通常第三方不会允许其他企业直接获取其资金流信息，即使同意提供相关数据接口，安全团队也无法确定这些数据的准确性，一旦第三方发生卷款潜逃或账户冻结等意外情况，那么与其合作的甲方企业就很可能被迫承担这笔资金损失。因此涉及第三方的资金安全管控不能单纯地依赖商业合同条款，在无法满足资金数据异常监控条件的情况下，业务安全团队应该采取必要措施降低风险。以第三方结算合作为例，可以考虑采用以下方案控制意外发生时的损失额度。

- 由第三方（乙方企业）先行垫付资金以完成结算，甲方企业根据实际结算金额定期向第三方打款并支付服务费用。垫资方案完美符合甲方企业利益，但也极其不满足第三方期望，除非甲方企业具备极好的信誉和背景，否则很难协商一致。
- 双方在银行开设共管账户，只有在双方一致同意的情况下才可以对账户内资金执行操作。共管账户可以有效确保资金安全，相对垫资也更容易被第三方接受，但是它会大幅增加双方的工作量和工作复杂度，对一些频繁、高效的应用场景并不适用。另外，不同银行的共管账户具备不同的管理流程和要求，开设之前需要充分了解相关条款是否满足自身需求。
- 要求第三方向甲方企业缴纳一定数额的保证金。保证金的本质是有限额度的垫资方案，在结算额度低于保证金时，由第三方完全垫资，高于时部分垫资。保证金额度的设定可以适当低于周期结算均值，将可能性损失控制在双方均可接受的范围之内，并降低对方赖账甚至卷款潜逃的收益预期。
- 对于不限定固定时间、实际操作均匀分布的第三方结算需求，可以进一步细分打款周期并降低每次向第三方打款的额度。这会在一定程度上增加甲方企业的工作量，但是可以有效降低发生意外时的最大损失额度。

毫无疑问，资金数据是企业最核心、最机密的数据之一。业务安全团队建立资金数据异常监控应该与业务部门、财务部门甚至内审部门充分沟通，获得各方的认同和理解，同时采取必要的管控措施确保监控系统中资金数据的机密性，避免告警接收人和处置人过多或不必要地掌握企业资金流转情况，等等。

10.4 风控系统基础设计

有效、可靠的业务安全管控需要相对完善的风险识别、异常监控、响应处置和安全运营能力做支撑。对于外部威胁变化较少的单一业务，可以将业务安全管控逻辑直接嵌入业务代码中，从而获得更高的处理效率和更简单的系统结构。但是对于业务条线较多、安全对抗性较强的企业，这种开发模式将不再适用，主要因为以下几点。

- 相似的管控逻辑需要在各个业务条线分别沟通、实现、测试和维护，重复的资源投入导致企业整体技术 ROI 降低；
- 对抗过程中需要频繁地新增、调整和停用业务安全策略和规则，内嵌逻辑方案需要业务方频繁配合更新线上代码，这个过程很容易带来故障风险和引发业务团队抵触；
- 分散在各个业务条线的数据难以实现更全面、更深入的数据分析，各自为营的后台也不利于业务安全运营人员集中分析和处置，直接影响工作效率。

要解决这些问题，合理的方案是建立集中式的业务安全管控系统。为了与大部分企业及从业人员的表述和命名习惯保持一致，我们称之为"风控系统"。本节中"风控"的概念与"业务安全"等同。理想的风控系统至少需要满足以下特性。

- 集中收集、处理和存储与业务安全相关的信息，业务方仅需要上报数据并根据风控系统反馈结果执行拦截、放行等响应操作，而不需要自行开发实现风险识别和异常监控逻辑。
- 数据上报、结果反馈等接口协议标准化，业务系统按统一标准与风控系统进行对接，风控系统无须调整代码即可完成所有适配，从而在业务条线较多的应用场景中降低双方对接的边际成本。
- 具备简易、灵活的数据分析和规则配置工具，允许业务安全运营人员像搭积木一样创建和优化风控策略，通过运营后台的产品优势降低基层运营人员的专业技能门槛，间接降低人力成本。
- 提供覆盖全局的分析、监控和报表能力，可以分别为基层运营人员、风险处置人员、中层管理人员和高层管理人员提供不同维度的数据支撑。

基于以上这些需求，业务系统和风控系统直接的数据流转可以通过图 10.1 来表示——业务系统上报业务数据并查询是否存在风险，风控系统根据风险识别结果反馈拦截或放行等操作。值得注意的是，业务数据的上报和行为风险的查询可能是相互独立执行和传输的，以账号可信度模型为例，查询请求可能只包含一个手机号，但是它需要持续采集大量的业务数据（如用户历史行为）进行分析和判断。

通过进一步拆解、细化风控系统的设计目标和功能需求，可以在系统架构上将其划分为采集层、预处理层、存储层、分析层、控制层、运营层和对外接口。尽管业务和风险并不属于风控系统的内部构成因素,但是将它们纳入架构图更有助于准确理解风控系统的服务对象和防控目标,因此我们在架构图中增加了属于外部因素的业务层和风险层。具体架构图如图 10.2 所示。

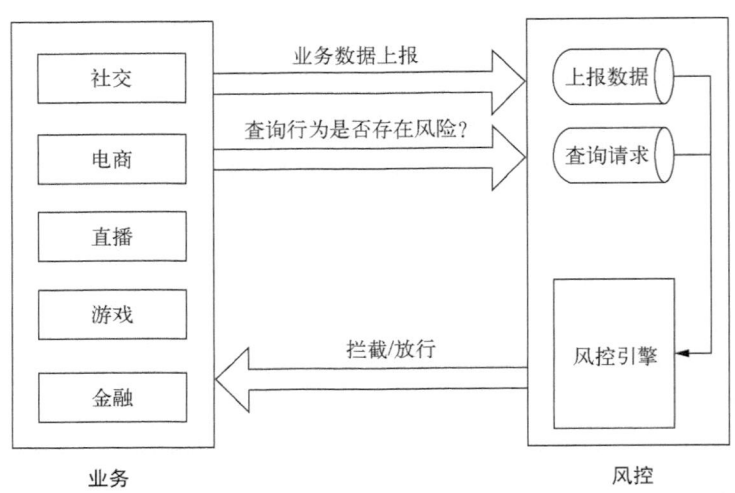

图 10.1 业务和风控系统对接示意图

风控系统架构图

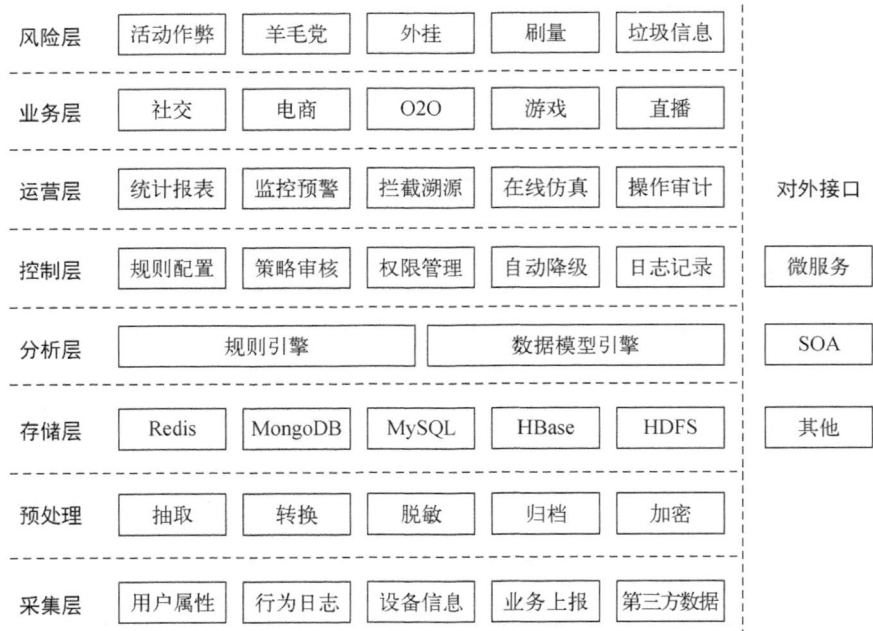

图 10.2 风控系统架构图

采集层负责与业务安全相关的信息采集、接收和录入，这些数据是进行风险识别和分析的基础前提，主要包括用户属性、行为日志、设备信息、业务上报信息和第三方数据等五大类别。

用户属性信息包括但不限于：

- 用户的静态属性，如业务记录的用户等级、注册时长、实名认证状态和绑定手机状态等；
- 用户的标签数据，如业务安全模型输出的羊毛党、批量注册、SPAM 和高价值用户等；
- 用户的奖惩记录，如当前存在或历史出现过的账号封禁、功能受限和命中风控判罚等。

行为日志理论上越全越好，在企业数据基础设施条件允许的情况下，可以考虑采集完整的行为日志用于风险识别和分析。如果因为算力、存储和带宽等原因不能支持全量分析，那么也应该尽可能全地获取与风险相关的重要节点及其上下文信息，这需要业务安全团队提前梳理业务关键路径以及各个节点的判罚权重等信息。

设备信息指的是用户在使用与业务相关的服务的过程中所使用的设备及其网络环境、地理位置、使用时间和安装应用等环境信息。如果设备为手机等移动设备，可以生成设备指纹并在设备本地检测其是否存在状态异常，比如是否是模拟器、是否越狱或 Root 设备、是否安装 Hook 框架、是否处于 USB DEBUG 状态，等等。Web 浏览器可采集的信息较少，虽然也可以使用 JavaScript 生成唯一标识，但是由于受到浏览器沙盒的限制，其唯一标识和其他检测结果的可靠性相对手机会更低一些。

业务方上报是业务方根据业务安全管理要求将指定数据主动推送给风控系统的过程，其中部分数据可能与行为日志冲突。业务方上报的数据通常经过了一定的筛选和处理，比如字符系统直接提供的支付金额、业务安全模型输出的用户标签等，风控系统可以直接使用和存储这些数据，从而获得更高的处理效率和实时性。为了避免影响用户体验，业务方应该通过异步的方式进行数据上报。

第三方数据通常是通过采购或合作等形式得到的辅助风控判罚的数据，如威胁情报、IP 画像、手机号画像、用户画像数据或第三方安全服务等，它们可以在一定程度上弥补内部数据和能力短板，进一步提升业务安全管控能力。

风控系统接入的业务条线越多，数据的接入形式及其数据结构也就越复杂。尽管我们可以通过标准化接口约束大部分采集行为，但是在实际工作中，还是不可避免地出现各种例外情况。因此，这些采集到的数据必须进入预处理环节，统一数据结构并去除无效数据，以提升分析层处理效率。除此以外，预处理层还需要对数据进行脱敏和加密处理，尤其是采集和存储个人信息和资金等信息。

存储层通过合理使用多种不同的存储技术来满足不同计算场景下的存储需求，一些常见的计算场景包括但不限于下面几种。

- 风控规则引擎实时运算数据，例如规则引擎中的事实集和规则库数据，等等。该场景对低延迟要求比较严苛，因此应该采用性能好、吞吐量大、响应延迟小的内存型数据库，如 Redis、Memcached 等。
- 离线计算数据，例如海量存储的用户行为数据、订单数据和设备信息，等等。该场景通常数据量和计算量都极大，但是可以容忍相对较高的延迟，因此可以采用分布式存储的数据库，如 HDFS、Elasticsearch 等。
- 风控系统后台管理数据，例如账号、权限和一些系统参数等。该场景需要持久化存储，对于查询和写入延迟无高要求，但必须可以灵活地查询和变更，因此可采用关系型数据库，如 MySQL、Oracle 等。
- 业务方上报数据，例如各类业务订单金额、优惠领取详情和用户提现退款记录等。该场景中业务活动的变化较快，上报的数据结构多样多变，数据查询变更没有事务性要求。因此可采用灵活的文档型 NoSQL 数据库，如 MongoDB、HBase 等。
- 风控系统日志数据，例如运行日志、错误日志等。因为没有特定的查询需求，此类数据可以直接以文本文件形式存储。

引擎层是风控系统的核心，具体包含规则引擎和数据模型引擎两个部分。规则引擎供业务安全运营人员基于经验或历史数据配置静态不变的拦截规则，其操作简单灵活，结果可解释性强，实现和维护成本较低，但是因为规则和阈值相对固化，黑灰产比较容易探测和突破。数据模型引擎则是利用可获得的所有数据，对用户及其行为进行风险画像，它能动态地适应和调整判罚标准，并且不需要太多人工干预，其优缺点与规则引擎正好相反。黑灰产更难探测和突破，但是数据模型构建成本较高，其中包括对数据建模专家的能力要求高、数据模型上线周期长、数据训练资源消耗大等，另外数据模型判罚结果的可解释性也相对较差，在与业务方产生冲突的情况下更难"就事论事"地协调沟通。

规则引擎通常由事实集、规则库和推理引擎三部分构成，架构如图 10.3 所示。

其中事实集接纳采集到的所有事件信息，规则库包含各业务条线具体的风控策略，推理引擎基于规则库中的规则对事实集进行推理运算，获得风险判定结果并反馈建议的处置措施。推理引擎可以按照权重从高到低依次运算风控规则，命中则立即返回结果，这种方案的实现相对简单，但是随着风控规则条目的增多，风控系统的执行效率会随之下降。这个问题可以通过 RETE 或 LEAPS 等模式匹配算法来解决，其匹配速度与规则数目无关，但是需要在内存中存储所有中间匹配结果。

10.4 风控系统基础设计

规则引擎架构图

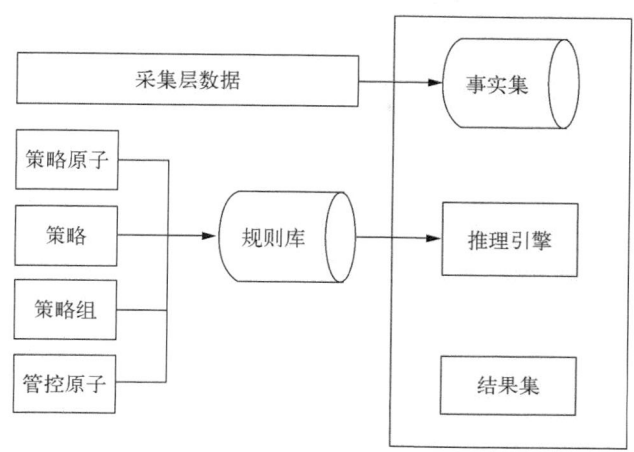

图 10.3 规则引擎架构图

为了实现简易、灵活、近似于搭积木的规则配置，并且允许业务安全运营人员高效复用在其他业务条线或活动中已经配置过的风控规则，可以考虑采用策略原子、策略、策略组和管控原子的规则组成结构。策略原子是不能继续拆解的最小单一条件判断，比如是否命中某一个具体黑名单、是否超过访问频率阈值，等等。策略由一个或多个策略原子根据与（AND）、或（OR）、非（NOT）等逻辑关系组合而成，并且选择合适的管控原子作为响应措施。策略组是若干条包括权重、启用状态、有效时间等属性的策略的集合。管控原子指定发现风险行为后的管制措施，例如拦截、放行、弹出验证码、转入人工审核和仅记录，等等。通常，策略组是应用到具体业务风控中的最终形式，而策略、策略原子和管控原子可以高度复用。

数据模型引擎有两种实现方式，一种是通过线上模型进行实时或准实时判罚，另一种是通过离线模型打标签或计算评分卡，其结果供规则引擎使用。数据模型引擎使用到的模型和算法包括但不限于 XGBoost 决策树、逻辑回归（logistic regression，LR）、随机森林（random forest，RF）和支持向量机（support vector machines，SVM）。模型训练需重点关注准确率和召回率，相关指标满足期望之后才可应用至线上正式使用，当准确率和召回率明显下降时需要重新建模和训练。

控制层决定了整个风控系统的运行目标和过程，主要包括规则配置、策略审核、权限管理、日志记录、自动降级等主要模块。

规则配置模块允许业务安全运营人员通过简易快捷的方式制定风控策略，以类似于搭积木的方式，灵活地设置策略原子、管控原子并拼接组成策略和策略组。另外对于权重、启用状态和有效时间等策略属性也是通过规则配置模块进行操作的。

策略审核覆盖策略上线前和上线后两个环节，风控系统应该提供相关的功能支撑。为了避免业务安全运营人员错误甚至恶意地配置和上线风控规则，相关策略和策略组必须经审核通过后才能正式生效。对于已经在线上运行的策略，也应该定期审核执行效果是否满足预期。审核人员一般由业务安全负责人或未参与相关规则配置的其他业务安全运营人员担任。

权限管理模块基于 RBAC（role-based access control，基于角色的访问控制）构建，对于不同的角色赋予不同的权限。由于风控系统通常涉及大量的用户、资金和订单信息，所以必须严格控制相关角色和账号可以访问的数据范围。风控系统通常至少包含系统管理员、策略制定员、策略审核员和审计员 4 种角色，其中审计员只具备只读权限。

自动降级是在风控系统出现突发异常的情况下，为了避免对业务造成负面影响，不需要人工干预自动执行的紧急应急处理方案。自动降级方案通常包括全部放行、停用部分策略和降低判罚标准，等等。除此以外，在业务逻辑中植入风控降级机制也非常重要，以应对风控系统遭遇严重故障时自动降级机制无法执行的情况。

日志记录模块需要尽可能完整地记录风控系统的运行日志、错误日志、拦截日志、审核日志和操作日志，等等。日志必须做好权限控制，禁止任何人对其进行删除或修改等操作，确保它的完整性。尽管日志记录并不直接影响风控系统的运行状态，但是它是保证长期合理优化和维护的基础，因此也把它划分在控制层。

运营层应该直接面向业务安全运营人员、风险处置人员、中层管理人员和高层管理人员进行设计和实现，既能满足基层操作人员所需的监控预警、拦截溯源和在线仿真能力，又能针对不同层级、不同职能的员工提供不同角度的统计报表。

统计报表模块必须充分考虑不同员工的查阅需求，在通常情况下，层级越高的员工越倾向于全局性的、具有一定归纳总结的报告，而层级越低的员工则越需要具体的细节信息。统计报表应该以什么形式展示并没有统一标准，在执行风控系统产品设计时应该与多方人员充分沟以便满足差异化需求。

监控预警模块需要覆盖风险事件、数据异常和系统故障等多个方面。风险事件包括较为严重的恶意行为等；数据异常包括突然增长的订单量或拦截量等；系统故障则包括风控系统自身的延时和停顿等。监控预警系统需要适当控制告警条件和数量，既要防止海量的告警导致接收人员出现"狼来了"的懈怠情况，又要避免因为告警不及时甚至没有告警导致风险事件不能得到及时响应和处置。

拦截溯源模块跟踪和记录每一次风控判定结果及其判定依据，业务安全运营人员可以根据判定结果查询其命中的具体时间、策略和异常指标，同时获得与其关联的属性和行为信息。拦截溯源是校验判罚准确性的重要功能，在例如被判罚用户通过客服申诉等场景的结果确认和异常排查中发挥着不可或缺的作用。

在线仿真模块用于解决新配置的风控规则无法通过线上数据进行验证的问题，它允许业务安全运营人员通过简单易用的工具自行模拟输入请求，并观察系统返回的结果，以判断相关规则是否按预期运行。在线仿真模块使得脱离业务系统进行规则测试和调制成为可能，从而大幅提高了风控系统的运营效率。

操作审计模块用于查询和审计风控系统任意用户执行在任意时间执行的任意操作，不仅可以在发生异常故障或违规事件后溯源取证，而且可以对具备风控系统权限的操作人员形成威慑。

对外接口负责风控系统与业务系统以及第三方系统的数据交互。接口层技术架构需要基于当前企业内部的数据交互架构进行规划和设计，比较常见的包括 SOA（面向服务的架构）、微服务等，或者也可以采用 HTTP、gRPC 等调用方式。

基于上述架构，我们可以实现一个相对完整的风控系统，业务团队的风控开发和维护工作将因此大幅减少。但是这并不意味着所有的风控规则都必须交由风控系统完成，对于一些与业务强耦合、响应延迟要求极高并且变更频率较低的风控规则，依然适合直接嵌入业务逻辑代码实现。

> **小贴士**
>
> 为了帮助中小型企业降低风控系统开发成本与风控策略配置学习门槛，同时集思广益建立更强更全面的业务安全能力，陌陌安全与风控团队开源了风控静态规则引擎——Aswan，用户可以零基础简易便捷地配置多种复杂规则，实时高效管控用户异常行为。读者可以访问 https://exl.ptpress.cn:8442/ex/l/20a79066 下载、修改和应用。

第 11 章

数据安全管理

随着时间的推移和资源的不断投入，M 公司的基础安全和业务安全逐步走向成熟和稳定。但是我依然维持在高度紧张的状态，因为我清晰地知道，数据安全现在成了 M 公司最大的安全风险。

数据安全不同于基础安全和业务安全。首先，数据安全事故的发生通常更加难以察觉，甚至很多数据泄露事件在曝光之前根本无法知晓。其次，数据安全管控相对更加困难，由于数据安全面临的风险可能来自外部攻击、内部违规、媒体舆论或者政府监管，面向的对象同时包含外部攻击者、内部员工甚至是已经获得数据授权的员工，所以必须建立尽可能完善的管理体系和技术框架，同时在执行的过程中又不可避免地经历宽泛复杂的沟通、协调和推进。最后也很重要的是，数据安全事故往往能够在经营竞争、企业声誉和监管惩处等方面造成灾难性的影响，而且事故一旦发生几乎不可挽回。

考虑过这些问题后，我决定组建数据安全团队。独立的数据安全团队具有更明确的目标导向性，有助于团队成员综合协调各方因素集中精力确保数据的机密性和完整性，避免因为数据安全工作涉及众多交叉繁杂的管理和技术职能导致的推诿扯皮现象。于是，我向 CTO 提交了安全团队组织架构变更和新增人员编制的申请。

Q 王总：小陌，数据安全为什么要新建一个团队呢？是不是管好数据的权限，做好敏感数据的加密和脱敏就可以了？

A 马小陌：王总，从方向上来说这样可以防范住大部分的风险，但是实际的执行过程要复杂得多。数据安全在管理上是一件沟通成本很高的工作，仅仅数据的初步梳理就已涉及公司的每个团队，而且数据还在不停地流转扩散，怎样建立真正有效的跟踪机制也是一个不小的难题。在技术上，数据安全也不是安全团队可以独立完成的，要依赖各个方向各个层面的安全设计和实现。成立独立的团队对数据安全的结果负责，可以迫使团队放弃面对复杂问题'踢皮球'的想法，从而只能努力协调各个团队全力推进保障体系的落地。

> **Q 王总**：那为什么不由现在的安全团队来执行呢？

> **A 马小陌**：现在的基础安全和业务安全两个团队都已经有了非常明确的业务目标，相关工作也已经非常饱和。数据安全在工作内容和技能结构上与现有团队存在一定的差异，相对来说数据安全需要更加综合地运用管理和技术措施，在管理上会涉及更多的监管合规、制度流程和审计惩罚，在加密、脱敏等技术方案的选型上会使用到更加独立和专业的知识领域。所以，成立一个新的团队并且招募对口的专业人才会更有利于推动这块工作的进展。

> **Q 王总**：你们推进这块工作会影响其他团队的工作效率吗？

> **A 马小陌**：我们需要增加一些审批流程和技术控制，所以难免对现在的效率造成一些影响。不过我们在数据梳理过程中会进行分类定级，不同密级的数据采取不同强度的管控措施，比如对低密级的数据采用相对宽松的审批流程和技术约束。另外，技术措施上我们会尽力争取做到对用户透明，尽可能减少他们的操作体验变化。

> **Q 王总**：我同意。

> **小贴士**
>
> 由于数据安全工作同时涉及大量的监管政策解读、制度流程制定、跨部门沟通协调和专业技术选型及实施，所以无论是单纯的管理人才还是技术人才在团队工作的执行中都会存在一定的局限性。数据安全团队比较合理的人员及技能分布可以招聘 2~3 名擅长政策解读、制度制定及沟通协调的管理型人才负责流程管控，1~2 名对管理和技术两方面均有所理解的综合型人才承担产品经理或项目经理，若干名在开发、密码学等领域有专攻的技术型人才执行具体的技术方案设计、研发及实施工作。

11.1 数据安全整体框架

为了确保数据安全工作的推进和发展符合预期，我先大概梳理了数据安全管控的主要方向和内容，并且决定把它们划分成制度、技术、审计和情报 4 个层面推动和执行，最后形成图 11.1 所示的数据安全整体框架。

制度层是实施数据安全管控的基础和依据。只有提前发布清晰严谨的《数据安全管理办法》及相关流程，企业才能明确数据安全中的团队职能和员工义务，员工才能知晓并遵循数据操作的正确处理方式，安全团队才有可能正常开展数据安全管控工作。制度层最重要的工作是明确分类分级、授权审批和违规惩戒。

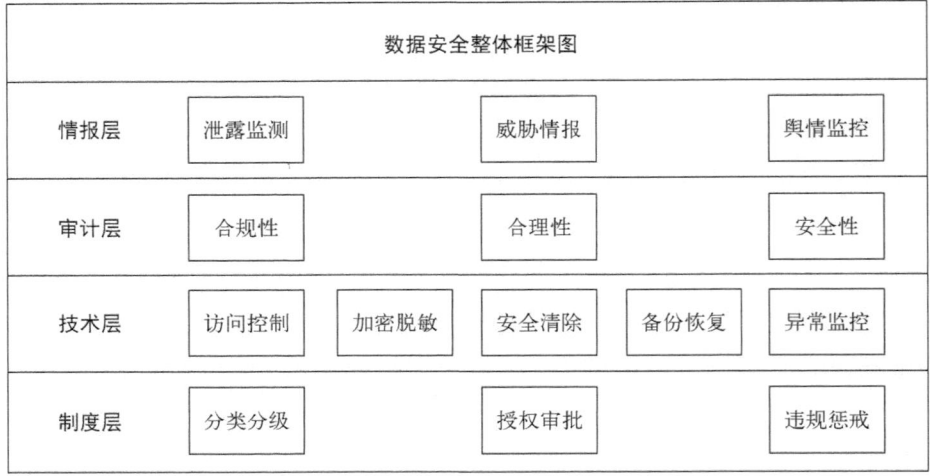

图 11.1　数据安全整体框架图

分类分级有助于区分建立不同强度的安全管控措施，避免无差别管控导致的资源浪费和效率低下。分类分级没有特定的标准和要求，可以根据企业的实际情况自由安排和调整，但是必须注意避免划分过粗或过细。过粗的分类分级可能导致数据匹配不合理的管控措施，对敏感度较低的数据启用相对严格的管控措施会浪费资源或影响效率，对敏感度较高的数据启用相对宽松的管控可能引发安全事故。而过细的分类分级则可能导致审批流程和管控体系异常复杂烦琐，甚至可能出现无法落地执行的情况。

授权审批用于约束权限的分配和使用，避免不必要的权限以及数据滥用引发安全风险。授权审批必须遵循"权限最小化"原则，审批节点至少应该包含数据申请者上级负责人、数据操作者上级负责人和数据所属团队负责人，数据密级越高，审批节点也应该随之增加管理层级越高的负责人。数据授权审批不仅需要关注相关数据申请的合理性和必要性，而且必须同时考虑原始数据是否在加密或脱敏后依然可以满足业务需求，最大限度降低敏感数据明文泄露的可能性。

违规惩戒可以确保《数据安全管理办法》及相关流程的准确执行，同时对违规及恶意行为形成一定程度的威慑。违规惩戒的落地形式是建立《数据安全管理罚则》，需要针对不同密级以及是否造成实际影响两种情况制定不同的惩罚标准。对于相对较高密级的数据违规及恶意行为，必须采取严厉的惩罚措施，因为这类问题发现成本较高，而且难以判断是否会产生持续性影响，所以应该通过更大的威慑尽可能减少事故。另外，违规惩戒应该避免把"是否主观故意"这类无法客观评判的因素作为区别对待的条件。

技术层是保障数据安全的方法和措施。数据安全既在很大程度上依赖基础安全和业务安全，同时又具有自己独立的技术体系和方法论。数据安全团队不需要执行具体的基础安全和业务安全工作，这些应该在明确目标和需求后协调推进相应团队落地执行，而数据安全团队应该将更多的精力集中在自己的技术措施上。

访问控制确保只有获得授权的人才可以访问指定的数据。目前主流的信息系统和工具都已经提了相对完善的访问控制功能，因此可以在网络、操作系统、数据库、应用系统和文件等多个不同的层面进行混合实施，这样可以在一定程度上避免某一环节的疏漏导致的整体控制彻底失效。需要注意的是，如果备份文件和开发测试等非生产环境中包含有敏感数据，那么也应该采取同等强度的访问控制措施。对于移动存储、纸张等介质中的敏感数据，应该通过保险箱等物理安全措施进行保护。

加密脱敏确保即使数据被非授权访问，也无法读取或篡改数据内容。加密和脱敏可以发生在数据处理、存储或传输等任意环节，在不同的业务场景下应该采用不同的加密算法和脱敏方案。选择加密算法和脱敏方案时，首先必须确保满足业务需求，不能因为盲目追求安全牺牲业务的可用性；其次应该避免采用不安全的算法和方案，比如 DES、RC4、RSA1024 等；最后还需要关注性能损耗，一般情况下非对称加密与对称加密的性能存在数量级的差异。

安全清除确保被删除的数据无法还原，减少设备返厂维修、员工办公设备遗失等情况下的敏感数据泄露风险。在执行文件删除操作时，磁盘并不会真正地清除数据，而是仅仅标记相关区域可以覆盖新的内容。因此，如果磁盘等具有相同删除机制的存储设备未执行安全清除操作，那么未被再次覆盖的磁盘区域的已删除数据就可能被恢复，从而导致数据泄露的可能性。安全清除的机制一般是在相应磁盘区域反复覆盖多次干扰数据。

备份恢复确保数据丢失或被篡改的情况下，可以恢复到某个时间节点之前的状态，而不至于业务被彻底破坏。在很多企业中，与备份相关的职能归属运维团队，在这种情况下，安全团队必须重点关注包含敏感数据的备份文件是否满足相应密级的安全管控要求。为了避免备份文件出现异常导致故障甚至灾难发生后无法恢复业务，必须定期执行恢复测试和演练，及时发现有问题的备份文件和操作流程。

异常监控确保未经授权的数据操作得以及时发现和控制，可以通过操作行为和网络流量两种途径进行监控。操作行为监控主要依赖基础安全工作中部署的操作审计工作，不同的是数据安全异常监控更为关注包含特定敏感数据的文件或数据字段，尤其涉及用户个人信息的查询和资金数据的修改必须严格监视与验证。网络流量监控重点关注异常的请求源 IP 和大流量，从中挖掘不符合预期的访问行为和大规模数据导出事件。如果条件允许，也可以直接通过网络流量分析具体数据操作行为，这种方法在数据库操作监控中比较常见，但不适用于通过 ssh 等加密协议执行的数据操作。

审计层用于检查和监督数据安全管控的可靠性，及时发现和纠正相关的问题和偏差。审计层与数据安全管理框架中的每一层都紧密相关：制度层是审计层开展工作的主要依据，但是审计层又可以反向推进制度层的优化和完善，同时对意图违反制度的员工形成威慑；技术层为审计层提供主要的证据和工具，但是审计层也可以揭露技术层的缺陷和不足；情报层则可成为审计层的重要输入和补充。审计层主要包含合规性、合理性和安全性3种类型的审计工作。

合规性审计主要负责外部监管要求和内部管理制度的符合及遵循情况。外部监管要求主要来源于经营地区的法律法规和行业标准，法律法规比如中国的《网络安全法》、欧盟的 GDPR 和美国的 CCPA 等，行业标准包括等级保护、PCI DSS 等，合规性审计必须确保企业内部无论制度规范还是实际操作都能够满足正常经营必须达到的监管要求。内部管理制度合规性审计则主要关注企业内部实际操作是否与制度规范要求一致。

合理性审计主要负责授权审批和实际操作是否与业务需求相匹配。授权审批的常见问题是权限审计及分配不符合"权限最小化"原则，这种情况下理论上应该同时追究申请人和审批人的责任，但是这种理想化的授权和追责方案在实际情况中很难全面落地推行，因此这类审计和追责可以考虑限定在适量的高密级数据范围内开展。实际操作的常见问题是不必要的数据传输和导出，比如一些完全可以线上完成计算的统计类需求，但是在实际操作过程中把具体信息导出到个人设备进行运算，等等。同样，与数据安全相关的审计操作也可以考虑限定在高密级数据范围。

安全性审计主要负责与数据直接相关的安全风险的排查和整改。数据的安全性审计工作主要包括3个部分。一部分是基于基础或业务安全风险的攻击和遍历，这些工作可以协调相关安全团队进行检测和处置。另一部分是数据安全技术的自身缺陷，比如采用了强度不足的加密算法、有缺陷的脱敏方案等，这些可以通过建立与常见场景关联的安全基线和 checklist 来检查和减少。还有一部分是针对数据的恶意行为，相关的审计工作内容与行为监控相似，但与行为监控相比周期性更强而且挖掘程度更全面更深入。

情报层是数据安全管控的最后一道防线，其目标在于尽可能发现那些已经发生的数据泄露事件，及时响应并最大限度降低事故影响。基于当前的数据安全发展情况，无论制度层、技术层和审计层如何严格管控，都无法绝对杜绝数据泄露的可能性，因此情报层就成了数据安全管理框架中不可或缺的一环。数据安全的情报工作可以从泄露监测、威胁情报和舆情监控3个方向入手。

泄露监测主要通过技术手段对一些具备典型特征的敏感数据进行监测，在技术实现上主要是爬虫和正则匹配。泄露监测不可能也不需要针对所有的互联网应用展开检索，对大部分企业而言，关注好企业内部交流和文档系统、GitHub 和 GitLab 等公开的代码仓库、主流的暗网交易站点、具备检索条件的云存储服务和一些常见行业交流社区就可以了。

> **小贴士**
>
> 对于一个处于发展初期或中期、资源有限甚至有些紧张的安全团队，泄露监测工作不应该设定大而全的监测目标，这样的努力方向很可能因为爬虫的技术局限性带来海量的垃圾信息，导致投入大量时间和精力进行人工分析确认却不见产出，甚至出现因为长期处于"狼来了"的状态引发员工对于监测告警的懈怠情绪。正确的方向是尽可能平衡风险与投入，重点关注高风险站点，尽可能优化提升规则的准确性，适当放弃一些误报极高但又无法继续优化的检索规则，把"尽量准确"和"跟（进）得过来"作为努力目标。

威胁情报是泄露监测的重要补充，通过充分借助外部资源，可以更广更全地监测数据泄露事件。威胁情报主要有两种来源，一种是依赖 SRC，面向公众有偿收集与所属企业相关的数据泄露信息，另一种是采购威胁情报服务，由第三方专业公司或机构代为搜集和筛选相关信息。通常前者成本更低，信息更为及时，但是全面性和准确性相对较低，连续性也缺乏保障，而后者则恰恰相反。

舆情监控一般由公关团队负责，安全团队需要提前与公关团队建立信息同步和应急协作流程，与数据泄露相关的舆情监控工作必须成为其中的一部分。与泄露监测和威胁情报不同，舆情监控的信息搜集阶段重点关注舆论影响而不是具体的数据内容，但是热度较高的数据安全舆情事件通常对应严重的数据安全事故，数据安全团队必须跟进相关问题的核实与整改，并且为公关团队提供后续处置所需的信息和技术支持等。

11.2 数据安全管理流程

数据安全管理流程是制度层的落地形态，应该覆盖企业内部任何与数据操作相关的行为，包括但不限于数据生命周期中产生、存储、使用、传输、外发、披露和销毁环节的安全控制。

为了便于推进和执行，数据安全管理流程可以划分为《数据安全管理办法》《部门数据安全管理细则》和《数据安全管理罚则》3 个部分。《数据安全管理办法》作为数据安全管理的总纲性文件，明确原则性要求，在整个企业范围内适用。考虑到不同的团队可能存在独特的工作模式和管理需求，还应该允许各个团队在不违背《数据安全管理办法》的前提下根据自己的实际情况制定相应的《部门数据安全管理细则》，仅在制定部门内部适用。《数据安全管理罚则》用于明确违规操作的惩戒措施，它可以作为《数据安全管理办法》的一部分，也可以加入《员工手册》《员工行为准则》等其他制度文档中。

《数据安全管理办法》至少应该包含适用范围、职责定义、数据分类、数据分级、管理要求、技术要求、审计要求和例外处置等内容，根据企业制度编制风格的差异，也可以考虑增加制度目标、术语定义、惩戒措施、培训要求和其他附则，等等。

职责定义主要明确数据安全管理中相关部门或角色的权利和义务，主要包含5种部门或角色。

- 数据安全团队作为数据安全的统筹管理者，主要职责包括：
  - 《数据安全管理办法》的制定、推进、维护和监督；
  - 制定、验证和检查数据安全管控方案，确保数据在技术层面安全可控；
  - 秘密级（含）以上数据操作安全性审批，已建立例外细则的特殊数据除外；
  - 负责统筹数据安全事故的应急响应，以及执行数据安全审计与取证；
  - 组织与数据安全相关的培训与宣贯工作。

- 法务部门
  - 跟进、解读业务经营地区与数据安全相关的法律法规；
  - 确保涉及第三方数据交互的合同或协议中包含数据安全相关要求；
  - 处理与数据安全事故相关的法律诉讼等工作。

- 公关部门
  - 监控与数据安全相关的舆情事件并及时同步数据安全团队；
  - 数据安全事故造成负面影响时，采取有效措施降低影响。

- 人力部门
  - 负责对敏感数据相关岗位的员工执行背景调查、签署保密协议；
  - 对违反《数据安全管理办法》的员工依据《数据安全管理罚则》进行惩罚。

- 其他部门
  - 负责本部门的数据定级并定期更新定级表；
  - 负责责任范围内数据操作的合理性审批；
  - 根据数据安全团队要求落实责任范围内的数据安全管控方案；
  - 协助数据安全团队完成数据梳理、操作审计和应急响应等工作。

根据M公司的数据使用场景，我将数据划分为3种类型。

- 用户数据。特指可以关联到用户个人的数据，包括但不限于企业产品或服务中收集的用户个人信息（如姓名、出生日期、手机号码、通信地址、健康状况和亲属关系等）、支付信息（如支付账号、支付金额和购买内容等）以及其他使用记录（如聊天消息、浏览内容和行踪轨迹等）。这些数据不仅涉及用户安全和隐私，同时也各类监管要求的重点关注对象。
- 业务数据。特指企业业务运营产生和使用的除用户数据以外的数据，包括但不限于交易流水、业务日志、用户活跃和其他非个人信息（如非个人的文章、视频和资讯等）。
- 经营数据。特指企业经营管理产生和使用的数据，包括但不限于财务信息、经营战略、系统账户、员工信息、需求文档和开发源代码。

数据分级工作理论上应该由数据所有者（Owner）决定，因为只有他们能确定自己数据的私密性。但是在实际推进过程中，经常出现数据所有者因为缺乏安全认知导致无法合理定级的情况，比如把大部分不希望别人访问的数据定义为最高密级，或者为了流程方便把高度敏感的数据定义为较低级别。遇到这种情况，数据安全团队应该协同数据所有者共同完成分级工作，并且在《数据安全管理办法》中提供定级指引与示例。数据分级示例如表 11.1 所示。

表 11.1 数据分级示例表

级别	定义	示例
机密	可直接关联到具体个人的用户数据，以及可以严重影响到企业整体层面的核心经营数据和业务数据。此类数据授权范围极小，仅适用于特定用户或内部岗位，泄露后可能对用户或公司整体经营造成经济、法律和声誉方面的严重负面影响	与用户账户配对出现的口令、地理位置、联系方式、支付信息； 未公开披露的收入、支出、利润、负债、活跃等财务和业务数据； 未公开披露的战略、投资、融资、诉讼、交易等重大事项； 与核心技术壁垒相关的算法、源代码
秘密	不可直接关联到具体个人但依然可能对用户造成一定负面影响的用户数据，以及主观不愿公开或泄露后可能在一定程度上对企业造成负面影响的经营数据和业务数据	单独出现的手机号码、行踪轨迹； 参数、配置、IP 等信息资产清单； 编制、架构等人事和组织架构关系； 非核心业务产品规划、需求文档； 客户清单、供应商清单、合同价格
内部	不适宜对外公开，但对内部员工可以不做限制，并且泄露后不会或仅造成轻微负面影响的数据	内部管理制度、流程、标准； 标注"内部"密级的通知和文件； 账户及权限的审批、授权记录
公开	已获得授权对外公布或披露，并且不会造成任何负面影响的数据	上市公司已披露的财报； 对外投放的产品文档和宣传素材

> **小贴士**
>
> 数据分级表中的示例数据必须根据企业的运营特点和实际情况灵活调整,因为相同的数据在不同特性的企业中可能存在定级不同的情况。以单独出现的手机号码为例,对于公众普遍使用的资讯应用或公开的社交平台,那么定义为"秘密"是没有问题的。但是对于在线教育业务,单独知晓手机号就已经可以被竞争对手定向抢夺用户了,因此这种类型的企业应该将其设置为"机密"。
>
> 另外,基于监管要求、重视程度和对外宣贯等一些角度的考虑,对于个人信息等敏感数据可能经常出现就高定级的情况。

数据分级一般精确到具体字段,但是实际工作中经常会出现需要同时操作多个数据字段或者通过原始数据推算出新数据的情况。《数据安全管理办法》必须充分考虑这些情况,否则在实际执行过程中很难遵循和落地。因此,在数据分级的基础上,还需要附加上两条分级原则。

- **就高从严原则**。多个等级的数据合并使用时,合并后的数据密级与其中包含数据或数据组合的最高密级对齐。
- **等级继承原则**。对原始数据进行分析、处理、加工形成新的衍生数据时,一般情况下衍生数据安全等级继承原始数据密级,但以下情况例外。

  - 通过脱敏、统计等方式消除了原始的敏感数据,衍生数据可适当降低安全等级。比如通过大量精确的用户地理位置信息统计出用户在各个省市的分布情况就属于可以降低等级的情况。
  - 通过统计、分析等方式新增了的更高等级的敏感数据,衍生数据必须适当提高安全等级。比如通过系统访问日志统计出具体的用户活跃和转化率等数据就属于可以提升等级的情况。

数据安全的管理要求主要由基本原则和审批流程两部分组成,制度的文档结构既可以分别对两部分内容进行阐述,也可以顺着数据生命周期的各个环节展开说明,然后把两部分内容拆分糅合进去。如果管理要求相对简单并且各种场景下的审批流程基本一致,编写制度时可以考虑前者。反之如果管理要求精细度较高,数据生命周期中各个环节的审批流程存在明显差异,那么后者会是更明智的选择。

数据安全管理的基本原则应该根据企业的实际情况制定,以下是一些相对通用的管理要求。

- 内部及以上等级的数据操作必须通过审批授权。
- 最小化授权,或者至少对敏感数据最小化授权。

- 接触敏感数据的员工必须执行背景调查和签署保密协议。
- 建立敏感数据临时授权机制，临时授权必须设置最长有效期。
- 禁止派遣制、实习生和兼职等无直接管理关的系员工接触机密数据。
- 授权后数据密级发生变化时，对于等级提升的数据必须重新审批授权。
- 与敏感数据相关的操作必须增加安全性审批环节，同时确认防控措施有效性。
- 敏感数据使用优先考虑加密、脱敏方案的可行性，尽可能避免直接明文操作。
- 线上敏感数据尽可能加密存储和传输，线下敏感数据必须采取有效物理防护。
- 禁止使用未经授权的第三方产品或服务传输或存储企业敏感数据。
- 敏感数据的销毁必须采用数据安全团队认可的安全清除方式。
- 数据必须合理备份，并且定期执行备份恢复测试，确保备份文件可用性。
- 与数据操作相关的审批和执行过程必须保留记录，保存时间不短于 18 个月。
- 数据安全团队定期执行相关审计工作。

数据安全的审批流程比较复杂，因为不同的数据生命周期环节、不同的数据密级应该对应不同的审批流程。数据审批流程的关键角色包括数据申请者的负责人、数据所有者的负责人和数据安全负责人，数据密级越高、操作风险越大，相应的审批环节就应该越多、审批人层级就应该越高。审批节点中的数据安全负责人需要承担 3 种职能：一是从风险出发执行审批操作，二是确认数据定级是否准确并判断后续流程分支，三是提供并检验相应的数据防控方案。表 11.2 是一个可供参考的审批流程示例。

表 11.2 数据审批流程例表

场景		审批节点					
生命周期所处环节	数据密级	申请者二级部门负责人	所有者二级部门负责人	数据安全负责人	申请者一级部门负责人	所有者一级部门负责人	所有者条线CXO
（内部）访问使用	机密	1	2	3	4	5	
	秘密	1	2	3			
	内部	1	2				
（外部）提取使用	机密	1	2	3	4	5	6
	秘密	1	2	3	4	5	
	内部	1	2	3			
外发披露	机密	1	2	3	4	5	6
	秘密	1	2	3	4	5	
	内部	1	2	3			
销毁	机密	1	2	3	4	5	
	秘密	1	2	3	4	5	
	内部	1	2	3			

数据安全管理的技术要求不需要阐述具体的技术细节，而是提出方向性和原则性的要求，比如针对不同密级的数据实施不同强度的技术防控措施，敏感数据在传输和存储时必须加密，采用符合要求的加密和脱敏算法，以及使用安全的清除方式销毁数据，等等。更重要的是，技术要求中必须明确数据安全团队的权威性，强调各级数据在各种场景中必须采用数据安全团队认可的技术防控措施。

审计要求主要明确数据安全审计的执行周期、汇报对象和记录留存等要求。对于可以实现自动化的审计内容，可以考虑每天一次甚至实时审计，而不能自动化的审计工作则建议设置为每月一次，避免过于频繁的审计导致过多的资源消耗，或者过长的审计周期导致重要风险无法及时暴露。审计汇总结果的汇报对象应该高至 CXO 层面，否则难以对全公司形成有效威慑。审计记录建议永久留存，如果因为特殊原因需要定期清除，那么留存时间至少应该满足相关的监管合规要求。另外，审计要求中还可以明确员工在数据安全问题方面的上报与举报义务，并且公布相应的信息传达途径。

例外处置主要考虑不适用于《数据安全管理办法》的特殊情况，比如涉及企业投资、融资计划的机密数据操作过程不适宜经过数据安全团队审批，此类高度保密并且知情范围极小的信息经由数据安全团队审批后反而增加了数据泄露和内幕交易风险，这类操作可以通过制定例外条款设置独立的特殊审批流程。另外一些与岗位强相关并且极其频繁的例行性数据操作，可以在例外条款中直接针对岗位进行一次性授权，避免频繁、重复执行审批流程导致的工作效率下降。必须强调的是，尽管例外处置可以根据实际运营情况在一定程度上接受实际流程与《数据安全管理办法》存在差异，但是所有例外情况和处置形式必须书面报备并且获得数据安全团队或安全所属条线高级管理层的明确同意，数据安全团队必须执行好例外处置条款的记录和维护工作。

不同于《数据安全管理办法》的总纲性和原则性，各个部门分别制定的《部门数据安全管理细则》用于明确部门内部的细节要求和执行规范。各个部门可以在《数据安全管理办法》的基础上根据实际需求增加审批节点或调整审批顺序，也可以进一步明确或增加具体的管理要求和技术要求，另外，一些与具体部门和岗位强相关的例外处置也可以在部门细则中明确。《部门数据安全管理细则》建议针对一级部门建立，一般经由数据安全负责人审批、所属一级部门负责人签批后即可生效执行，如果细则中涉及跨部门流程和协作，那么还需要增加相关部门的一级部门负责人签批。

《数据安全管理罚则》应该从行为、密级和是否造成影响 3 个维度综合衡量惩戒措施，针对高密级的数据违规行为，即使未造成任何影响，也应该从严执行惩罚，否则很容易触发侥幸心理，难以对具有违规倾向的员工形成有效威慑，具体如表 11.3 所示。

表 11.3　数据安全管理罚则示例

行　　为	密　级	造成影响罚则	未造成影响罚则
未经授权采集、使用、复制、存储、公开、外发、披露内部级（含）以上数据	机密	• 解除劳动合同永不录用、扣发全部奖金； • 向违规者追索因违规行为给公司造成的直接和间接损失； • 对涉嫌违法犯罪的违规者移交司法机关处理； • 在全公司范围内书面通报处罚结果	• 解除劳动合同永不录用、扣发全部奖金； • 在全公司范围内书面通报处罚结果
	秘密	• 解除劳动合同、扣发全部奖金； • 向违规者追索因违规行为给公司造成的直接和间接损失； • 对涉嫌违法犯罪的违规者移交司法机关处理； • 一级部门范围内书面通报处罚结果	• 扣发全部奖金； • 记过和严重警告； • 一级部门范围内书面通报处罚结果
	内部	• 扣发当季度奖金； • 向违规者追索因违规行为给公司造成的直接和间接损失； • 一级部门范围内书面通报批评	• 记过和警告； • 二级部门范围内书面通报批评
未采取数据安全团队认可的安全措施对秘密级（含）以上数据进行存储和传输	机密	• 解除劳动合同、扣发全部奖金； • 向违规者追索因违规行为给公司造成的直接和间接损失； • 对涉嫌违法犯罪的违规者移交司法机关处理； • 在全公司范围内书面通报处罚结果	• 扣发全部奖金； • 记过和严重警告； • 取消一年内晋升涨薪； • 一级部门范围内书面通报处罚结果
	秘密	• 扣发全部奖金； • 向违规者追索因违规行为给公司造成的直接和间接损失； • 对涉嫌违法犯罪的违规者移交司法机关处理； • 一级部门范围内书面通报处罚结果	• 扣发当季度奖金； • 记过和警告； • 二级部门范围内书面通报批评
对于返厂维修或不再使用介质（硬盘、移动存储设备、打印纸张等），未采取数据安全团队认可的安全清除措施销毁秘密级（含）以上数据	机密	• 解除劳动合同、扣发全部奖金； • 向违规者追索因违规行为给公司造成的直接和间接损失； • 对涉嫌违法犯罪的违规者移交司法机关处理； • 在全公司范围内书面通报处罚结果	• 扣发全部奖金； • 记过和严重警告； • 取消一年内晋升涨薪； • 一级部门范围内书面通报处罚结果
	秘密	• 扣发全部奖金； • 向违规者追索因违规行为给公司造成的直接和间接损失； • 对涉嫌违法犯罪的违规者移交司法机关处理； • 一级部门范围内书面通报处罚结果	• 扣发当季度奖金； • 记过和警告； • 二级部门范围内书面通报批评

根据企业职能分配的不同,大部分企业的数据安全团队可能不具备针对员工的惩戒权力,具体惩戒需要通过人力部门或内审部门执行。这种情况需要数据安全团队与具备惩戒权力的部门共同制定和发布《数据安全管理罚则》,否则相应惩罚可能无法真实执行,最终导致《数据安全管理办法》丧失约束力。

11.3 数据安全技术措施

一个处于发展初期或中期的数据安全团队可以把数据安全技术划分成访问控制、加密脱敏、安全清除、备份管理和监控审计5个主要模块进行建设和推动,它们已经可以覆盖绝大部分数据操作场景和相关风险,而且每一个模块目前都已经具备一些成熟的技术方案可以落地执行,同时又都具备一定的待提升空间与技术局限性。

访问控制很大程度上依赖基础安全和业务安全的管控工作,在物理、网络、系统、应用和数据层面都可以实施相应的访问控制措施,各个层面的不同措施既相互补充,又相互融合。常见的访问控制措施包括但不限于物理层面的隔离或上锁、网络层面的隔离或 ACL、系统和应用层面的账户与权限控制、以及数据层面的权限管控。与此同时,还需要重点关注敏感数据所处系统或应用存在的安全漏洞和缺陷,避免因为它们导致访问控制策略失效。由于访问控制技术本身已经非常成熟和常见,所以不再展开篇幅详细论述,但需要了解访问控制无法解决类似于账户被盗、系统被入侵和数据库管理员偷窥业务数据等恶意和违规行为。

加密脱敏在企业应用中最常见于传输、存储和提供这三大需求,其中每一类需求可以细分为若干具体场景,每种具体的场景又涉及不同加密算法、脱敏方案和注意事项。因为不同的加密算法在功能、强度和性能上各有千秋,所以必须充分结合业务需求、特性和场景选择合适的算法、协议和方案。

在数据传输方向,主要涉及网络服务提供、远程网络互通、系统维护管理和文件及信息交互等类别。对于大部分的企业应用场景,实现加密传输需求并不需要自主研发,而是有很多现成的方案、工具或者协议可以使用,如果使用它们的时候需要配置人员选择具体的加密算法,那么必须注意规避比如 MD5、SHA-1、RC4、DES(不含 3DES)、RSA1024 等已经被证明安全强度不足的弱算法。一些常见的场景及对应的加密方案、工具、协议和算法如表 11.4 所示。

表 11.4 常见数据传输加密方案

类别	场景	方案、工具、协议或算法
网络服务提供	B/S 架构	HTTPS(TLS)
	C/S 架构	AES+ECDHE

(续)

类别	场景	方案、工具、协议或算法
远程网络互通	Site to Site	IPSec（选择安全加密算法）、网络加密机
	Point to Site	SSL VPN、IPSec（选择安全加密算法）
系统管理维护	应用系统	HTTPS（TLS）
	操作系统	SSH、其他加密管理协议
文件及信息交互	即时消息	企业采购安全的协同工具
	电子邮件	启用邮件加密功能、PGP
	文件传输	SFTP/SCP、文件加密后分渠道传输密文和密钥

对于企业自己开发的 C/S 架构的应用，建议传输过程使用 AES+ECDHE 的加密方案。其中 AES 算法用于加密通信数据，而 AES 密钥通过 ECDHE 算法在客户端和服务器之间安全交换。这个方案的主要优点在于客户端和服务器都不需要预置密钥，但是每个客户端和服务器之间的 AES 加密通信都可以使用不同的密钥，而且 AES 密钥不需要通过网络传输。为了进一步加强安全性，还可以使用 ECDSA 算法对密钥交互过程进行签名，降低遭受中间人攻击的风险。

数据的加密存储主要分两大类场景，它们的主要区别是加密后是否还需要还原成原始数据。需要还原的类型很好理解，主要包括一些需要重新展示或者根据明文运行计算的敏感数据，比如企业的财务数据、核心资料、融投资计划、期权文件和薪资信息等，用户的联系方式、收货地址、账户余额、交易记录和健康状况等，都属于加密后还需要解密还原的类型。加密后不需要还原的数据一般用于验证身份和资料匹配，比如用户的登录口令、支付口令、密保答案和一些用于建立关联特征的其他数据等，如果收集用户的通讯录和当前城市仅仅是为了匹配好友，那么这些数据也应该按照不需要还原进行加密处理。

需要解密还原的数据常见于两种场景，一种是因为办公需求进行管理和操作的独立文件，另一种是线上产品和服务采集或生成的生产数据。对于前者，在企业条件允许的情况下，可以优先考虑采购部署专业的文档加密解决方案，但是如果在经费预算、高层支持和推进能力上存在困难，那么更具可行性的加密方法是利用好工具软件提供的加密功能，比如 Word、Excel 等主流办公软件都已经提供了加密设置，即使工具本身没有加密能力，也可以通过压缩加密的方式进行存储。生产数据的加密方案则更多依赖数据安全团队的技术选型和方案设计。

由于对称加密算法的性能通常远高于非对称算法，所以需要解密还原的生产数据一般采用对称算法进行加密，而非对称加密算法更多用于保护对称密钥或者签名，以及一些数据量极小的加密需求。加密存储技术选型和方案设计时，除了明确算法的选择和应用，还需要重点关注密钥的保管方法，因为一旦密钥被非法获取，那么整个加密体系都是形同虚设。比较常见的问题是把密钥硬编码在代码中，这会导致几方面的问题：一是有权限接触代码的人就可以获知密钥；二是即使编译后的文件,也可以通过逆向手段获取密钥;三是研发知晓线上密钥在一定程度上增加了舞弊风险;四是密钥的变更操作需要重新发布。

下面针对 3 种典型场景分别设计相对可靠又可落地执行的存储加密方案。

第一种场景是线上服务实时存储用户手机号、身份证号等敏感信息,如果泄露可能对用户造成一定影响。业务需求是如果攻击者利用系统漏洞(如 SQL 注入)或数据库管理员执行恶意操作导致数据泄露,尽可能减少实际影响,但也不接受加密方案带来过大的研发和维护成本。针对这个场景,我们可以制定如下加密方案。

- 敏感字段采用 AES256 算法加密。
- 密钥保管于特定文件,由负责该系统发布的运维人员生成并代填。
- 禁止开发和运维人员申请和使用与敏感字段密文相关的数据库权限。
- 为线上服务容器和密钥文件设置单独的运行账户和权限,禁止开发人员和数据库管理员申请和使用该权限。
- 针对相关权限、密钥文件和数据密文建立操作监控和审计能力。

这个方案通过分离职责和权限的方式来增加密钥和敏感数据的安全性,密钥只有负责发布的运维人员知晓,但是他无法读取数据密文;数据库管理员可以读取数据密文,但是无法获取解密必需的密钥,而研发人员则两者都无法接触。该方案的优点是容易实施,但是无法解决运维人员和数据库管理员联合舞弊,或者系统相关权限被入侵者获取后执行恶意操作的风险。

第二种场景是敏感数据备份文件的加密,备份文件具有和原始数据相同的密级,因此最理想的方式是在备份的同时完成加密操作。大部分企业的运维通过脚本实现备份工作的自动化,并且具有几个特点:一是备份脚本只需要完成加密操作,解密通常由其他脚本和人员执行;二是部分备份文件极大,无法忍受非对称加密算法的性能;三是不同的备份文件属主不同,需要避免使用相同的密钥执行加解密。考虑到这些特点,我们可以制定如下加密方案。

- 由负责备份恢复的运维人员生成一对 RSA2048 公私钥,私钥由其自己保管。
- 备份脚本随机生成 AES256 密钥,并使用 RSA2048 公钥加密 AES256 密钥,RSA2048 公钥可以硬编码在备份脚本中。
- 备份脚本使用 AES256 算法和随机生成的密钥加密备份文件。
- 将 AES256 算法加密后的备份文件和 RSA2048 公钥加密后的 AES256 密钥一起传送至备份中心。
- 设置文件权限,仅允许运维人员访问职责范围内的备份文件和密钥密文。
- 如果需要解密备份文件,运维人员先使用 RSA2048 私钥解密出 AES256 密钥,再用 AES256 密钥解密备份文件密文。

- 针对相关权限、脚本文件、密钥密文和备份文件密文建立操作监控和审计能力。

这个方案充分利用了对称和非对称加密算法的特点，使用高性能 AES 算法对数据量较大的备份文件进行加密，并且密钥随机生成，可以确保任何一个密钥的泄露都不会影响到其他密文数据。同时利用 RSA 算法公私钥分离的特性，在保护 AES 密钥的同时又可以避免在业务服务器和备份脚本中泄露解密密钥。这个方案在实施上不存在技术困难，但是 RSA 私钥的管理需要特别小心，既要防止传播范围过大导致的密钥泄露，又要避免因为持有人员过少在紧急情况下联系不上相关人员导致业务无法恢复。

> **小贴士**
>
> 目前主流的对称加密算法有 AES 和 3DES，非对称算法有 RSA 和 ECC。
>
> 在对称算法的应用场景中，由于 AES 在性能和安全强度方面相对 3DES 具有明显优势，所以实际应用中基本可以全部选择 AES。
>
> 提起非对称算法，大部分人会首先想到 RSA，目前 RSA 已经具有非常广阔的普及率和知名度，但是实际上 ECC 具有相对更高的安全强度和性能，所以我们在 C/S 通信场景中选择了 ECDHE 和 ECDSA。那么为什么在备份加密脚本中要选择 RSA 呢？这是因为备份脚本的加解密环节一般调用第三方工具（如 OpenSSL 等）完成，而这些加解密工具基本已经全部支持 RSA 算法，所以 RSA 是一个适配性更高的选择。

第三种场景涉及用户银行卡号、健康状态和私密聊天记录等高度敏感信息的存储，这些数据一旦泄露可能给用户和企业带来不可挽回的灾难性影响，因此数据安全团队必须尽最大努力确保它们的安全性。在这种场景下，必须接受牺牲一定的业务便捷性换取安全可控，因此可以制定更为严格的加密方案。

- 针对每条敏感信息随机生成一个 AES256 工作密钥，并使用此密钥加密。
- 由数据安全团队生成一对 RSA2048 公私钥用作保护密钥，RSA2048 公钥可以硬编码在应用程序代码中。
- 使用 RSA2048 公钥加密 AES256 工作密钥，并且将工作密钥密文和相应的敏感数据密文关联保存。
- 由数据安全团队生成一对 AES256 主密钥，使用该密钥加密 RSA2048 私钥，RSA2048 私钥密文以文件形式保存于相关的业务服务器。
- AES256 主密钥仅由数据安全团队指定人员保管维护，并由其在业务服务启动时人工输入并常驻内存。

- 业务解密流程是先使用常驻于内存的主密钥解密RSA2048私钥，再用RSA2048私钥解密AES256工作密钥，最后用AES256工作密钥解密敏感数据密文。
- 禁止AES256主密钥持有人员申请或使用除业务服务启动时输入主密钥以外的任何业务相关权限。
- 针对权限、密钥操作、密钥文件、数据密文和主密钥相关代码，建立操作和代码方面的监控和审计能力。

这个方案同样适用于大数据平台这种几乎全部敏感数据集中存储的业务，它能确保数据泄露后即使密钥被破解也不会造成大范围损失，而且无论研发、运维还是数据库管理员都无法接触到主密钥。但是方案落地时必须重点关注三方面的问题。

- 一是必须确保持有主密钥的数据安全团队指定人员必须保管好主密钥并且可以 7×24 小时响应，避免业务出现故障时运维人员不知晓密钥导致业务无法发布或重启的情况，不能因为这是低频事件就放松警惕。
- 二是必须严格监控和审计与主密钥相关的操作、代码和日志，同时重点关注主密钥所处应用和与操作系统相关的内存越权漏洞，避免本应常驻内存除业务服务以外无人可以访问的主密钥被违规或恶意访问。
- 三是必须平衡业务风险和加解密性能损耗，这个方案可以通过调整随机生成的工作密钥的有效期来改变加密效率和性能损耗，比如每月、每周、每天使用一个相同的工作密钥，或者每条记录都使用不同的工作密钥。工作密钥有效期越长，保护密钥公钥加密和私钥解密频率就会越低，性能损耗也随之降低，但工作密钥破解后可获取的数据范围也随之增大。

加密后不需要还原的数据主要采用散列算法，目前建议主要使用 SHA512 和 Bcrypt 两种算法。在类似于通讯录好友匹配、数据完整性校验这类数据量较大而且可以为了匹配效率接受安全性适当降低的场景下，推荐使用 SHA512 算法，它的特点是运算速率较高，而且只需要消耗少量的计算资源。但是如果密文泄露，运算速率越快也就意味着暴力碰撞的速率越快，也就使得性能优势转化成了不安全因素。要解决这个问题，可以引入 SALT 字符串，或者通过 HMAC 引入密钥，可以在一定程度上降低暴力碰撞的风险。

但是 SALT 字符串和 HMAC 密钥同样存在泄露风险，对于用户口令这种高度敏感的数据来说，是无法接受可以通过高速率的暴力碰撞恶意获取的。这种场景下，Bcrypt 算法成为更明智的选择。Bcrypt 算法通过可以降低运算速率换取安全性，并且可以通过调整工作轮次（rounds 参数）改变加密的时间和强度，虽然理论上也可以针对 Bcrypt 散列值进行暴力碰撞，但每秒数次尝试的速率通常不会被攻击者接受。

数据的提供需求主要包括展示、分发和共享等场景，这些场景可能发生在企业运营的任何一个环节，包括但不限于用户和企业之间、企业内部的不同团队之间、企业与其他企业之间、企业与监管机构之间等，同时这些场景也可能涉及任何类型和任何密级的数据内容。

数据的展示脱敏是安全团队非常容易产生疏忽的环节之一。部分安全团队通常习惯于把注意力集中在应用系统敏感数据的访问控制上，而忽略获得授权的账户看到的数据内容是否合理。这会导致至少两种类型的风险，一种是获得授权的员工滥用权限，比如客服人员随意查看用户个人信息、风控人员违规调阅用户银行卡号；另一种是账户权限失控引发信息泄露，比如差旅应用账户被盗后泄露完整的手机号和身份证号、利用精确距离计算用户具体地理位置，等等。解决这些问题的有效方法之一是在应用展示敏感数据时进行脱敏或混淆处理，比如以下一些例子。

- 银行卡号仅显示前 6 位和后 4 位，中间部分用"*"替代。
- 手机号仅显示前 3 位和后 4 位，中间部分用"*"替代。
- 身份证号仅显示前 6 位和后 2 位，中间部分用"*"替代。
- 用户的地理位置显示为城市或地区，不显示具体建筑名、街道名或地图位置。
- 两个用户之间的距离进行混淆或采用梯度区间，前者通过特定算法适度改变精确数值，后者则显示为类似"100 米内""约 10 公里"的概括值。
- 两个用户之间的电话通信（在 O2O 领域常见）通过虚拟中间号中转的号码隐私保护服务确保双方均无法获知对方真实手机号码。

这些脱敏方式对用户体验的影响极其轻微，但是可以大幅提升敏感数据的安全性。比如银行卡、手机号和身份证号都是用户自己知晓的信息，应用展示一般是为了方便用户选择而不是获取内容，简单地隐藏部分内容对用户应用几乎没有影响，但是对攻击者来说就已经完全没有窃取价值了。如果因业务需要必须展示敏感数据原始内容应该怎么办呢？那么必须做好以下四方面的工作。

- 访问控制。确保只有必须的人在必须的时间因为必须的工作才可以获得授权。
- 范围限制。每次只允许查看指定条数的数据，数据特别敏感时，每次一条。
- 频率限制。在单位时间内只允许查询指定次数，超过需另行授权。
- 监控审计。针对与敏感数据相关的操作，执行严格的监控和审计，确保及时发现和处置违规操作、恶意操作以及其他安全事件。

数据的分发是指将敏感数据从原始位置复制、迁移到其他位置，比如线上服务导出到个人计算机执行操作、从线上数据库复制到大数据平台统计分析、以及从生产环境迁移到测试环境保持一致性等，都属于这里讨论的数据分发场景。分发场景首先应该关注数据的用途，如果后续计算必须使用原始的敏感数据，那么分发时敏感数据应该使用新密钥重新加密，并且新密钥和数据密文采用和原始数据相同的安全管控措施。如果后续计算不需要使用原始数据，那么必须对分发的敏感数据进行脱敏。

脱敏有很多不同的方法，具体采用哪种方法取决于后续计算需求。表 11.5 是一些常见的脱敏方案和适用场景。

表 11.5 常见脱敏方案及适用场景

脱敏方案	适用场景	业务需求示例
单向散列	后续计算不关心敏感字段的具体内容，但必须保持敏感字段相同内容脱敏后的一致性	1. 基于某项特征计算用户分布 2. 计算数据重复率
降低精度	后续计算需要关注敏感字段的内容，但不需要精确数值	1. 计算用户的活跃地域分布 2. 计算用户手机所属运营商分布
组合打乱	后续计算仅关心数据具体内容，数据敏感性取决于字段组合和时序	1. 用户信息迁入测试环境 2. 用户聊天词频分析
随机替换	后续计算不关心数据内容，但相关字段不可为空	1. 迁移到测试环境的用户口令 2. 迁移到测试环境的用户经纬度

根据后续计算需求的不同，除此以外还有很多不同的脱敏方法，而且实际情况中通常需要混合使用多种方法。

数据共享是指不执行分发操作，但是允许数据属主以外的其他人员、部门甚至外部企业和机构访问、使用和变更数据。共享同样需要确认提供原始敏感数据的必要性，优先考虑共享数据脱敏的可行性，尤其是涉及个人信息和跨企业传输的需求，必须从严评估需求的合法性、合规性和合理性。

随着当前各个国家和地区对于个人信息等敏感数据的监管持续趋严，敏感数据被企业滥用的情况也随之减少，但是同时也给风控、反作弊和其他一些依赖多方数据共享的业务发展增加了阻力，因为不同的企业之间难以共享行为和特征信息。为了缓解这类问题，近几年多方安全计算、同态加密算法和联邦学习等领域受到了越来越多的关注，但遗憾的是目前还没有发展到可以普及应用的水平，发展中的数据安全团队可以对它们保持关注，但当前阶段不必投入过多的时间和精力。

安全清除的目标是确保已经删除的敏感数据无法通过技术手段恢复还原，实现数据销毁要求。相对其他数据安全技术而言，安全清除技术很少被提及和应用，也更容易被企业所忽略，但是存储过敏感数据的介质被别有用心者获取并批量恢复的后果通常是灾难性的，而且由于相关介质一般已经离开安全管控范围，这个过程几乎无法监控和审计。要降低相关风险，数据安全团队必须严格把控介质的回收和转移环节，一些常见的场景包括但不限于：

- 在服务器或其磁盘退役、报废或转售之前；
- 在服务器或其磁盘返厂维修之前；
- 在办公设备退役、报废或转售之前；
- 在办公设备返厂维修之前；
- 办公设备因员工因离职等原因交还公司之后；
- 为敏感数据分配专用移动存储介质，在其退役、报废或转售之前；
- 为敏感数据分配专用移动存储介质，发生故障直接报废之前；
- 为敏感数据分配专用移动存储介质，禁止多人共享，再次分发之前；
- 存储敏感数据的纸张、光盘等介质在使用完成或报废之后。

安全清除的方法主要有安全擦除、低级格式化、设备消磁和物理粉碎等方法。对于没有特殊保密要求的一般企业，可以不采购专业消磁和磁盘粉碎设备，通过安全擦除工具软件、低级格式化、碎纸机和铁锤基本可以满足安全清除需求，相关范围场景和对应的安全清除工具或技术如表11.6所示。

表 11.6 常见范围场景及安全清除工具

范围场景	安全清除工具或技术
部分特定文件和数据（可正常读写）	安全擦除工具软件
设备整体或磁盘全部数据（可正常读写）	低级格式化、安全擦除工具软件
纸张、光盘等介质	碎纸机
介质退役、报废	铁锤

数据备份和恢复职能涉及不同的部门和岗位，在大部分企业，服务器及生产数据一般由运维部门主导，办公设备及员工数据则多由 IT 部门负责。数据安全团队不需要参与备份恢复的具体执行工作，但是必须评估与备份恢复相关的策略风险和操作风险，并且针对其执行过程开展合规性审计。数据安全在备份恢复中重点关注的内容包括但不限于：

- 备份操作是否按备份策略执行；
- 重要数据是否具备合理的异地备份机制；
- 备份文件是否按原始数据密级进行保护和管理；
- 是否按要求执行恢复测试；
- 恢复测试环境及相关数据是否按原始数据密级进行保护和管理；
- 恢复测试环境及相关数据是否按原始数据密级进行销毁。

部分企业的整个 BCP（business continuity plan，业务连续性计划）管理都归属于信息安全团队负责，但是这种情况肯定不会在安全团队发展初期或中期出现，因此也超出了本书的讨论范畴。

如果确实有需要，建议另行参考一些业务连续性管理专业领域的参考书和材料。

监控审计直接决定数据安全管控体系是否能够正常运转，没有惩戒威慑的管理要求在大部分企业几乎不可能准确落地和执行。监控审计工作在数据安全管理框架中分布于技术层、审计层和情报层，但是在技术实现上他们高度相似而且相互融合。数据安全监控审计可以通过商业产品也可以通过自主研发实现。

对于商业产品可以满足功能和性能需求，并且在安全方面资金投入比较充裕的企业，采购技术成熟的商业产品是数据安全团队发展初期更明智的选择。这样可以节省出大量的调研、开发和调试时间，避开一些错路弯路，快速落地具备一定可用性和可靠性的数据安全监管能力。一些可用于数据安全监控审计的产品或工具包括不限于下面几个。

1. DLP（data loss prevention，数据防泄露）系统

目前市面上主要存在两种类型的 DLP 产品，一类基于主机，另一类基于网络，这两类技术可以独立实施，也可以根据数据防控需求混合部署。

基于主机的 DLP 系统可以实现的功能相对较多，比如透明加密、输出控制、行为监控、水印标记等，无论从监测、控制、审计还是溯源取证等方面都能发挥较好的作用，但是因为需要在每一台主机上安装专用客户端，员工对其感知较强，因此实施推进的阻力通常相对较大。

基于网络的 DLP 系统直接分析和处理网络通信，一般部署在网络边界，因此实施和管控过程对用户更加透明，推进和落地也相对容易一些。但是其监控和防护能力受限于网络通信，通常对加密通信、非主流协议或文件无能为力。

2. 数据库审计系统

对于读写比较频繁的业务，一般不建议直接开启数据库系统的审计功能，因此导致的性能损耗很难被数据库管理员接受，甚至很容易引发系统异常。基于流量分析或代理的数据库审计系统可以避免这个问题，但是如果数据库审计系统以串联结构部署，那么必须确保其本身具备足够的性能和可靠的 bypass 机制，避免因为数据库审计系统的问题导致业务中断或异常。

3. 堡垒机

通过部署堡垒机并严格限制办公环境到生产、测试环境的网络连通性，可以确保相关操作被有效监控和记录。采购或研发堡垒机时，必须关注以下几个细节。

- ❏ 如果记录键盘输入（Unix、Linux 常见），口令等敏感输入是否合理脱敏？
- ❏ 如果记录标准输出（Unix、Linux 常见），FTP、MySQL 等客户端内部指令操作是否正常识别？

- 如果录制屏幕输出（Windows 常见），拖出显示范围的窗口操作是否识别？
- 将恶意行为封装到脚本或应用程序的行为，是否有补偿措施进行识别？
- 堡垒机及其日志权限是否实现合理的职责分离？
- 如果堡垒机集中管理授权，必须启用双因素认证。

4. 上网行为管控系统

针对员工在办公环境的泄密行为，上网行为管控系统可以实现一定程度的监控和防护，它主要通过三方面发挥作用：首先是只允许获得授权的员工访问互联网，确保外部人员或无授权的员工无法将数据发送到互联网；第二点是限制可以访问的互联网服务（如网盘等），降低病毒木马等恶意程序进入办公环境的风险，同时减少数据外发的渠道；第三点是监控部分上网行为和外发文件，但是该功能不适用于加密通信和非主流协议。

部分上网行为管控系统通过中间人劫持证书的方式对 HTTPS 流量进行解析，这种功能不建议启用，因为员工的账户口令等敏感信息可能因此增加偷窥和泄露风险，而且劫持证书后员工浏览器等工具会给出明确的安全提示。

5. 日志分析系统

在日志合理开启和采集的前提下，日志分析系统可以实现多种监控和审计，数据安全也是其中之一。在使用日志分析系统执行数据安全监控和审计之前，必须明确标识与敏感字段相关的系统、账户、文件和字段等信息，并尽可能实现精准监控和审计，避免产生过多的安全告警和异常提示，防止必须关注的重点信息被淹没和忽略。

实施日志分析系统的另一个常见问题是因为脱敏不当导致日志中包含有大量敏感信息，比如业务日志中的手机号码、操作日志中的账户口令等，这会导致日志分析系统本身成为数据泄露的风险点。因此，日志分析系统必须严格落实脱敏要求，如果因为特殊原因无法实施脱敏，那么日志分析系统本身应该按照采集和存储敏感数据的最高密级进行数据安全管控。

6. 信息爬虫和威胁情报

情报层工作主要通过爬虫、SRC 和威胁情报服务来实现，在技术实现上并不复杂。信息爬虫可以分为模糊匹配和精确匹配两种：对于类似"公司名称""公司名称+password"和"公司名称+手机"这种泛指信息的模糊匹配，应该合理控制检索范围，关注 GitHub、GitLab、暗网交易平台这类高风险站点即可，否则可能产生海量告警导致无法跟进；对于类似于云主机 AccessKeyId 这种具体信息的精确匹配，则可以扩大检索范围，尽可能及时发现泄露情况。

以上提及的产品和工具可以采购商业产品，也可以基于开源工具搭建或二次开发。尽管前期建议优先考虑采购商业产品实现快速落地，但是在数据安全团队发展到一定阶段以后，还是应该综合衡量管控需求和长线成本,重新考虑采购或自研的必要性和可行性。另外,虽然上面提及工作方向已经可以覆盖大部分数据安全监控和审计需求,但是实际效果很大程度上取决于推进和执行的全面和精细程度,决不能简单地把"工具上线"作为数据安全管理的工作目标。

11.4 数据安全平台建设

相对于基础安全和业务安全,数据安全不仅在管理和技术方面结合得更为紧密,而且涉及的领域更加全面和分散。在数据安全管控体系的实际落地过程中,几乎没有人可以准确无误地记忆所有的制度要求和技术标准,数据所有者不知道自己的数据密级、数据申请者不了解授权流程、数据操作者不清楚保护措施的情况比比皆是,即使是数据安全团队的成员自己也会经常出现这样的情况。

为了确保数据安全管控体系能够准确、有效、持续地运转,就必须想办法降低各方员工的合规门槛,尽可能减少需要他们记忆和操作的环节。一个行之有效的解决方案就是建设集中管控式的数据安全平台,统一集成资产库、基线库和知识库,把各类数据审批流程固化为电子工单,尽可能通过预置规则实现敏感数据的自动识别和异常分析,甚至可以针对一些标准化场景自动检测和实施安全技术措施。

根据数据安全平台的设计目标和功能需求,系统架构可以划分为采集层、预处理层、存储层、分析层、控制层、展示层和外部接口,每层需要实现的主要功能或能力如图 11.2 所示。

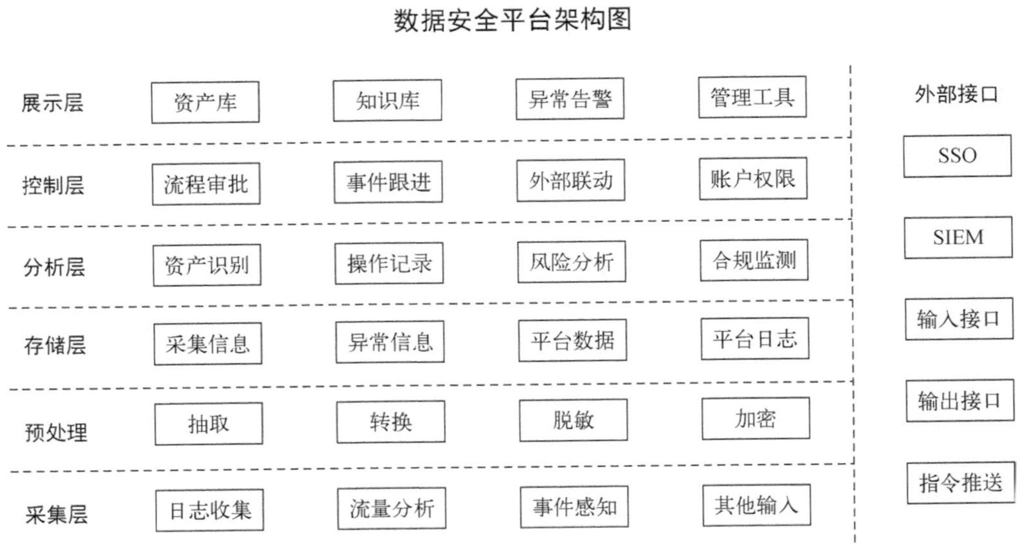

数据安全平台架构图

层级					外部接口
展示层	资产库	知识库	异常告警	管理工具	SSO
控制层	流程审批	事件跟进	外部联动	账户权限	SIEM
分析层	资产识别	操作记录	风险分析	合规监测	输入接口
存储层	采集信息	异常信息	平台数据	平台日志	输出接口
预处理	抽取	转换	脱敏	加密	指令推送
采集层	日志收集	流量分析	事件感知	其他输入	

图 11.2 数据安全平台架构图

采集层主要负责采集和录入与数据安全相关的信息，主要包含三类输入信息：第一类是数据内容及其属性，主要关注数据的类型、路径和上下线时间；第二类是数据授权和操作行为，主要针对敏感数据范围；第三类是与数据安全相关的规则、标准、基线和经验，这些主要依赖人工录入和维护。采集层的实现途径主要有日志收集、流量分析、事件感知和一些其他输入方式。

日志收集的范围包括但不限于与敏感数据相关的授权审批日志，以及业务应用系统、数据库系统和操作系统的操作日志。这些日志可能由相关系统直接生成，也可能来自其他工具或组件，比如 B/S 架构的应用系统如果无法直接提供操作日志，可以采集容器的 get 和 post 请求日志，另外数据库的操作日志很可能依赖独立部署的数据库审计系统，操作系统的操作日志可能来自堡垒机，等等。日志收集的技术实现相对简单，实施推进成本相对较高，而且存在过度依赖业务方配合、无法关注数据内容等缺陷。

流量分析通过镜像、重组、解析业务的网络通信，识别和提取其中的数据内容和相关的操作行为。与日志收集相反，流量分析因为涉及多种不同协议和场景所以技术实现相对复杂，但是因为网络部署业务无感知所以实施推进成本相对较低。流量分析的瓶颈在于加密流量和吞吐性能，因此传感器和探针应该尽可能部署在明文流量集中的区域，在流量过大的情况下，操作行为可以优先通过日志收集，然后通过流量分析抽样采集数据内容样本，如果性能依然无法满足采集需求，就需要考虑分布式部署传感器和探针了。

数据安全事件不一定全部通过数据安全平台分析和处置，比如 DLP、数据库审计系统和堡垒机等安全工具都具有独立的事件管控能力，但是数据安全平台应该实现数据安全事件的集中记录、跟进和管理，因此数据安全平台必须具备相关的事件感知能力。事件感知在实现上近似于日志收集，但是采集的内容变成了确定的数据安全事件信息，它们可能以消息告警、邮件通知、后台记录或者事件日志等不同的形式传递和存储。

上面提到的 3 种采集方式无法满足全部的数据安全信息采集需求，还需要补充一些其他的渠道和方式，比如数据和信息爬虫、数据库抽样脚本、SRC 平台、第三方威胁情报服务和舆情监控渠道，等等。另外，人工录入也是一种重要但很容易被忽略的采集方式，在需求设计时必须充分考虑好相关的需求和场景。

数据安全平台采集的原始信息通常包含大量不同的内容和格式，如果这些原始信息直接交由分析层进行处理，那么分析层需要针对每种格式的原始信息分别建立解析规则，并且分析（尤其是关联分析）的运算效率会因为大量的无效信息和解析处理大幅降低。为了避免这类问题，合理的方式是在入库前对采集到的原始信息进行预处理。预处理层的作用分成前后两个主要步骤。

第一步先对采集到的原始数据执行 ETL（Extract-Transform-Load，抽取–转换–加载）处理，将不同来源、不同内容、不同格式的原始数据以统一、集中、规范的形式整合到存储层的数据仓库中，并且去除其中的无效信息，为分析层实现标准化操作提供必须的前提条件。

第二步是针对 ETL 处理之后需要落库存储的采集信息实施安全控制，控制措施主要包括脱敏和加密两种方法。对于采集到的敏感数据具体内容，数据安全平台设计者首先应该考虑避开落库环节、在预处理之后直接传入分析层的可行性，比如通过流量分析或者数据库抽样脚本判断业务是否新增了敏感数据字段时，采集到的手机号、银行卡号和身份证号等数据字段是可以实时完成匹配而不需要预先存储的。如果必须落库分析和记录，那么应该优先考虑采用脱敏方法，脱敏无法满足需求时才进行加密存储。

存储层的设计和实施需要兼顾多种不同类型的信息和数据，它们至少包括：

- 经过预处理的采集信息；
- 通过分析获取的异常信息；
- 账户、权限、规则、基线、经验等平台数据；
- 访问日志、操作日志和错误日志等平台日志信息。

因为针对不同类型信息和数据的运算处理需求和方法也各不相同，因此存储层一般无法通过单一的数据结构和数据库工具实现，Hadoop、Elasticsearch、MongoDB、Redis、MySQL 都是自研数据安全平台存储层的常见选项。

除了技术选型，存储层还需要关注访问控制和冗余需求。在访问控制方面首先要严格限制对于数据安全平台存储敏感数据的访问和操作，其次必须采取有效措施验证信息来源和完整性，降低采集信息被恶意伪造或干扰的风险。冗余需求则应该根据不同的信息或数据区分设计，对于量级巨大而且重要程度不高甚至可以接受抽样的采集信息，处于存储成本考虑可以不建立冗余措施；对于异常信息和平台数据，可以建立主从冗余并定期执行备份；对于数据安全平台操作日志等重要审计输入，还应该考虑实时转发到异地日志服务器备份存储。

分析层承担了识别数据资产、记录敏感操作、监测数据风险和检验合规符合度等一系列重要作用，其中少部分可以通过单条或单方面来源的输入信息直接分析出结果，但是更多部分需要结合各方输入关联分析才能够获得结果。下面分别从资产识别、操作记录、风险分析和合规监测 4 个方面说明分析的大致策略和方法。

资产识别的输入来源包括但不限于数据资产登记表、业务请求和响应内容、代码变量名称、数据表和字段名称以及数据随机抽取样本，采集方法可以是人工访谈录入、网络流量分析、信息和数据爬虫以及数据抽样脚本，等等。数据资产登记表一般由数据安全团队维护，详细记录有每个部门拥有的数据及其密级，是数据安全平台中数据资产清单的最主要来源，但是数据资产登记表的建立和更新过于依赖员工的知识、经验和主观意识，因此难免产生疏漏或更新不及时的情况。

为了弥补人工梳理能力的不足，可以考虑通过技术手段建立敏感数据的自动识别机制。自动识别的简单实现可以通过两个方向入手：一边是从数据的内容入手，通过正则表达式匹配疑似敏感数据，通过这种方式可以从业务请求响应、信息爬取结果和数据随机抽取样本中有效识别手机号、银行卡号、身份证号、经纬度以及口令散列密文等具备一定规则特征的敏感数据；另一边是从数据及其相关参数的命名入手，通过特定关键字检测疑似敏感字段可能出现的位置，这种方式适用于从需求文档、程序代码、数据库表名和字段名以及请求和响应参数中匹配例如"password""card""姓名""联系方式"和"家庭住址"等与敏感信息强相关的名称信息，并继续跟进确认是否需要更新数据资产清单。由于数据及其命名的多样性和随机性，自动识别机制无法完全替代人工梳理和跟进工作，但是可以与之形成有力补充，并且大幅提升数据安全工作效率。

操作记录应该尽可能全面地覆盖各个方面，包括但不限于应用系统、数据库、数据仓库、操作系统和各种可能与数据产生关联的系统和工具。如果条件允许，数据安全团队应该长期保存这些记录，以备将来分析能力进一步提升后重新深入挖掘，或者在发生数据安全事故后溯源取证。如果在推动协调、资源投入等方面存在困难，那么可以结合资产识别输出的敏感数据清单，重点提取、记录和保存与之相关的查询和变更操作。

由于不同的系统和工具涉及不同的指令和操作方法，所以分析层必须具备提前设置好相关指令和操作的识别和解析规则。正常情况下，大部分操作可以通过特定的指令提取和记录，但是如果操作人员尝试恶意绕过监测，这种基于正常考虑的分析方法就很容易出现问题和疏漏。因此，操作分析至少还需要考虑以下情况。

- 是否存在和数据操作相关的指令别名（如 Linux 的 alias）；
- 是否存在和数据操作相关的定时任务（如 Linux 的 crontab 和 at）；
- 是否存在和数据操作指令相关的脚本或其他代码；
- 是否存在和敏感数据相关的未知指令或操作。

风险分析是分析层的核心功能，也是数据安全监测和审计能够准确执行的重要保证。在数据安全团队发展前期，可以主要关注资产疏漏、防控缺陷、高危操作和数据泄露 4 种常见风险。

资产疏漏是指通过资产识别发现了之前安全管控没有覆盖的敏感数据，这种情况经常伴随新业务或新职能出现。资产疏漏风险分析的实现逻辑比较简单，只需要针对资产识别模块新发现的疑似敏感数据进行记录并生成告警，同时安排相关人员跟进确认即可。

防控缺陷的产生一般是因为没有针对敏感数据实施相应密级的安全防控措施，或者在变更过程中降低了防控标准。数据安全建设初期防控缺陷可能在任何业务任何环节出现，经过一段时间的推进整改之后，它通常会与资产疏漏风险成对出现。实现部分防控缺陷自动检测的前提是梳理数据资产清单，并且建立数据安全防控基线，然后通过对比实际防控情况和相应数据密级的防控基线确认是否存在缺陷。防控缺陷检测项包括但不限于：

- 未按要求加密或脱敏；
- 未按要求执行访问控制；
- 未按要求设置安全相关的参数配置。

高危操作需要覆盖可能导致数据安全事故的指令和行为，实现难点主要在于指令本身是不存在安全或危险标签的，因此几乎不可能单纯地依赖一两条指令确认它们的风险级别，以及决定是否应该产生告警。但是，我们可以结合业务、职能和经验，综合判定操作存在风险的可能性，下面是一些综合判定后较大概率存在风险的案例。

- 数据库管理员读取特定用户的登录口令或支付口令。
- 应用管理员在短时间内读取大量用户手机号、通信地址等信息。
- 没有相关职能的员工尝试读取特定用户信息，比如研发人员尝试查看用户手机。
- 不属于备份需求的敏感数据导出和复制行为。
- 尝试批量修改和删除重点数据的行为。
- 不符合历史操作习惯的敏感数据行为，比如从不维护数据库的运维账号直接查询用户信息。
- 异常的敏感数据访问尝试，比如多次的口令尝试失败、文件访问权限拒绝等。
- 可能降低敏感数据防控水平的操作行为，包括修改权限和参数等。
- 关闭或删除敏感数据及与系统相关的监控或日志等。

数据泄露是最常见也是最容易发生的数据安全事故，在不同的数据安全管理和技术条件下，数据泄露的分析和监测效果可能呈现出完全不同的效果：对于明确禁止外联、所有操作必须经过堡垒机等成熟监控和审计系统的情况，可以实现效果最优化；对仅允许有限外联（禁止网盘、聊天工具等具备文件传输能力的主流互联网服务）、但是所有终端均已部署基于主机的成熟 DLP 产品的情况，可以实现相对较好的效果；对于仅允许有限外联、但只部署了网络 DLP 和上网行为管理等有限能力的防泄露产品的情况，可以实现一定程度但存在明显缺陷的效果；对于允许随意外联、并且缺乏监控和审计能力的情况，那么基本上只能依赖信息爬虫、威胁情报和舆情监控感知的既定泄露事件了。

合规检测本质上是风险分析的子集，但是因为合规工作通常由专职团队管理和推进，而且合规问题在安全风险的基础上还增加了监管风险，所以建议规划成单独的模块处理和跟进。合规监测模块可以分 3 个方面进行设计。

第一个方面是监测监管要求符合度，主要关注企业当前的管理要求和实际执行是否满足运营地区的监管要求，比如《数据安全管理办法》是否覆盖法律条款、个人信息的跨境传输是否符合当地法规要求，等等。这方面的分析很难通过程序实现自动化，而是主要依赖人工分析和录入，但是可以结合控制层的事件跟进模块实现一定程度的状态自动更新和维护。

第二个方面是监测不符合制度要求的违规操作，主要包括未经授权的操作和明确禁止的操作。未经授权的操作可以结合工单审批数据进行关联分析，其中类似于账户申请、上线发布这类执行指令和工单内容都比较固定的操作一般可以实现自动匹配和分析，对于其他操作，可以考虑要求在审批工单中提前填写计划执行的指令或 SQL 语句——这种要求仅适用于与敏感数据相关的少量操作，并不适合全面推广。明确禁止的操作则大部分可以通过正则表达式识别和判断。

第 3 个方面是监测不满足标准的技术防控措施，这方面的问题与风险分析模块中防控缺陷检测结果高度重合，区别在于风险分析完全从降低业务风险出发，合规监测则更多关注实际执行是否符合监管和制度要求。

> **小贴士**
>
> 无论数据安全、业务安全还是基础安全，都有可能经常性出现与合规问题交叉甚至完全重合的执行风险和技术工作，如果安全团队的组织架构中已经细分出了合规职能团队——名字可能是"安全管理团队""安全合规团队"或者"合规内控团队"，那么就会不可避免地引发出"谁负责"的问题和冲突。
>
> 这种情况下，优先把整改及推进工作分配给数据安全、业务安全和基础安全这些跟技术结合更紧密的团队会是更合适的选择。一是因为合规职能团队通常在技能结构上更加侧重于管理和协调，难免在技术上存在认知不足；二是将此类工作交由这些团队负责更有利于合规职能团队维持自己的独立性，从而提高他们出具的合规评估和审计结果的公正性和可信度。

控制层为数据安全平台提供了干涉和控制企业数据生命周期中各个环节及相关操作的核心能力。在控制层的设计和实施过程中，数据安全团队必须承认并接受技术的局限性，与其盲目地追求自动化管控和过于新潮的技术理念，不如踏踏实实地在适当自动化的同时努力提供简单实用的管理工具。基于这点考虑，我决定从流程控制、过程控制、技术控制和权限控制 4 个方向实现控制层能力。

在数据安全平台实现流程控制能力的主要手段是建立流程审批功能。流程审批电子化至少可以从两方面降低员工的数据合规门槛：首先他们只需要知晓数据安全平台入口就可以完成流程填报和审批操作，不再需要记忆具体的审批环节和细节要求；其次数据安全平台可以根据员工申请操作的具体数据字段或类型匹配密级，自动调整后续审批环节并提醒相关的注意事项，免去了员工查询或记忆数据定级的过程。对数据安全团队而言，建立流程审批功能有助于集中管控和审计与数据相关的操作需求和审批过程，减少员工执行错误流程的概率，同时又可以结合其他分析和控制能力实现部分数据风险监测的自动化。

过程控制的落地方式可以是提供事件跟进的管理工具，帮助数据安全团队记录、更新、复盘、归纳和总结与数据安全相关的事件、问题和整改进展，并且在出现异常时及时提示和告警。跟进项可以是人工录入的某个具体事件，但是实际工作中更多由分析层识别和发现的问题自动触发，常见的触发问题包括但不限于以下内容。

- 识别出未记录的疑似敏感数据。
- 发现恶意、违规或其他可疑操作。
- 检测到不符合相应密级标准的技术防控措施。
- 审计出不满足合规要求的操作或权限。

与此同时，事件跟进生成的数据又可以转化成分析层的输入，从中发掘出具体问题后触发形成新的跟进项。通过事件跟进数据，至少可以分析出以下异常。

- 事件进展不符合预期。
- 某类问题大范围集中出现。
- 某些团队问题相对明显频发。
- 管理要求或技术标准中存在的不合理项。

数据安全平台可以通过联动其他系统或工具实现一定程度的技术控制自动化。外部联动模块可以实现诸如中止操作会话、变更访问控制、纠正配置参数和清理泄露数据等部分控制工作的自动化，它的实施方式一般有两种：一种是远程推送指令，目标系统接受后直接执行；另一种是在目标系统部署 API 或 Agent，接收到联动需求后执行预置指令。前者相对灵活，但是数据安全平台需要集中管控大量系统和工具的账户和权限，这样容易引入新的安全风险——如果平台自身被恶意控制，那么它可能成为继续发起大范围攻击的跳板；后者只能执行提前设定好的需求和指令，但是通过合理的访问控制措施，可以大幅降低利用 API 或 Agent 执行非预期操作的风险。

尽管技术控制模块可以有效提升数据安全管控的工作效率，但是建议在数据安全团队发展初期谨慎启动相关的建设工作。由于涉及各种不同类型及不同用途的系统和工具，联动机制的调研、设计、开发、调试和推动通常比较复杂和困难，不仅需要投入大量的时间和资源，而且很容易因为某个环节的失误或故障导致业务团队对数据安全工作失去信心甚至建立敌对情绪。因此，技术控制自动化的工作应该考虑安排在数据安全团队在企业内部被基本认可，并且具备成熟的开发和运维能力之后再酌情启动。

权限控制可以充分地结合资产识别、流程审批和外部联动模块，实现大部分常见系统中的数据授权自动化。具体的实现逻辑是在流程审批通过之后，根据流程中申请的数据内容、权限需求和使用期限等信息，通过外部联动能力自动创建、修改、禁用和删除指定账号对于指定数据的权限。除了直接的数据审批流程，数据安全平台还应该与人力资源系统进行关联，及时跟踪员工的转岗、停职和离职等岗位变化，并且针对相关人员的数据权限及时做出告警和变更。

如果账户权限涉及加密数据，那么密钥的管理和分发工作可以放在授权环节一起执行。但是对于非永久性的加密数据授权，需要充分考虑直接分发密钥的风险和后续的密钥更新和维护成本，毕竟在大多数数据应用场景下，因为某个账户权限过期就更新密钥并重新加密所有数据的设计并不合理甚至可能不具备可行性。解决这个问题比较合理的方式是在数据密文和用户之间建立一个中间接口层，数据解密由这个中间接口层来完成，用户在流程审批结束后获得数据安全平台分配的临时令牌，中间接口层通过验证用户身份和临时令牌的有效性决定是否向用户返回解密数据。

展示层是数据安全平台中直接面向用户的部分，主要由用户界面、管理后台和推送信息三部分组成。用户界面面向企业全体员工和其他相关人员，至少需要提供制度浏览、流程审批、员工知识库以及其职责范围内的事件跟进和资产查询等功能。管理后台则是向数据安全团队成员提供管理工具以及平台本身的运营和维护功能，包括但不限于资产梳理、制度修订、流程配置、基线制定、规则维护、异常提示、告警配置、平台权限管理和日志展示，另外还有一些基于统计分析的结果和决策数据。推送信息是管理后台的补充，它可以通过邮件、IM 消息、短信或电话的方式将异常提示和告警信息及时传递给数据安全团队相关成员，以便快速启动应急响应和事件跟进，而不是需要 7×24 小时盯着管理后台里的数据界面。

接口层则是数据安全平台中面向其他系统和工具的部分，根据不同外围系统和相关团队支持力度的不同，外部接口的类型、数量和实现方式也可能存在差异。如果外围系统相对单一或者各业务方积极配合，数据安全平台可以考虑设计一系列标准化的输入、输出接口，并推动业务方按标准传入和接收数据，这种方案有助于维持平台的简洁性并降低开发和维护成本，但是需要业务方承担一定的开发改造成本。相反如果外围系统构成复杂或者推进阻力较大，那么数据安全平台可能需要针对不同的系统或工具定向设计和开发专用接口，这种情况下，应该优先接入那些风险更大、部署更广的系统和工具。另外，如果企业已经部署 SSO、SIEM 等集中管理工具，数据安全平台也应该统一集成。

第 12 章

安全工作汇报

转眼又到了年底，经过这么长时间的努力，M 公司的安全建设无论在管理上还是在技术上都取得了突飞猛进的发展。安全管理体系已经相对完善，基础安全、业务安全和数据安全等各个领域的技术防控逐步趋于强健，安全团队也在公司内部基本建立起了口碑，受到各个团队的普遍认可。

M 公司的年终总结安排在了 1 月上旬，届时会由同级团队集中汇报各自的工作成果和后续规划。尽管入职 M 公司以来，我已经在各种场合面向各级领导与同事进行过各种形式的汇报，但是我依然非常慎重地对待每一次汇报，不敢有任何一丝懈怠。因为我非常清楚，汇报并不只是简单地阐述工作进展和结果，它也是一次重要的向上沟通机会，合理、准确、有效的汇报工作可以为后续开展其他工作争取到更多的高层关注和资源支持。

因此，我决定提前开始准备材料，尽可能完成一场符合各方预期的汇报。

> **小贴士**
>
> 不同企业、不同级别的安全团队在年终总结汇报对象上可能存在不同。作为一级部门的安全团队，其汇报对象可能是 CEO 甚至董事会，但是在大部分企业，安全团队在组织架构中隶属技术体系，因此年终汇报对象一般是 CTO 或技术副总裁之类的技术高管。
>
> 向谁汇报并不能完全等同于企业对安全的重视程度，但是在汇报内容和方式上需要做适当调整，否则很可能出现汇报对象不关心甚至听不懂汇报内容的情况。

12.1 正确看待工作汇报

不少人在工作中存在这样一个认知误区——把自己的工作做好就可以了，如果上级是公正的，那么他自然会给予更多的支持和回报，甚至有一些在执行上非常出色的员工对工作汇报嗤之以鼻，在他们的认知里花时间整理汇报材料几乎等同于浪费时间去琢磨如何邀功请赏。这样的认知符合很多执行者的所谓价值观，而且看似合理，但遗憾的是现实中秉持这种理念的员工很少能够获得预期的支持和回报。

这都是因为遇到了不公正的上级吗？当然不是！

与专注于具体任务的执行者不同，管理者通常需要同时跟进、处理和决策更多的任务，但每个人的时间和精力都是有限的，因此他们不可能亲自参与或深度跟进每一项工作，而且会不由自主也不可避免地忽略一些在他们看来重要程度相对较低的信息和数据。随着管理层级的升高，管理者接触和管理的范围就会越来越大，被他们忽略的执行细节信息自然也就随之增多。

具体到安全工作，高层管理者和安全团队成员对于业务面临的风险以及相关安全工作实际执行情况的理解天然存在巨大差异。通常高层管理者都对安全领域缺乏了解，他们的相关认知基本来源于安全团队向上输送的信息，其中最重要的输送的渠道就是工作汇报。如果安全负责人不能及时、准确、有效地向上传达安全工作的目标、成绩、问题和诉求，那么高层管理者就很可能因此逐步减少对于安全工作的关注，最终导致安全团队成员产生"不被重视"的挫败感。

因此，安全负责人必须积极思考如何及时有效地向上汇报工作，把最重要的工作信息准确精炼地呈现给高层管理者，持续维持他们对于安全工作的了解、关注、认可和支持。安全团队负责人应该基于以下目标准备和执行工作汇报。

- 及时准确地反映当前安全工作的进展和问题，帮助高层管理者了解当前企业面临的主要安全风险和实际防控水平，以便他们做成正确决策。
- 合理精炼地展示过往安全工作的业绩和亮点，逐步加强高层管理者对于安全团队的关注和信任，从而获得更多的资源和支持，同时也可以为安全团队成员争取到更好的薪酬福利和发展机会。
- 客观中立地呈现关键安全工作的问题和不足，首先从职业道德的角度安全负责人必须如实反馈不如预期的重要缺失，其次可以通过向上反馈问题争取到一些更有利于突破阻力或加速进展的高层支持。

工作汇报应该被安全负责人当作向上管理的重要环节重视和对待，只有处理好了工作汇报和其他向上反馈环节，高层管理者才有可能给予安全团队更多的理解和信任，安全团队才有可能获得更多的支持和资源去建立更全面、更深入的安全管控体系，安全团队成员才有可能因此获得更多关于薪资、职级和成就感等方面的回报，最终才有机会进入企业安全发展的良性循环。

如果恰巧你是一个不愿意在工作汇报上花费太多时间、甚至不屑于向上管理的安全负责人，那么你可以换一个角度来思考这个问题——为团队赢得更多认可和资源、为团队成员争取更多收益和汇报,同样属于负责人的工作职责与义务,但是你不可能要求高层管理者事无巨细地主动跟进每项安全工作,并由他们来筛选、判断和评价工作价值和结果,这些信息只能由你提炼之后再传递给他们。

所以,为了企业,为了安全团队,为了安全团队的每一位员工,从现在开始认真地对待每一次工作汇报吧。

> **小贴士**
>
> 积极地向上管理和沟通绝不等同于阿谀奉承或是好大喜功,不谄媚、不欺骗、客观真诚的汇报和沟通才能准确有效地向上传递信息,更有利于高层管理者做出正确决策,同时推动企业业务和安全的整体进步。

12.2 汇报的对象和内容

在不同的企业,安全工作面向的汇报对象也各不相同。为了达到更好的汇报效果,安全负责人必须针对不同的汇报对象制定不同的汇报内容。在通常情况下,层级越高的管理者对具体事务的关注度越小,自然也越没有时间和耐心去分析细节或推测结果,他们更加关注某个方向或领域的进展及能力是否能够支撑他们职责范围内的整体布局和规划。相反,随着管理者层级的降低,全局协调的意识会逐渐减少,但是对于执行细节的把控会越来越强,到了基层管理者可能只关心某几个具体项目的进度和质量。

如果企业没有特定的汇报模板或要求,安全工作可以划分为整体状况、风险分布、工作成绩、成本投入、团队建设、问题不足和后续规划这几个主要模块进行汇报,整体上应该以结果和收益为导向,但是不同层级不同职责的汇报对象对每个模块关注的范围和深度会存在一定的差异,接下来从低到高分别讲述几种常见的汇报对象及其相应的汇报内容和注意事项。

在一些对安全不够重视并且团队定位较低的企业,安全工作可能被整体纳入运维职能,这种情况下,安全团队一般作为运维部门的子团队存在,甚至可能只是运维部门里几个独立职能的工程师。当安全工作汇报对象是运维负责人时,安全负责人可以在时间允许的前提下相对详细地汇报各个工作方向的目标、进展和成绩,也可以就部分重点项目的架构、实现和技术先进性展开深入介绍。在问题不足和后续规划中,安全负责人需要给出具体的改进和执行措施,以便争取更多执行层面的理解和支持。但是由于通常情况下运维负责人这种中、基层管理者不具备跨团队分配任务和大范围协调资源的职能和权力,所以除非汇报对象自己要求,否则可以适当避免在成本投入、团队建设和后续规划中提及过多的协调和资源需求。

在大部分对安全具备基础认知的企业里，安全工作的汇报对象一般是 CTO、技术 VP 或其他类似角色的高层管理者。与中层管理者相比，他们更加倾向于全局思考和布局，但是同时又对流程、技术等具体的落地实施具备较好的了解和认知。因此，面向他们的工作汇报可以淡化执行细节，把汇报重心转移到企业整体以及各个业务条线的安全状况、重点项目和亮点工程的收益和技术优势、团队能力及持续性的建设以及中长期的目标规划，等等。由于高层管理者通常需要对资源投入进行决策和分配，因此安全工作汇报也应该通过成本投入、团队建设和后续规划等模块向汇报对象说明当前的成本及收益情况、以及后续发展的资源期望，等等。

出于对安全极度重视或 CEO 个人风格等原因，个别企业的安全团队可能有机会直接向 CEO 甚至董事会等顶层管理者进行汇报，这样的安全团队一般作为一级部门独立存在。与技术条线汇报完全不同，顶层管理者只关心安全是否能支撑或推进业务的发展，他们完全不会关心技术实现和执行细节，也没有足够的时间和耐心去提炼、分析和总结安全工作的汇报内容。因此，面向他们的汇报内容应该尽可能精简干练，聚焦于企业整体安全状况及防控水平、业务面临的重大安全风险及当前处置情况、安全整体资源投入情况及评价、以支撑业务发展为核心目标的后续工作规划及资源诉求等更贴合全局战略的内容上。在一些特定场景下，安全团队的独特能力甚至可能成为企业业务发展的驱动力，这些内容也是很值得纳入汇报内容的。

至于面对不同层级汇报对象时的一些具体差异，可以大体上梳理成表 12.1。

表 12.1　汇报层级和汇报内容对应表

汇报对象	汇报模块	内容及注意事项
运维负责人等中、基层管理者	整体情况	• 安全事故的级别和数量 • 已知安全风险的整改和残存情况 • 面临安全威胁的情况和变化趋势 • 安全管理流程落地执行情况 • 安全技术防控运行情况及能力概括
	风险分布	• 风险等级分布 • 风险类型分布 • 风险影响分布 • 风险所属业务条线分布（可选） • 风险变化趋势
	工作成绩	• 各方向工作的目标、进展和成绩 • 重点项目的架构、实现和技术先进性
	成本投入	• 人力投入（可选） • 资金投入（可选） • 设备等基础设施投入（可选）

(续)

汇报对象	汇报模块	内容及注意事项
	团队建设	• 人员及技能构成 • 人员招聘与流失情况 • 人才培养计划及执行情况（可选） • 团队凝聚力及氛围建设（可选）
	问题不足	• 管理的问题和不足 • 执行的问题和不足 • 能力的问题和不足 • 其他的问题和不足
	后续规划	• 计划新增的工作方向和方案（可选） • 计划增强的工作方向和方案（可选） • 相关问题的具体改进计划和措施
CTO、技术 VP 等高层管理者	整体情况	• 重大安全事故数量及影响 • 重大安全风险的整改和残存情况 • 面临主要安全威胁的情况和变化趋势 • 安全管控体系执行情况概括
	风险分布	• 重大风险影响分布 • 重大风险所属业务条线分布 • 各业务条线重大风险变化趋势
	工作成绩	• 重点工作的目标、进展和成绩 • 重点项目的架构、收益和技术先进性 • 对各业务线发挥的支撑和推动作用
	成本投入	• 人力投入 • 资金投入 • 设备等基础设施投入 • 同等能力商业采购价格对比（可选）
	团队建设	• 人员及技能构成 • 人才培养及梯队建设计划和执行情况
	问题不足	• 安全工作自身的重大问题和不足 • 跨团队协调或协作的重大问题和不足 • 资源调配利用不合理的重大问题和不足
	后续规划	• 计划新增的重点工作及其预期收益、起止时间和资源诉求（可选） • 计划增强的重点工作及其预期收益、起止时间和资源诉求（可选） • 重大问题的改进计划和资源诉求

(续)

汇报对象	汇报模块	内容及注意事项
CEO、董事会等顶层管理者	整体情况	• 重大安全事故数量及影响 • 重大安全风险的整改和残存情况 • 安全管控体系效果概括
	风险分布	• 重大风险所属业务条线分布,以及它们可能对业务下一步发展造成的影响 • 各业务条线重大风险变化趋势
	工作成绩	• 对各业务线发挥的支撑和推动作用 • 为业务减少或挽回的损失额度(可选) • 业务异常用户及行为变化趋势(可选)
	成本投入	• 人力投入 • 人力以外的投入(折算为资金额度)
	团队建设	• 团队能力构成与业务发展匹配度 • 为支撑业务发展的培养计划和执行情况
	问题不足	• 严重影响业务发展的工作过失 • 不符合业务发展需求的资源缺失或过剩
	后续规划	• 支撑业务发展需求需要新增或增强的重点工作及其预期收益和资源诉求 • 重大问题的改进计划和资源诉求

表 12.1 可以为汇报内容提供一些参考,但是作为安全负责人必须明白,每一个管理者都有自己独特的个性喜好和思维模式,有些低层级的管理者习惯高屋建瓴地照顾全局,也有些高层级的管理者喜欢事无巨细地干涉细节。因此,最终还必须充分结合汇报对象的个人偏好进行工作汇报,灵活地调整汇报内容。

> **小贴士**
>
> 如果已经汇报了相关的内容,但是因为高层管理者理解不到位导致了错误决策,汇报人因此受到责备冤枉吗?
>
> 我认为不冤枉。尽管这种常见的情况中两者都有责任,但是作为下级的汇报人实际上责任更大一些。因为相对而言,作为汇报对象的上级管理者需要接受和处理更多的信息执行更复杂的决策,尤其像安全这种知识结构独立性很强的领域,上级更不可能深度参与和跟进执行过程,因此,作为下级汇报人的安全负责人就有义务用准确、精炼并且易于理解的方式向汇报对象传达关键信息。

12.3 客观呈现工作不足

很多人对向上反馈自己的问题或不足怀有恐惧甚至抵触情绪，这本身是一种正常的心理现象。但是有些管理者出于职位、权力和收益等各方面的考虑，选择了自作聪明地淡化甚至隐瞒真实的问题及其相关影响，这样做也许可以躲过一两次的眼前的惩罚，但最终往往以企业和个人的双输作为结束。

实际上，工作汇报中的问题和不足，同样可以成为一把双刃剑。在安全团队整体能力基本满足业务发展要求、并且不存在原则性过失的情况下，错误的汇报方式可能让高层管理者过于轻易地对安全负责人甚至整个安全团队失去信心，而合理的汇报方式却可以实现一系列的好处。

- 增强高层管理者的信任感。高层管理者更能明白和理解为什么说"金无足赤，人无完人"，及时、客观地上报工作中的问题和不足，可以使他们觉得汇报人更真实、更值得信赖，因而自然也就可以托付更为重要的职能和任务；
- 通过偶发性的失误展现优秀的思考力和执行力。相对任何人都可能出现的失误，高层管理者通常更重视员工是否具备举一反三的能力。如果员工在出现失误后可以主动全面排查同类隐患，并且通过管理流程、技术控制减少同类问题再次出现的概率，那么即使难免短期内的惩罚，但是从长线来说依然有可能得到更多的重任和收益；
- 通过外部原因导致的问题争取必要的资源和支持。安全工作是否可以顺利开展，一方面取决于安全负责人和执行人的工作态度和能力，另一方面还依赖资源分配、团队协调和高层支持等多种客观因素。如果正常的向上沟通难于有效传达来自安全团队之外的干扰和影响，那么借助已经发生的问题（尤其是重大安全事故）来反馈这些情况往往更容易获得高层管理者的理解和支持。

什么样的工作汇报方式才算合理，才能达成上面的 3 点目标呢？其实并不复杂，做到以下几点就可以了。

- 工作汇报必须客观、准确地反映事实，不要试图夸大成绩或淡化问题。这样不仅有助于汇报对象更清晰地掌握全局情况后作出更正确的决策，而且可以给他们留下更诚实的印象。实际上，汇报对象既然可以成为层级更高的管理者并且长期维持，那么他们一定擅长于识破这种针对工作结果的"美化"，而且职场上的信任一旦破坏了就很难恢复。
- 安全负责人必须勇于承担责任，避免因为"踢皮球"失去高层管理者和其他团队的支持。责任分配的原则应该是只要发生安全事故或相关问题，安全团队就应该主动认领责任，但是可以根据实际情况区分主要责任和次要责任、从严处罚还是就轻处罚，这样更有利于驱动安全负责人带领团队全方位思考和防范问题，同时可以进一步提升高层管理者的信任和其他团队的协作意愿。

- 汇报安全问题应该附带可行的整改方案，避免过多的原因解释和抱怨。既然问题已经发生，那么更重要应该是快速排查相关隐患并且避免同类问题的下一次出现，因此相对事故原因，上级管理者通常更加关注整改方案。这时候在整改方案中适当地描述资源、授权和跨团队协调方面的诉求，往往会更容易得到肯定批复。另外，即使问题由各种不可控的外部因素导致，安全负责人也必须避免自己陷入受害者思维，只需要客观简明地说明原因即可。

> **小贴士**
>
> 尽管汇报重大问题的过程中更容易申请到期望的资源、授权和高层支持，但是并不意味着问题汇报可以被滥用于满足这些期望，否则更容易被上级管理者定性为逃避责任或者引发反感。
>
> 安全负责人首先必须确保诉求内容的缺乏是触发相关问题的充要条件，其次是诉求内容合理并且符合企业和审批人的全局利益和可承受范围，最后是谨慎避免此类申请的滥用——无关紧要的问题没必要提出诉求，严重的问题也不可能每一个都有诉求未被满足的原因。

- 安全负责人应该根据汇报对象的管理层级筛选汇报的问题和不足。如果汇报对象是技术VP、CTO甚至CEO这样的高层甚至顶层管理者，那么他们只会关心那些可能严重影响到业务发展的重大问题，工作汇报中只需要提及这些问题及其影响和后续整改计划即可。但是不需要向高层管理者汇报并不代表不需要处理，相关问题应该由作为中层管理者的安全负责人自行妥善处置。

客观合理地汇报工作中的问题和不足，不仅仅有利于提升上级信任并争取到必要的资源和支持，而且也可以给下级员工树立诚实公正的榜样，更有助于建立一支敢想、敢做、敢当的精良团队。如果期望获得这样的向下收益，那么安全负责人必须做到奖惩分明，不能因为一两次的失职就彻底否定员工，对于有想法、有能力又敢于承担责任的员工，应该给予充分的试错机会。

12.4 合理制定后续规划

后续规划一般不会在工作汇报中占用太多的篇幅，但是这并不影响它成为一个非常重要的环节。通过工作汇报中看似粗略的后续规划，安全负责人至少可以向上级管理者传达以下信息。

- 大致的后续工作方向、重心和收益。便于上级管理者了解和确认安全工作规划与整体发展目标的一致性，如果存在偏差可以提前纠正。

- 后续规划落地所需的资源和支持。提前获得上级管理者的审批和授权,避免在后续落地过程中临时申请导致的意外和延时。
- 可能出现的问题和负面影响。适当地调整上级管理者预期,并且客观坦诚地说明可能的负面信息更有助于整体决策和提前应对。
- 安全负责人自己的管理能力和全局观。与业务目标紧密一致、充分考虑了整体协调和 ROI 的工作规划可以让上级管理者更放心地委以重任并分配资源。

制定符合企业利益、满足上级期望的合理工作规划其实并不复杂,关键是要注意以下几个方面。

首先,安全的工作规划必须以支撑和推进业务发展为核心目标,在满足业务发展需求的前提下努力提升 ROI,坚决避免脱离业务发展去追求在企业内部没有实际应用价值的高端理念和新技术。因为不同管理层级的汇报对象可能对于业务发展需求有着不同的理解和关注点,因此安全负责人必须适当调整汇报的重点内容和阐述方式,确保汇报对象可以准确无误地掌握他们希望和应该接收的信息。

> **小贴士**
>
> 如果安全工作规划应该以支撑和推进业务发展为核心目标,那么为什么还是有很多企业会鼓励技术创新甚至为此建立安全实验室呢?
>
> 对部分企业而言,其实两者并不矛盾。如果他们的业务发展需要实现建立和维持技术壁垒、收获和加强市场口碑等目标,那么投入资源鼓励技术创新就完全符合业务发展需求。安全负责人应该与上级管理者充分沟通当前企业或更高一级部门的业务目标和发展期望,并以此为依据调整安全规划中的创新成分。

其次,安全负责人应该在工作规划中尽可能客观、清晰、准确地说明重点项目的收益、时间、成本以及相关的风险,这些都是上级管理者用于决策的核心信息。其中收益应该是明确的,时间、成本和相关风险可以存在一定的偏差,但偏差范围不能影响到整体决策,尤其不能为了通过审批刻意隐瞒或淡化项目可能遭遇或引发的问题和风险。

再者,安全工作汇报应该规避假大空的理念和构想,转而描述可落地的方案、步骤、里程碑和具体措施。根据汇报对象的管理层级和关注偏好,安全负责人需要适当调整各方面内容的比重和细粒度。一般情况下,越高层级的管理者越关注整体收益和 ROI,低层级的管理者则更关注具体的执行细节和操作风险。

最后，工作规划应该结合业务需求紧迫度和安全团队已有的资源情况，并合理申请必需的资源和其他支持。安全负责人必须根据安全团队已有的资源、能力和发展阶段合理规划后续工作，从长线上保持员工工作饱和度和资源利用率，避免不理智扩张团队或项目导致后期出现资源空闲和浪费。如果当前资源或能力确实无法满足业务发展需求，那么安全负责人应该简要清晰地在工作规划中说明资源或支持方面的诉求，在汇报过程中获得上级管理者的初步反馈后，再根据反馈情况决定是否启动正式申请流程。